历史的细节 II

技术、文明与战争

杜君立 著

上海三联书店

历史是“时光老人”在过去年代的无数领域中间修筑起来的巨大的“经验之塔”。要爬上这座古老建筑结构的顶端以便一窥全貌确非易事。那里没有电梯，但是年轻人的脚步很强，可以最终到达目的地。在这里，我把打开历史之门的钥匙交给你们。等你们回来的时候也就会明白，我何以如此热心。

——亨德里克·威廉·房龙

（Hendrik Willem Van Loon，1882—1944）

目 录

|第四章|

火药的革命

战争与杀人 3 | 战争的能量 8 | 火药时代 12 | 兵临城下 15
宋朝的战争 19 | 钓鱼之城 23 | 上帝的鞭子 27 | 野蛮的终结 31
中国雪 35 | 最后的罗马 39 | 西方的兴起 44 | 阿尔汉布拉宫的回忆 48
中世纪的终结 52 | 火药的革命 57 | 扬州炮祸 63 | 佛郎机 67
铁炮与鸟铳 72 | 壬辰战争 75 | 红夷大炮 80 | 最后的汉奸 85
红衣大将军 89 | 被禁止的火器 93 | 武器的批判 97 | 天朝的巫术 101
最后的八旗 104 | 火器即权力 108 | 大众的反叛 112 | 战争的革命 116
诺贝尔的战争 120 | 战争的终结 124 | 人为什么打仗 128

|第五章|

船上的世界

历史的起源 135 | 诺亚方舟 140 | 从亚特兰蒂斯到复活节岛 146
独木成舟与并木为筏 150 | 浮舟之国 154 | 桨帆时代 159

天生一个地中海 164 | 拯救欧洲的海战 168 | 中国之舟 174
海上丝绸之路 179 | 运河上的帝国 182 | 万斛神舟 188 | 最后的中国 192
朝贡贸易 196 | 三保太监 200 | 指南针 204 | 帝国的宝船 208
郑和之后无郑和 212 | 海禁时代 216 | 维京海盗 219 | 风帆时代 223
大航海 227 | 哥伦布的错误 231 | 地球是圆的 235 | 全球化 240
海盗许可证 244 | 日不落帝国 249 | 海上马车夫 254 | 发现台湾 258
东方海盗 262 | 两个世界的碰撞 267 | 五月花号 271 | 一个理想国 277
最后的幕府 283 | 黑船来航 288 | 明治维新 292 | 甲午海战 296
东方的崛起 302 | 历史的旗帜 308

|后记|

历史的轮子

|附录|

大事年表

|附录|

主要参考书目

兵者不祥之器，非君子之器，不得已而用之，恬淡为上。

——老子（李耳，约公元前 571—前 471）

第四章

火药的革命

在人类大多数历史中，中国都是文明的引领者，而火药就是文明的产物，它是文明人对付马上野蛮人的武器。吊诡的是，发明了火药的中国人并没有逃脱被马上野蛮人征服的命运。中国火药以马上征服者的姿态进入西方，从此结束了东方征服西方的历史。中国火药击碎了骑士的甲胄和城堡，君主在极权中崛起。在火药的硝烟中，资本主义展开对东方和世界的征服，现代世界的大门轰然打开。

战争与杀人

人类无疑是最为好战的动物。

从某种意义上来说，人类之间的冲突只是一种自然状态，而所谓的和平只是上一次战争与下一次战争之间的暂歇期和酝酿期。

这种战争视角确实是悲观而又令人沮丧的。“人类的历史就是战争的历史”——曾写出了伟大的《罗马帝国衰亡史》的历史学家爱德华·吉本如是说。就整个人类历史来说，据不完全统计，至今5560年中共发生过大小战争14531次，平均每年2.6次。作为地球上最好斗的一种动物，人类因为财富、权力、信仰或者资源，甚至为了一个女人或是一块石头，都会大动干戈、血流成河。

战争通常的定义是“为了某种尊严而采取的行动”，也可以被定义为“和平的缺失”。从战争机理来说，战争来源于群氓（民族主义）的狂热和精英分子的预谋。他们一方面说：统一战争是正义的；另一方面又说：反抗异族侵略也是正义的。

英国哲学家罗素指出，战争是集体狂热的结果，战争也是专制政治的帮凶，战争最容易创造不负责任的极权体制。战争的恐怖使一群懦夫甘愿追随一个领袖，并使一群狂妄之徒结成权力团伙；对所谓英雄的崇拜，使大多数人都变成唯唯诺诺的胆小鬼。“弓马取天下”，战争是暴力的发源地，也是独裁权力的出处。许多战争是没有理由的。野蛮的蒙古部落依靠战争、掠夺和毁灭，迅速建立起一个世界帝国，虽然它只是昙花一现。

在很多西方人眼中，中国一直是田园牧歌的，罗素就曾说：“中国人更有耐心，更为达观，更爱好和平，更看重艺术，他们只是在杀戮方面低能而已。”[①]事实上，战争也是中国历史的发轫。“昔者神农伐补遂，黄帝伐逐鹿而擒蚩尤，尧伐驩兜，舜伐三苗，禹伐共工，汤伐有夏，文王伐崇，武王伐纣，齐桓任战而伯天下，由此观之，恶有不战者乎？”[②]在商朝的《卜辞》中，总共记载了61次战争，每一场战争都是“人夷其宗庙，而火焚其彝器，子孙为隶，不夷于民”[③]。据《逸周书·世俘》记载，以“仁德”著称的周武王曾经讨伐了99国，灭50国，杀死177779人，俘虏300230人。自公子卬与魏战，到周之初亡，秦所屠杀或掳去的六国民众，多达1398000人。正所谓“战争杀戮不知纪极，尽人之性命，得已之所欲，仁者不忍言”[④]。

所有为了权力的战争发动者都自诩正义，但孟子则谴责说：“春秋无义战！”据历史学家许倬云统计，《左传》中春秋259年间，各种战争达1200余次，平均每年4.63次；战国242年，仅大规模的战争就达到460余次，平均每年1.9次。“至秦孝公，捐礼让而贵战争……遂相吞灭，并大兼小，暴师经岁，流血满野……敌侔争权，盖为战国。”[⑤]战国貌似战争次数有所降低，但战争激烈程度却大大地提高了。春秋时代的战争是道义之战、霸权之争，战国时代则完全是重商主义战争，就是苏秦所说的“兵趋利”。砥砺甲兵，时争利于天下，目的是为了“辟土地，充府库”，这实际就是寡头统治的军国主义，军事成为赤裸裸的战争经济学。

战国时期，中国正处于青铜器向铁器的转变期，传统农业文明刚刚走向成熟，

---

① 转引自冯崇义：《罗素与中国》，上海三联书店，1994。

② （西汉）刘向：《战国策·秦策》。

③ （春秋）左丘明：《国语·周语下》。

④ 王明校注：《无能子校注》，中华书局，1981。

⑤ （西汉）刘向：《战国策·序》。

杀戮性战争就已经全面开始。据司马迁记载：秦国以“虎狼之师”攻魏杀 8 万人，战五国联军杀 8.2 万人，伐韩杀 1 万人，击楚杀 8 万人，攻韩杀 6 万人，伐楚杀 2 万人，伐韩、魏杀 24 万人，攻魏杀 4 万人，击魏杀 10 万人，又攻韩杀 4 万人。公元前 262 年，白起伐赵，杀 42 万人，又攻韩杀 4 万人，又攻赵杀 9 万人。以上不完全统计，杀人已达 130 万之多。这些统计数字并未计入征巴蜀、伐匈奴及秦人战死者。后世历史学家谈到秦王朝创立的代价时说其“以兵内兼六国，外攘四夷，死人如乱麻”[①]。从此留下“杀人如麻”这句成语。

正是在这种背景下，传统的《司马法》已经失去现实意义，因此才有了《孙子兵法》的诞生。

如果说孔子影响了中国的话，那么孙子则影响了世界。在孔子四处奔走，宣传道德教化时，孙子写出了世界上第一部宣扬“战争艺术”的著作《孙子兵法》。《孙子兵法》被誉为“瑞士军刀理论”，几乎成为人类战争的《圣经》。从《孙子兵法》问世开始，中国战争就从有限战争转变为无限战争，每一场战争都以大屠杀的形式展开，屠城杀戮不绝于史。每一次改朝换代，都伴随着一场人口大灭绝，“师之所处，荆棘生焉；大军之后，必有凶年”[②]。

作为《孙子兵法》的原创者，中国人或许是最好战的民族，特别是自相残杀的内乱。因为人多地少，残酷的资源限制，使中国的每一场战争都以平抑人口增长为目的。这也是所谓的“马尔萨斯诅咒”[③]。中国历史之所以总是一治一乱的轮回，因为每过一段时间，就需要通过战争来修正人口与资源之间的平衡。

在中国传统农耕时代，战争与人口一直保持着微妙的互动关系。战争初期，往

---

① （汉）班固：《汉书·天文志》。

② （春秋）老子：《道德经》。

③ 又称为“马尔萨斯陷阱”或“马尔萨斯灾难”。英国经济学家托马斯·马尔萨斯在《人口论》（1798）中提出，人口增长是按照几何级数（1、2、4、8……）增长的，而生存资料仅仅是按照算术级数（1、2、3、4……）增长的，多增加的人口总是要以某种方式被消灭掉，人口不能超出相应的农业发展水平。马尔萨斯还进一步指出，战争、饥荒和瘟疫都是促使人口下降到与生产资料生产水平相适应的道路。

往以杀戮来消耗“多余”的人口，同时削减对方人口；到了战争后期，因为“丧众”而又转向掳掠人口，以扩大自己的势力。

从公元2年中国人口达到6000万的极限之后，直到明中叶的1500多年，一旦人口达到4000万以上，就预示着资源极限临近，战争的危险一触即发，然后战争杀戮就会使人口迅速降到2000万左右，东汉末期甚至降至数百万。[①]

在冷兵器时代，战争也是人口比拼；战争的物资消耗和兵源都依赖人口，正如刘备所说：“夫济大事，必以人为本。”随着人口的大量灭绝，社会财富也往往在战乱中化为灰烬。在富庶的两汉中期，奢靡与厚葬成风。进入三国时代，贵为魏王的曹操10年只盖一条旧被子，临终还嘱咐妻妾们要自己纺织缝衣；安葬时，也是穿着日常衣服入殓，衣服上还打着补丁，甚至连陵址都选在“瘠薄之地”。

曹操作为诗人，写出了“白骨露于野，千里无鸡鸣。生民百余一，念之断人肠”的名句；而作为刽子手，则和董卓一样，热衷“马前悬人头，车后载妇女”的屠城。

“自京师遭董卓之乱，人民流移东出，多依彭城间。遇太祖至，坑杀男女数万口于泗水，水为不流。陶谦帅其众军武原，太祖不得进，引军从泗

① 公元2年，中国人口第一次达到前所未有的5959万，马上爆发了社会崩溃；到东汉初年的公元57年，人口降至2100万，降幅达65%。20年间，长安人口从68万减到28万，大荔从91万减到14万，兴平县从83万减到9万，绥远县从69万减到2万。公元156年，中国人口又恢复到5007万，马上就爆发了黄巾起义和三国混战。公元208年，赤壁大战后的全国人口仅为140万；三国鏖战10余年后，更降至区区90万，汉人几乎到了亡国灭种的边缘。从中国历史上看，周期性的革命战争给社会带来的破坏是极其巨大的。仅以人口损失来说，秦末动乱导致2000万人死亡，占当时总人口的三分之二；西汉末年绿林起义死了3000万人，占当时人口的五分之三；东汉末年的农民动乱死了3000万人，占当时人口的三分之二；隋末农民动乱死了3500万人，占当时人口的80%。安史之乱就使中国华北地区一下子倒退回石器时代。盐铁使刘晏称“天下户口，十亡八九”。据一些史书统计，唐末五代死亡3200万人，元末死亡1000万人，明末死亡2500万人。蒙古人和女真人先后两次征服原汉族王朝，都是以大屠杀来营造屈服的，整个华北几乎都变成了无人区。从1741年至1840年的100年间，是中国人口增长最快的时间，从1.4亿增至4.1亿。但是从1840鸦片战争至清朝崩溃，死于战乱的人口就达1.6亿人。爆发于咸丰三年（1853年）的太平天国运动席卷人口最为密集的中国南部，据说造成的人员伤亡甚至超过第二次世界大战。

南攻取虑、睢陵、夏丘诸县，皆屠之，鸡犬亦尽，墟邑无复行人。”[①]

在中国历史上，不乏像汉武帝、隋炀帝和唐玄宗这样好大喜功、穷兵黩武的强人君主，他们之所以频频发动血腥的对外战争，使无数中国青年葬身他乡，这实际也是解决人口过剩的一种方法。在僵化保守的帝国体制下，人口与资源的失衡就跟现代资本主义社会的经济危机一样，总要周期性爆发，要么以邻为壑，嫁祸于人，要么坐以待毙。

① （西晋）陈寿：《三国志·魏志·荀彧传》。

战争的能量

很多历史学家都承认，中国是一种早熟的文明，这种“早熟”主要体现在官僚政治和农业经济这两方面。精耕细作的农耕文明使中国过早地出现了人口过剩。在封闭性的文化地理环境下，过剩人口得不到释放，最终酿成内乱，在玉石俱焚中消灭人口剩余，使社会重归稳定。

政治与经济的早熟也带来了文化的早熟。正因为文化的早熟，战争在中国最早成为一种艺术——杀人的艺术。

事实上，古代中国在经济建设领域并不过分热衷于技术。技术是提高效率的手段，中国人口的过剩使效率本身就毫无意义，充分就业比大量财富更为适合中国，因此中国在生产技术，特别是能源技术方面并没有多少建树；无论畜力、风力还是水力，在中国现实应用并不是很多。与生产建设技术相比，中国在战争技术方面无疑绞尽脑汁，做出了无数创造性的贡献。弩是中国独创的杀人机器，它使杀人更加省力和“文明”，从而大大提高了效率。八牛弩甚至将畜力引入这种杀人机器，使其动力性能得到更大提高，其杀伤力更加不可估量。

杀人作为一种需要巨大能量消耗的工作，迫使中国人很早就关注能量技术。马和马镫无疑大大地增加了战士的机动性能，而弩则提高了能量效率，较小面积、较大深度的创伤，在更高命中率的情况下，无疑大大提高了杀人效率。但总体上来说，冷兵器时代的战争仍以人类自身的能量为主。为了提高战争能力，中国甚至创造了独特的体力杀人技术——武术或曰技击。

公元前279年，田单以火牛阵首开能量战争之先河，畜力在这场齐燕大战中成为杀戮的主要能量来源。火虽然出现在这场战争中，但只是用于激发牛的杀戮精神，远未构成主要能量。孙子最早提出将自然能量引入战争，“以火佐攻者明，以水佐攻者强”。与人类自身的能量相比，自然能量要大得多。一旦将人类肌肉之外的另一种能量引入战争，交战双方的力量平衡必然会马上被打破。因此在战国后期的战争中，水攻和火攻纷纷登场。在被视为中国战争教科书的《三国演义》中，官渡之战、赤壁之战、夷陵之战等决定性的战役，无不因火攻而以弱胜强、以少胜多。

夷陵之战中，吴兵用船装载茅草等易燃之物，接近蜀军营寨后，顺风点火，火势蔓延数百里，蜀军大败，一代枭雄刘备抑郁而死。早在此次战役前，硫黄和硝作为燃烧剂就已经正式登场。

硝石即硝酸钾，这种钾盐在中国西北许多地方都有天然分布。因为几乎是中国独有，所以被西方人称为“中国雪”。硫黄同样也有很多天然存在。将硝石、硫黄和含碳物质经过人工均匀拌和、炼制，就可以制成火药。这是中国之所以首先发明火药的天然原因。

现在人们知道，火药完全是中国炼丹术的副产品。早在战国时代，中国就形成了蔚为壮观的炼丹术。李约瑟认为，中国炼丹术与西方古老的炼金术一样，都属于原始化学，而中国炼丹术更为古老。西方炼金术是想用石头炼出黄金白银，中国炼丹术则试图从矿物中炼制长生不老之药。现存最早的火药配方，出于唐朝炼丹家清虚子撰写的道家医书《太上圣主金丹秘诀》。李唐王朝托附老子李聃为始祖，不仅奉其为玄元皇帝，还以道教为国教，炼丹的道士因此炙手可热。[①]正是这一时期，炼

① 中国古代所谓的“丹药”多以金、银、铅、汞等重金属为原料，因为重金属的超稳定性，而硫黄能化金、银、铜、铁等金属，所以方士在炼丹时，常用硫黄作为“还丹”的原料。硝和木炭起着助燃作用。当然，古人关于这三种物质的认识，经历了一个相当长的实践过程。

丹的道士找到了硫黄伏火法。他们发现，将硫黄、硝石和碳这三种物质一起加热时，反应异常剧烈："以硫黄、雄黄合硝石并密（蜜）烧之"，就会"焰起，烧手面及屋宇"[①]。之所以没有出现爆炸，是因为这些天然原料未经提纯。

晚唐时期，火药终于在中国诞生。虽然很多人从药房里买了火药回去服用，试图延长寿命，但越来越多的人将火药用于杀人，以缩短人的寿命。

鲁迅先生曾说："外国用火药制造子弹御敌，中国却用它做爆竹敬神。"[②]事实上，火药从一开始就已经被中国人用于战争，而不是娱乐。虽然很多人热衷于火药爆炸巨响的刺激性，并用于节庆、仪式和祭祀，但越来越多的人发现了火药爆炸所产生的巨大能量，并将这个能量用于杀人。可以说，火药是文明的产物。即使被用于战争，火药也是文明人的武器。火药的出现改变了自从马镫时代以来，文明人在战争中的不利处境。有了火药，文明人就可以用技术来压制野蛮人的暴力。如果说马镫时代的战争是野蛮战胜文明的话，那么火药时代的战争则是文明战胜野蛮。亚当·斯密在《国富论》里说：

> 近代战争中火药的费用非常浩大，但它给能够负担这笔浩大费用的国家提供了一种显而易见的好处，火药使文明国家对野蛮国家占据更优势的地位。在冷兵器的古代，富裕的文明国家很难抵御贫穷的野蛮国家的侵略；但在近代，贫穷的野蛮国家却很难防御富裕的文明国家的宰割。乍看起来，火药的发明似乎损害了文明，但事实上，火药大大有利于先进文明的生存与发展。

（接上页）唐代是道教和炼丹术最为狂热的一个时期，唐朝21位皇帝中，竟有6位吃丹药而亡。在此期间，中国炼丹术发生了历史性的转变，就是用药趋向定量化和小量化。在此之前，炼丹用药动辄就是"各数十斤"，甚至"百斤"（《抱朴子》）。唐代炼丹多以两为用药单位，这使炼丹更加接近科学的化学实验，从而为火药的出现提供了可能。

① （唐）郑思远：《真元妙道要略》。

② 鲁迅：《伪自由书——鲁迅自编文集》，译林出版社，2013。

恩格斯有句名言:“恶是历史进步的杠杆。”如果说马的介入大大延长了人类杀戮的半径，那么火药的介入则大大提高了人类杀戮的效率。与马相比，火药的能量更具无限性，火药的能量密度要远远大于人类和马这些动物的肌肉力量。火药巨大的能量，不仅使人的血肉之躯更加脆弱，甚至使城墙工事等建筑物同样不堪一击。火药对于战争来说，成为一个巨大的能量倍增器，它使传统的动物能量显得微不足道。

在火药出现之前，杀一个人需要足够的力气、技术和运气，当然还有更为重要和必不可少的勇气或残忍。火药的出现，完全改变了杀人的前提。杀人不再需要任何力气，甚至不需要技术，杀人只需要你有杀人的愿望就足够。如果你想杀人，那么你就能杀人；在战争状态下，你就应当杀人。与传统武器相比，火药的杀伤力具有更大的可塑性和无限性。当火药成为杀人的主要力量时，人的作用在于只需做出决定:杀还是不杀，杀甲还是杀乙。进入火药时代，杀人显得轻而易举。

火药时代

历史进入10世纪时，火药火器已经在中国战场上雷鸣般轰响，而骑士的西方世界对火药仍一无所知。恩格斯在1857年为美国百科全书写的“炮兵”词条中写道：

> 现在几乎所有的人都承认，发明火药并用它朝一定方向发射重物的是东方国家……在中国，还在很早的时期就用硝石和其他引火剂混合制成了烟火剂，并把它使用在军事上和盛大典礼中。

唐哀帝天祐元年（904年），杨行密部将郑璠率军攻打豫章（南昌），“发机飞火，烧袭沙门，率壮士突火先登入城，焦灼被体”[①]。北宋许洞所撰《虎钤经》指出，郑璠的“飞火”即“火、火箭之类”。此次“发机飞火”或许是中国第一次将火药用于军事。所谓“飞火”，其实就是在箭杆上绑一个火药团，点燃引信后，用弓或弩射出去。这仍然属于火攻，不过已经产生了距离上的提升。

---

① （宋）路振：《九国志》。

火药“燃烧”属于无氧燃烧，即自燃烧，硝起着催化剂作用，这与一般火的燃烧完全不同。火药之所以具有极大的杀伤力，就在于它“燃烧”所产生的能量。这种“燃烧”发生的时间，只有人们眨眼时间的1/100000。这种瞬间释放巨大能量的“燃烧”就叫作“爆炸”。

中国真正进入火药时代是在宋朝。从建隆元年（960年）开始，中国进入科技、文化、经济最为鼎盛的大宋帝国时代。当此之时，北方游牧部落依靠骑射对宋朝保持着严峻的军事威胁。因此，宋朝开始建立极其庞大而完备的军事工业体系，并开设专门的研究机构，来制造各种先进武器。北宋天圣元年（1023年），朝廷在汴京设置“火药作”。这是“火药”之名首次出现于中国史籍。

国学泰斗陈寅恪认为：华夏民族之文化，历数千年之演进，造极于赵宋之世。正是在这种文明开放的时代背景下，中国率先进入热兵器时代。具有较高技术含量的火药和火器全面兴起，离不开宋朝对军事科技的极大支持和鼓励。火药由官方机构进行正式生产和管理，也标志着火药时代的来临。

在人类历史上，中国首先掀起了火药火器的发明高潮。据《宋史·兵志》载，宋太祖开宝三年（970年），“兵部令史冯继升等进火箭法”；唐福献创制了火箭、火球、火蒺藜；知宁化军刘永锡献自己创制的火炮。

庆历四年（1044年），受朝廷委托，曾公亮、丁度等编纂的《武经总要》，堪称中国第一部军事百科全书。该书《守城·火药法》中记载的火器达10多种，如火箭、火炮、火药鞭箭、引火球、蔡乘火球、铁嘴火鹞、竹火鹞、霹雳火球、烟球、毒药烟球等；同时，书中还完整记录了3种不同的黑火药配方：比如炮火药中，硝石为57%，硫黄为20%；蒺藜火药成分中，硝石占50%，硫黄占25%。唐代火药中，硫与硝的配比为1∶1，宋代增加到1∶2和1∶3，这种配比已经十分接近现代黑火药。这种变化标志着黑火药已经正式进入北宋国家军队装备系列，并实现了标准化生产。在某种程度上可以说，火器的杀伤力首先取决于火药配方，其次才是发射器械。

在中国第一个火器时代，依靠燃烧、爆炸、毒气和烟幕等不同杀伤形式，火药战争就已经引发了巨大的多米诺骨牌效应，从而彻底改变了人类历史。在接下来的4个世纪中，硝烟代替了狼烟，炮声盖住了金鼓，火药改变了地球原先的面貌。火药起源于东方，但却在西方走向兴盛和成熟。一方面，欧洲列强用火药征服并统治了全世界；而另一方面，火药给欧洲带来的死亡、破坏和痛苦，远远超过3000年来所有战争的总和。

兵临城下

进入文明时代以后，人类最诡异的发明就是墙。

墙的意义在于隔离。如果说原始的洞穴是为了隔离野兽，那么人工墙则是为了隔离人类。从某种程度上说，墙是暴力的产物，墙的作用就是隔绝暴力、制止侵犯。《左传》曰："人之有墙，以蔽恶也。"

因为长城，中国具有最为悠久的墙文化。如果说城堡是欧洲中世纪的封建标志，姬路城（炮楼）是日本领主统治的标志，那么长城就是中国古代专制文化的象征，而每一个中国历史城市无不以城墙为主要特征。传统观点认为，修筑长城是为了防御擅长骑射的北方游牧民族，但也有学者提出不同的观点：无论是燕长城、赵长城还是秦长城，都深入到传统农耕区域以外，其实是东周诸侯国在强烈的企图心驱使下，攻占了戎狄的土地，长城是对土地权属的确认，是出击的桥头堡，是对其他诸侯国的地理扼要，是对北方商业利益的掠取。从这一点来说，城墙不仅代表一种防守，同时也代表一种蚕食式的进攻。[①]

① （美）狄宇宙：《古代中国与其强邻》，贺严、高书文译，中国社会科学出版社，2010。

对中国古代城市来说，城垣就是城市，没有城墙就没有城市。欧洲的城市是市民文化和公民文化的产物，中国城市则是专制权力的产物，是统治者的居住禁地。在古代中国，城市的存在只是为了实现对城市以外农民阶层的镇压和统治；因此也可以说，中国城市首先是政治机构驻地。作为军事手段，城墙不仅必不可少，而且成为专制权力生存的基本保障。“城者，所以自守也。”[①]现代考古发现，商朝的城墙就已经高达9.1米。第一帝国时期，秦始皇一度尽毁六国城郭，但随着郡县制的普及，又恢复了“无郡不城”和“无县不城”的城墙中国。

在人类文明史上，城墙的发明无疑是人类走出洞穴之后的一次重大事件。城墙体现了人类对自然的背叛，道路与城墙成为人类文明的最典型物化。

《世本》和《吕氏春秋》等典籍认为，夏朝的先祖鲧是中国城池的始作俑者。中国古人按照天道的运行建立城池，“城以盛民，郭以守民。”因为墙的出现，由墙围合而成的城成为人类世界的政治、经济、文化中心。城的商业化就是城市，城市成为财富的聚合，因此又成为战争各方争夺的禁脔。进入农业文明时代后期，人类的战争已经从野外决战转向对城市的争夺。

“黑云压城城欲摧，甲光向日金鳞开。”[②]作为中国古代战争机械专家，墨子对守城极有经验，连攻城机械专家鲁班也自叹不如。“公输般九设攻城之机变，子墨子九拒之。公输般之攻械尽，子墨子之守圉有余。”[③]

从中国春秋晚期“墨守成规”开始，在长达2000多年的人类战争中，绝大多数战争都是城池攻守战。所谓城池，城即城墙，池即护城河。城池既是经济发展的产物，也是战争压力的产物。魔高一尺，道高一丈，与城墙同时出现的是攻城战争，以及守城之术。“千丈之城，则万人之守；池深而广，城坚而厚，士民备，薪食给，

---

① （战国）墨翟：《墨子·七患》。

② 唐代李贺诗《雁门太守行》前两句。全诗为：黑云压城城欲摧，甲光向日金鳞开。角声满天秋色里，塞上燕脂凝夜紫。半卷红旗临易水，霜重鼓寒声不起。报君黄金台上意，提携玉龙为君死。

③ （战国）墨翟：《墨子·公输》。

弩坚矢强，矛戟称之，此守法也。”[1]

与中国春秋时代同一时期的斯巴达人以骁勇善战闻名，公元前464年，美塞尼亚人依据伊托木要塞起义，斯巴达人连攻数年不下。在普拉提亚之战中，斯巴达人围困了两年，城中的普拉提亚人最后因为粮绝才被迫投降。

蜀汉建兴六年（228年），诸葛亮率领大军经大散关（今陕西宝鸡南）进入关中，包围了小城陈仓。面对5万蜀军兵临城下，坚守陈仓的魏国名将郝昭毫不畏惧。诸葛亮先遣魏延攻打，连日无功；再使郝昭的同乡游说其降，亦被郝昭严词拒绝。诸葛亮只得用兵强攻，使尽各种手段，陈仓城仍不能破。郝昭以3000名守军，踞城池阻止10倍以上的蜀军北伐，相持20余日，用兵如神的诸葛亮居然也无计可施，因粮尽只好退兵。[2]

此次攻守战也是历史上有名的火攻战例，“火箭”首次见于史册。当时的火箭只是在箭头后部绑附浸满油脂的麻布等易燃物，点燃后用弓弩射向敌方，从而实施远距离纵火。

《管子·权修》中说：“地之守在城，城之守在兵，兵之守在人，人之守在粟。”在冷兵器时代，城墙堪称是最为可靠的防御性武器。“一夫当关，万夫莫开。”除非守城者在兵临城下时，因恐慌弃守，或者是在内无粮草、外无救兵的情况下投降；一旦守城者有充足的粮草储备，并有鱼死网破与城共存亡的决心和勇气，那么任何英勇善战的攻城者，想要达到目的都是极其艰难的，正如韩非子所说：“万乘之国，莫敢自顿于坚城之下。”

冷兵器时代战争的特点是，必须接近敌人才可以杀死敌人，而城墙却阻止了这种靠近；同时，城墙制造了居高临下、以静制动、以逸待劳的守城优势，并使骑兵

① （战国）战国尉缭：《尉缭子》。

② （西晋）陈寿：《三国志》：亮自以有众数万，而昭兵才千余人，又度东救未能便到，乃进兵攻昭，起云梯冲车以临城。昭于是以火箭逆射其梯，梯燃，梯上人皆烧死；昭又以绳连石磨压其冲车，冲车折。亮乃更为井阑百尺以射城中，以土丸填堑，欲直攀城，昭又于内筑重墙。亮又为地突，欲踊出于城里，昭又于城内穿地横截之。昼夜相攻拒二十余日，亮无计，救至，引退。

优势失去效用。兵家认为：“量土地肥垥而立邑，建城称地，以城称人，以人称粟。三相称，则内可以固守，外可以战胜。”[1]可以说，只要城市守军能找到食物和水，他们就能躲在厚实的围墙后面，进行长期抵抗。如果依山傍水，构成天堑，那几乎是天兵亦不可撼动。因此孙子将攻城列为不得已而为之的下策：

上兵伐谋，其次伐交，其次伐兵，其下攻城。攻城之法，为不得已。修橹轒辒，具器械，三月而后成；距堙，又三月而后已。将不胜其忿而蚁附之，杀士卒三分之一，而城不拔者，此攻之灾也。

可以说，城市攻防战是冷兵器时代最典型的战争形式，这种残酷的拉锯战甚至延续到火药时代，但火药的出现无疑敲响了城墙的丧钟，所谓“固若金汤”逐渐成为一种古老的神话。

---

① （战国）尉缭：《尉缭子》。

宋朝的战争

在中国历史上，宋朝是一个典型的重文轻武时代，面对北方游牧民族的威胁，始终处于被动防守状态。“兵虽多而战力弱，国虽富而兵不强。”在军马资源匮乏的困境中，宋朝只能依靠雄厚的经济实力来提高军事技术水准。

早在北宋初年，政府岁入就达到1600余万缗，“太宗皇帝以为极盛，两倍唐室矣”。北宋的经济规模已经远远超过了盛唐，至王安石变法时期，岁入达6000余万缗。南宋虽然偏安江南一隅，繁荣的对外贸易却使岁入达到北宋的两倍。很多历史学家断定，两宋时期的中国，其经济实力和科技水平基本称冠当时世界。这或许与当时政治的相对开明有关。

与元、明、清三代不同，宋朝官府不仅不禁止民间研究军事技术，相反还予以鼓励和奖励，于是“吏民献器械法式者甚众”。石归宋献弩箭，增月俸；木工高宣发明八车船，受赏赐；唐福献火器，赐缗钱；冯继升进火药法，赐衣物束帛。

为了对抗辽、金、西夏和蒙古等强大的军事政权，宋朝不仅继承和改进了古老的弩炮，并将火药引入城池守卫战中，使中国率先进入热兵器时代。

可以说，宋帝国的国防完全是建立在庞大的军工体系之上的。有经济史学家估计，当时的生铁年产量已经达到 12.5 万吨，而英国在工业革命前的铁产量才 2 万吨。军器监是统管全国军器制造的官方机构，雇工达 40000 多人；监下分十大作坊，火药和火器各为独立的作坊。从史书记载可见，当时生产规模已经非常巨大："同日出弩火药箭七千支，弓火药箭一万支，蒺藜炮三千支，皮火炮二万支。"《景定建康志》记载，当时的建康府两年多时间，就"创造、添修火攻器具共六万三千七百五十四件"。为了生产火药，北宋还从日本大量进口硫黄。宋神宗时，"募商人于日本国市硫黄五十万斤"，"每十万斤为一纲"，自明州押送开封府。

大规模的生产和使用，反过来也促进了火药和火药兵器的技术水平。北宋早期的火器尚处于初级阶段，基本上还是一种特殊的火攻方式。比如用砷制成的毒气弹和用石油制成的燃烧弹，主要利用的是火药的燃烧性能，或掺杂一些发烟的毒性药物，以焚烧敌人的防御物和物资。这对人马有一定的震慑作用，但杀伤力仍然有限。

到北宋晚期，燃烧性火器开始向爆炸性火器转型。典型的如用火药、瓷片和竹子制成的"霹雳炮"。这种炸弹在敌军人群中爆炸时，陶瓷弹体炸碎的弹片往往可以造成犀利的杀伤力。靖康元年（1126 年），金人围攻汴京，宋将李纲用霹雳炮这种"秘密武器"击退金兵。次年，赵宋宗室赵士晤在洛州"砺将士死守，飞火炮碎其（金人）攻具"[①]。绍兴三十一年（1161 年）的胶州湾海战中，120 艘战船和 3000 人组成南宋舰队，对阵 700 余艘战船和 7 万人组成的金国舰队，结果宋军用火箭和火球使金军全军覆没。这也是火药和火器首次被用于海战。

北宋时期，虽然严禁火药制作技术的外传，但契丹人还是得到了火药技术，在"燕京日阅火炮"。北宋官府因此更加严禁"榷场私买硫黄、焰硝"。在相当一段时期，汴京一直是火药、火器的制造中心。汴京沦陷后，金人得到火药技术，一时如获至宝，立即大量制造火药、火器，用来反击宋军。北宋灭亡以后，产硝的泽州（今晋城）、大名等地俱为金国所据，这使金国很快进入火器时代。

金国不仅完全继承了宋帝国的火器技术，还推陈出新，研制出一批更具杀伤力

① （元）脱脱等：《宋史·列传第六》。

的新型爆炸性火器，可谓青出于蓝而胜于蓝。比如金人创制的“震天雷”，铁制外壳，内装火药，用抛石机发射，爆炸后弹片四射，可穿透铁甲，比“霹雳弹”更具杀伤力，完全就是现代炸弹的原型。《金史》记载：“火药发作，声如雷霆，热力达半亩之上，人与牛皮皆碎迸无迹，甲铁皆透。”南宋嘉定十三年（1220 年），金兵攻新州时，使用“震天雷”，使宋军遭到重创。

“震天雷”的成功使南宋也大量仿制，不过改名叫作“铁火炮”。到宝祐五年（1257 年）时，南宋“荆淮铁火炮有十数万只”，江陵府每月就可生产 1000—2000 个铁火炮。曾做过军器监主簿的李曾伯在给朝廷的报告中称：“今静江（今广西桂林）现在铁火炮大小止有八十五支而已，如火箭则有九十五支，火枪止有一百五筒，据此不足为千百人一番出军之用。”[①]景炎二年（1277 年），蒙古人围攻静江，在坚守了 3 个月之后，最后的 250 名宋军将士，用一具大铁火炮集体殉国。《宋史》记述当时的情形时说：“燃之声如雷霆，震城，城皆崩，烟气涨天，外兵（指城外的蒙古兵）多惊死者，火熄，入视之，灰烬无遗矣。”

枪炮也诞生于这一时期。南宋绍兴二年正月初九（1132 年 1 月 28 日），名将韩世忠用云梯、火炮攻打建州城（今福建建瓯），这是世界上使用火炮的最早记载。韩世忠依靠火炮，仅用了 6 天就攻破起义者占据的建州城，并造成城内 3 万多人死亡。除了火炮，还有“突火枪”。南宋寿春府“造突火枪，以巨竹为筒，内安子窠，如烧放，焰绝，然后子窠发出，如炮声，远闻百五十余步”[②]。“突火枪”完全以火药爆炸产生推动力，使安装在竹筒内的子弹（子窠）射出来杀伤敌人，成为现代枪炮的直系远祖。

吊诡的是，这场热兵器时代初期的军备竞赛，最后竟然被冷兵器时代的蒙古画上了句号。

13 世纪初，“世界的统治者”成吉思汗的蒙古游牧部落迅速崛起，然后以风卷残云之势，展开了对女真金国的征服。金贞祐二年（1214 年），金宣宗被迫南迁汴

① 转引自王兆春：《世界火器史》，军事科学出版社，2007。

② （元）脱脱等：《宋史·兵志》。

京，蒙古人入主中都（北京）。金天兴元年（1232年），窝阔台率领蒙古人再次兵临汴京城下，北宋靖康一幕又在金国身上重演。在攻城器械“牛皮洞”的掩护下，蒙古人挖掘城墙，守城的金军用矢石毫无效果，遂用一个震天雷沿城墙用铁索吊下。发火后，“其声如雷，闻百里外”，城下攻城掘墙的蒙古兵连同防护用的“牛皮洞”都被炸成碎片。一位被困在城内的人记录道：“进攻越来越激烈，投石如同下雨般从空中抛下。人们说这些投石半像碾石，半像锻锤。金国守军不敢露面。但城内有一种叫‘霹雳弹’的火箭，给蒙古军造成惨重的损失，那些没有被炸伤的人最后也被炸药引起的火烧死烧伤。”面对坚固的城池和可怕的火器，窝阔台久攻不下，只好撤兵。直到翌年，金哀宗弃城逃跑，蒙古人才进入南都汴京。

金国灭亡之后，窝阔台立即展开对南宋帝国的征服战争。依靠火器和城寨，宋人不屈不挠的抗争持续了长达40多年。

宋代常常被视为“中国的文艺复兴”。南宋完全继续北宋在生产技术上的所有成就，拥有当时世界最先进的科学技术和发达繁荣的经济文化。美国历史学家罗兹·墨菲在《亚洲史》中说：“在很多方面，宋朝是中国历史上最令人激动的年代。后来的世世代代历史学家批评它，是因为它未能顶住异族入侵，而终于被他们痛恨的蒙古人打垮。但宋朝却从960年存在到1279年，长于300年的平均朝代寿命。”[①]他认为宋朝中国“完全称得上是当时世界上最大，生产力最高和最发达的国家”[②]。

---

①② （美）罗兹·墨菲：《亚洲史》，黄磷译，人民出版社，2010。

钓鱼之城

蒙古与南宋的战争，是当时世界军事最发达的帝国与经济文化最发达的帝国之间的对决。蒙古帝国遇到了前所未有的劲敌。

令成吉思汗的子孙们惊异的是，所向披靡的蒙古人，遭到以军事积弱著称的南宋帝国的拼死抵抗。在花了 40 多年的时间并付出惨重的代价之后，蒙古人联合色目人和北方人，以武力征服了南宋，这不能不说是一个奇迹。

蒙古灭金用了 22 年，灭西夏用了 21 年，在其他欧亚国家所遇到的抵抗更加微弱，毁灭中亚的喀喇汗国和花剌子模国用了 2 年，毁灭美索不达米亚建立伊尔汗国用了 8 年，征服俄罗斯建立金帐汗国用了 15 年，征服基辅诸公国仅用了 5 年。与骑射称雄的女真和顽强彪悍的西夏，以及其他阿拉伯和东欧国家相比，南宋帝国抵抗蒙古“黄旋风”的时间是最长的。就连金哀宗也慨叹：江淮之人号称软弱，蒙古进攻蔓青洼时，他们虽然穷途末路，却无一人投降，而我大金河朔州郡，一遇蒙古进攻，皆望风而降。

与生活在苦寒草原的蒙古骑兵相比，偏居江南的南宋帝国已经进入高度文明的农耕社会。在骑射打天下的冷兵器时代，没有弓马之利的宋人显得极其文弱，根本无力正面对抗强悍勇猛的蒙古人，因此只能依靠高墙堡垒抵挡蒙古人的冲击。

宋军凭借南方江河湖泊不利于蒙古骑兵的地形特点，在两淮、荆湖和四川这三个战区对蒙古军展开顽强的阻击。特别是四川，无论从经济还是军事上来说，这里都是双方争夺的重要目标。

在窝阔台"归天"的淳祐元年（1241 年），南宋的四川安抚制置使余玠以重庆为中心，在嘉陵江、渠江、涪江和长江两岸险要的山隘及交通要道，开始修筑一系列耕战结合的山城，形成了一个以堡寨控扼江河要隘的纵深防御体系。位于合州的钓鱼城就是这 20 余座山城之一，"涪江在其南，嘉陵迳其北，东、西、南三面皆据江，峭壁悬岩。山南有大石平如砥。山上有天池，周五百余步，大旱不涸"[①]。钓鱼城分内城和外城，外城筑在悬崖峭壁之上，城墙系条石垒成。城内有大片田地和四季不绝的丰富水源，周围山麓也有许多可耕田地。"春则出屯田野，以耕以耘；秋则运粮运薪，以战以守。"这一切使钓鱼城依恃天险、易守难攻，从而具备了长期坚守的必要地理条件。宝祐二年（1254 年），钓鱼城守将王坚进一步添置大量火器，以完善城筑。再加上四川边地之民多避兵乱至此，钓鱼城遂成为兵精食足的坚固堡垒。

1251 年，成吉思汗幼子拖雷的长子、窝阔台的养子孛儿只斤·蒙哥，成为横跨欧亚大陆的蒙古帝国大汗。因其勇猛而残忍，罗马教皇格列高利九世称之为"上帝罚罪之鞭"。蒙哥将蒙古风暴进一步推向极致，在中东的战事势如破竹，而征服宋朝的战争却不是太顺利。由于无法突破南宋的堡垒战略，蒙古军队无力从四川东下进攻长江中下游地区，只好改道川西进攻云南的大理国。到 1258 年，蒙古人已经占领从甘肃、大理到交趾（今越南）的西部高原，完成了对南宋的战略包围。为了加快占领南中国的速度，蒙哥大汗亲率大军进入四川。短短 10 个月，蒙哥相继占领剑门苦竹隘、长宁山城、蓬州运山城、阆州大获城、广安大良城等，逐渐迫近合州钓鱼城。

---

① （清）顾祖禹：《读史方舆纪要》。

蒙哥大汗先派遣南宋降臣晋国宝到钓鱼城招降，被守城宋将王坚斩杀。蒙哥大怒，亲自督军围攻钓鱼城。蒙军先猛攻镇西门，数日不克；再攻东新门、奇胜门及镇西门小堡，也均失利。一连数月，蒙军对“弹丸之地”的钓鱼城，发起一轮又一轮攻击，损兵折将，却毫无建树。

蒙哥率军入蜀以来，如摧枯拉朽，不想遇上钓鱼城这样的硬骨头。钓鱼城守军在主将王坚及副将张珏的协力指挥下，击退蒙军一次又一次进攻。被围攻达数月之久的钓鱼城，依然物资充裕，守军斗志昂扬。明万历年间编撰的《合州志》记载：

> 北兵围逼其城，意城中无水，急攻之。一旦至西门外，筑台建桥楼，楼上接桅，欲观城内之水有无。城内知其计，置炮于其所。次日，宪宗（蒙哥）亲率其兵于下。珏命城中取鱼二尾，重三十斤者，蒸面饼百数，俟缘桅者至其竿末，方欲举首，发炮击之，果将上桅者远掷，身陨百步之外。即遣鲜活之鱼及饼以赠，谕以书曰：“尔北兵可烹鲜食饼。再守十年，亦不可得也。”

与宋军相反，蒙军则陷入深深的沮丧之中。曾经在蒙古高原和欧亚平原上所向披靡的蒙古铁骑，在小小的钓鱼城下，正将他们的锐气和生命慢慢消耗殆尽。这场旷日持久的攻城战，从冬天打到夏天，擅长野战的蒙古骑兵被困于城下，再加上酷暑难耐的火炉天气，生活在高寒地带的蒙古人本来就畏暑恶湿，水土不服加上士气低落，不久军中就疫病流行，情况迅速恶化。

从蒙古军统帅汪德臣被宋军的火炮击杀开始，厄运终于第一次降临到蒙古人头上，不可一世的地球大汗蒙哥已经被“钓”在钓鱼城下，整整半年多。

在损兵折将、屡攻不下的愤怒中，蒙哥大汗来到前线台楼，亲自擂战鼓，指挥攻城。钓鱼城守军见状，立即点燃巨炮的引信。随着火药爆炸的一声巨响，从巨炮中射出的弹丸如冰雹般扑面而来。攻城蒙军猝不及防，一下子被火炮弹丸打得血肉横飞，擂鼓的蒙哥大汗也被弹丸击中。蒙军赶紧回撤，抢救大汗。

蒙哥大汗被火炮重伤，不久即一命呜呼。[①]蒙哥“弃野战之长，违北族之性，聚数十万众，冒盛暑而攻合州，顿兵坚城，累月不下，情见事绌，以身殉之”。鄙视火器的蒙古人认为蒙哥不懂兵法，“所谓千金之弩，为鼷鼠而发，甚矣，其不知兵者”[②]。据《元史》本传及元人文集中的碑传行状记载，随蒙哥大汗出征的将领战死于钓鱼城者不可胜数，上万名凶悍的蒙古将士命丧钓鱼城，由此也可以想见钓鱼城之战多么酷烈。

蒙哥临死遗言：“我之婴疾，为此城也，不违之后，若克此城，当赭城剖赤，而尽诛之。”蒙哥一死，钓鱼城随即围解，战无不胜、攻无不克的蒙古军队，灰溜溜地拉着他们大汗的尸体撤回北方。马可·波罗在《东方见闻记》中记载：“护卫蒙哥遗体还鞑靼地域之士卒，在途见人辄杀，如是被杀者约二万人。”

---

① 明正德年间编撰的《四川志·钓鱼城记》中说，蒙哥是“中炮风”而死的；所谓“炮风”，大约是受到炮击的震动，跌倒中风后死亡。《元史》和多桑《蒙古史》记载，蒙哥患病亡；《马可·波罗游记》等书则称蒙哥是负伤而死。当然，中国人素有戏说历史的爱好，金庸在《神雕侠侣》中就说，蒙哥是被杨过用石头打死的：“蒙哥虽贵为有史以来最大帝国的大汗，但自幼弓马娴熟，曾跟随祖父成吉思汗、父亲拖雷数次出征，于拔都西征欧洲之役中，他更建立殊勋，毕生长于马背之上、刀枪之中，这时却并不慌乱，挽雕弓、搭长箭，双腿紧紧夹住马腹，回身向杨过便是一箭。杨过低头避过，飞步抢上，左手早已拾了一块拳头大小的石块，呼的一声掷出，正中蒙哥后心。杨过这一掷劲力何等刚猛，蒙哥筋折骨断，倒撞下马，登时毙命。”

② （清）屠寄：《蒙兀儿史记》。

上帝的鞭子

在13世纪蒙古军事扩张过程中，钓鱼城之战创造了少有的成功阻止蒙古攻势的战例，并深远地改写了蒙古帝国的扩张史。小小的钓鱼城，果然钓到了一条“大鱼”。

蒙哥大汗的死亡，成为一件影响巨大的世界历史事件。这个历史细节直接导致了一场灭宋战争的全面瓦解，使宋祚得以延续20年之久。为了争夺新的大汗位，负责中国战区的忽必烈在第一时间撤军北返，所有的战果几乎都付之东流。同样，正在西征的旭烈兀亦闻讯急忙东还，导致蒙军在叙利亚首次大败于埃及马木路克部队，蒙古人随之被赶出非洲，从而使蒙古侵略的“黄祸”开始退潮。在蒙古铁蹄蹂躏下呻吟的欧亚各族，闻之额手称庆，从此留下一句名言：“上帝的鞭子折断了！”钓鱼城因此被欧洲人誉为“东方麦加城”“上帝折鞭处”。

指挥钓鱼城之战的王坚无疑是一位堪比谢安、张巡和岳飞的民族英雄，然而关于他的传记与其他抵抗者一样，在《宋史》中一概阙如，这就是所谓的“正史”。只有合川民众修建的“忠烈祠”，永远供奉着他们的灵位。明代诗人杨慎（升庵）以一首《钓鱼城怀古》记此事：

钓鱼城下江水清，荒烟古垒恨难平。
睢阳百战有健将，墨翟久守无降兵。
犀舟曾挥白羽扇，雄剑几断曼胡缨。
西湖君臣犹歌舞，只待崖山航海行。

冉氏兄弟修筑的钓鱼城已经成为冷兵器时代城寨防御的典型案例，依靠远远超越蒙古人的火器技术，钓鱼城也是全世界唯一没有被蒙古人攻克的城市，直到宋朝灭亡后还屹立不倒，“婴城固守，百战弥坚”。宋祥兴元年（元至元十五年，1278 年），钓鱼城已经成为一座大元帝国土地上的宋人孤岛，守城的 36 位将军全部自杀殉国。次年，大宋末代皇帝在崖山蹈海，钓鱼城最后一任守将王立以“不杀城内一人”为条件，打开了已坚守 36 年的钓鱼城城门。

斯塔夫理阿诺斯的《全球通史》和威尔斯的《世界史纲》，都将 1258 年前后作为蒙古军事扩张的峰顶时期。从这一时刻之后，蒙古风暴就迅速走向衰落。[①]而钓鱼城之战无疑成为这场世界历史转折的重要细节，即使很少有人提到这一细节。

可以说，火药在它诞生的第一时间，就改变了历史的路径。虽然繁荣昌盛的宋朝中国灭亡了，但他们发明的火药战争却成就了一场人类历史的划时代变革。火药一旦成为人类征服世界的利器，人类也将被火药征服。

在成吉思汗黄金家族征服的国家中，宋帝国无疑是文明程度最高也是最富庶的，遭到的屠杀和迫害也最为悲惨。据历史学家统计，有一半以上中国人遭到屠杀。[②]蒙

---

① 从 1260—1368 年，蒙古草原遭遇了一个漫长的低温期。这场大面积的长期低温，几乎毁灭了所有的草场，大量马匹死亡。这场严重的气象灾害给蒙古军带来沉重打击，使席卷欧亚大陆的蒙古旋风不得不偃旗息鼓。

② 按照葛剑雄主编的《中国人口史》，1215 年的时候中国人口是 1.4 亿，经过蒙古人屠杀破坏之后的 1290 年只剩下 6800 万的人口，超过一半的人口被消灭，这是对一个文明接近毁灭性的破坏。据忽必烈自己估计，蒙古人在中国北方就直接屠杀了 1800 万人；而历史学家估计，中国北方人口死亡 3000 万，占人口 90% 左右。“两河、山东数千里，人民杀戮几尽……关中兵火之余，八州十二县，户不满万。”华北实际发生了一场最残酷最彻底的种族代换，以后的北方人几乎都是鞑靼血统。四川人口从 1295 万被屠杀至 60 万，仅剩不到 5%；传承了 2000 年的

古人在征服世界的过程中杀人过亿，凡是抵抗的城市均被屠城，只有钓鱼城得以全身而退。钓鱼城作为最后一个降元的城市，蒙古人至此完全征服了中国，南中国人即“南人”，被列为大元帝国的第四等“贱民”。

如果说夏商周直至唐宋，长安、洛阳和汴京始终代表着一种植根黄河流域的农耕文明的话，那么汗八里的北京就是野蛮草原文化的象征。在费正清先生看来，北京远离中国人口和生产的中心地区，易受游牧民族的侵扰，而且严重依赖长江下游地区的物资，但它却成为中国好几个政权的首都，实在太令人惊奇了。其实这绝不可能是巧合，原因之一就是中国的首都必须同时也是亚洲腹地非汉族地区的首都；“蛮夷”们始终是中华帝国军事和政治的有机组成，结果中国的首都自然就要向边境移动了。[①]蒙古人的征服与统治虽然不到百年即土崩瓦解，但那个古典文明的中国已经不复存在，只留下一个蒙古化的中国。可以说，中国的蒙古化与欧洲的希腊化是人类历史上两个惊人相似的文化历程，只不过后者是文化的过程，而前者则是去文化的过程。

> 蒙古人的入侵形成了对于伟大的中华帝国的沉重打击，这个帝国在当时是全世界最富有和最先进的国家。在蒙古人入侵的前夜，中华文明在许多方面都处于它的辉煌顶峰，而由于此次入侵，它却在其历史中经受着彻底的破坏。[②]

成吉思汗黄金家族及其蒙古武士，以区区20万之众就横扫亚欧大陆，所向披靡，成为冷兵器时代不可思议的神话。事实上，13世纪初的蒙古人几乎还在石器时

（接上页）古老巴蜀文化因此濒临灭绝；原先“地狭而腴，民勤耕作，无寸土之旷”的“蜀土数罹兵革，民无完居，一闻马嘶，辄奔窜藏匿。淮蜀重遭于侵扰，道路流离之重，惨不聊生；室庐焚毁之余，茫无所托”。钓鱼城之后，那个从秦汉到唐宋1000多年，始终人文鼎盛的四川再也没有了，巴蜀成为粗鄙流民文化的根据地。

① （美）费正清：《中国：传统与变革》，张沛等译，吉林出版集团，2008。

② （法）谢和耐：《蒙元入侵前夜的中国日常生活插图本》，刘东译，北京大学出版社，2008。

代，箭镞都是用兽骨制成的，直到后来被金国女真人征服，他们才被带入铁器时代，开始有了金属兵器。成吉思汗统一蒙古后，借用回鹘文创制了蒙古文字。虽然他们热爱并精通战争，但却不懂政治。历史学家孟森指出："凡历朝享国稍久者，必有一朝之制度。制度坏，国祚渐衰。有经久难坏之制度，即有历久始衰之国祚。有周之制度，即有周之八百年；有汉之制度，即有汉之四百年，唐宋皆然。唯元无制度，其享国即在武力之上，其能钳制人民数十年而后动者，即其武力之横绝历代也。"①

蒙古帝国以其野蛮而具有强大的暴力，他们从马上得天下，后来也想从马上治天下，最终走向失败。用许倬云先生的说法："这种建立在暴力基础上的政权，并不依赖传统中国皇权的'合法性'，统治者并不在乎中国传统对于'天命'的解释。"②

历史总会有不同的解释，特别是关于成吉思汗和他所创建的蒙古帝国，历来争议颇多。"人们总是把成吉思汗和希特勒、匈奴王阿提拉等战争狂人相提并论，其实这其中有很大的误解。关于他的历史许多都是被他征服的国家所写的，难免有失偏颇。"一些西方学者认为，成吉思汗将中国的先进文化和先进生产力带给黑暗时代的中世纪欧洲，使欧洲找到了通向"现代"的发展方向，使人类第一次进入全球化时代。甚至说，成吉思汗推动了欧洲后来的技术、贸易和思想革命。③"蒙古人几乎将亚洲全部联合起来，开辟了洲际的通道，便利了中国和波斯的接触，以及基督教和远东的接触。中国绘画和波斯绘画彼此相识并交流。马可·波罗得知了释迦牟尼，北京有了天主教总主教。""从蒙古人传播文化这点说，差不多和罗马人传播文化一样有利。对于世界的贡献，只有好望角的发现和美洲的发现，才能够在这一点与之相似。"④

---

① 孟森：《明史讲义》，中华书局，2009。

② 许倬云：《说中国：一个不断变化的复杂共同体》，广西师范大学出版社，2015。

③ （美）杰克·威泽弗德：《成吉思汗与今日世界之形成》，温海清、姚建根译，重庆出版社，2009。

④ （法）勒内·格鲁塞：《草原帝国》，蓝琪译，商务印书馆，1998。

野蛮的终结

在某种程度上可以说，蒙古人因为学习先进文化而崛起，因为拒绝高级文明而失败。

作为后发民族，蒙古人对农耕民族的发达技术充满向往和敬畏。在征伐中，他们大量掳掠文明世界的器物和工匠。成吉思汗虽然杀人如麻，但却厚待技术人才，凡屠城中“唯匠得免”。《黑鞑事略》中说：“灭回回，始有物产，始有工匠，始有器械。灭金虏，百工之事，于是大备。”由此可见，这个尚处于古老氏族社会的游牧部落，有着何等积极进取的学习精神。

在部落战争中，他们学会了灵活的战术，并积累了丰富的作战经验；在对外征服战争中，他们学会了当时世界先进的进攻武器。正因为如此，野蛮的蒙古人后来者居上，反倒成为当时战争技术的领跑者。正如当时英国科学家罗杰·培根（1214—1292 年）所说，“热衷于战争”的蒙古人所取得的成功，不仅仅源自其军事上的优越，更确切地讲，“他们通过科学手段取得了成功”。

蒙古武士依靠原始的骑射，在野战中所向无敌，但当他们走出草原以后，他们发现在中原地区高大坚固的城墙面前，再强大的骑兵也无能为力。骑兵的机动性和冲击力对城墙来说没有任何意义，他们只得下马，成为攻城的步兵。蒙古人很快就从辽、金、西夏这些对手身上学会了步兵攻坚战术，以及新发明的火药、火器和抛石机。这些尖端武器本来是这些文明王朝用来抵御落后的蒙古人的，但马上就被善学的蒙古人拿来对付“师父”。颇为讽刺的是，金人和宋人发明了火器，但却无法阻止亡国，真正将世界带入火器时代的，竟是一个刚刚走出石器社会的野蛮部落。金国的末代皇帝金哀宗颇为不屑地说：“北兵所以常取胜金者，恃北方之马力，就中国之技巧耳。”

成吉思汗的成功就在于，将蒙古骑士所具有的凶猛与速度，和中国农耕文明的科学技术有机地融为一体，以快速勇猛的骑兵去消灭野战步兵，用火器机械摧毁堡垒要塞，这使蒙古人变得攻无不克，势不可当。波斯史学家志费尼形容他们的进攻，“就像炽热的火炉吸收了坚硬的木头，火势更盛，从炉腰将火花射向空中”，将敌人“淹没在彻底毁灭的汪洋大海中”。[①]

在当时的冷兵器世界里，火药和火器的出现是革命性的，无论是其杀伤力还是心理震慑都是不可限量的。火药和火器刚刚出现在中世纪的欧洲，很多守军就被这种可怕的“巫术”夺去了战斗意志，纷纷弃城逃亡。

一切历史都是世界史。蒙古人去欧洲时，不仅骑着蒙古马，还带着中国火药和中国投石机。投石机是农耕社会一种古老的传统武器。在中国叫“霹雳车”或“砲车”，“砲车以大木为床，下安四轮，上建双陛。陛间横括，中立独杆，首如桔槔状其杆高下长短大小，以城为准”。陈规在《城守录》中说：“攻守利器，皆莫如砲。攻者得砲之术，则城无不拔；守者得砲之术，则可以制敌。”金人攻大宋汴京时，“城下列砲座二百余所……矢石如雨，使守卒不能存立”。简单易用的中国投石机配上中国火药，使1000多年来不可战胜的石头城堡顿时危如累卵。

在火药和无数投石机的轰击下，永不会陷落的阿拔斯王朝（黑衣大食）首都巴格达很快就陷落了。蒙古人沿着当年匈奴人走过的路线一路向西，欧亚平原成为他

---

① （伊朗）志费尼：《世界征服者史》，何高济译，中国人民大学出版社，2012。

们逐鹿的猎场，而无数城市和宫殿就是他们觊觎的猎物。

1220年，蒙古人为攻击尼沙城，专门修筑了一座炮台，连续轰击了15天，发射了大量火箭、毒火罐和火炮弹。1241年，蒙古大军在东欧华尔斯塔德大平原上击败波兰人和日尔曼人联军，3万联军竟有2.5万人阵亡。波兰历史学家记载了蒙古人可怕的火器——他们从一种木筒中成束地发射火箭，因为在木筒上绘有龙头，因此被波兰人称作“中国喷火龙”。1258年，就在蒙哥命丧钓鱼城之时，蒙古军用金人的炸弹“震天雷”（宋人叫“铁火炮”）一举攻下古老的巴格达，阿拉伯人给这种威力惊人的炸弹又起了一个名字——“铁瓶”。

因为气候的适应关系，成吉思汗的蒙古大军先是沿着同一纬度席卷中亚和东欧的草原地带，然后才沿着经度南下进入温热带地区。

在751年的怛罗斯，阿拉伯帝国击败了唐朝名将高仙之；风水流转，500年后，唐朝名将郭子仪的后裔郭宝玉率领着火器时代的蒙古大军，攻陷了阿拉伯帝国的都城巴格达。阿拉伯帝国变成了蒙古帝国下的伊利汗国。正如同当年的撒马尔罕成为中国纸的传播中心，巴格达又一次成为火药传播的重要枢纽。自信而崇尚技术的蒙古统治者并不禁止火药的扩散和火器的出口，他们甚至大量地招募突厥人、阿拉伯人和欧洲人成为帝国军人。在一个由中国人、蒙古人、突厥人、阿拉伯人和欧洲人构成的火器军队主导下，整个世界迅速进入火器时代。火药和火器制造技术从扩散到提高，成为未来几个世纪决定人类命运的关键细节。

战争作为人类社会的终极斗争形式，在血与火中构成最不幸的历史。从某种意义上来说，火药是战争的产物，而非战争是火药的产物。中国火药将人类战争从冷兵器时代带入热兵器时代。火药巨大的能量使战争的破坏力被无限地放大。人类肌肉的力量在火药面前不堪一击，暴力欲望成为战争的主要推动力。火药时代的所有进步，实际都是暴力欲望的扩张，人类世界的暴力斗争最终演变为欲望的博弈。欲望与火药在硝烟和爆炸中一起化为灰烬，新的欲望和火药继续不断地产生，以此书写着人类追逐罪恶的历史。

成吉思汗将中国火药传播到全世界，并开创了人类历史上第一次大规模世界战争。[1]颇为讽刺的是，蒙古人带到西方的火药，最后彻底终结了一个持续不断的草原时代，野蛮征服文明的历史被火药所终止——

> 16世纪以来，游牧民族怎么不再任意地支配定居民族了呢？理由是后者用大炮来对付他们。于是，一夜之间，他们突然获得了压倒游牧民族的人为的优势。长期以来的位置颠倒过来了。伊凡雷帝用炮声驱散了金帐汗国的最后一批继承者；中国的康熙皇帝用炮声吓倒了卡尔梅克人。大炮的隆隆声标志着一个世界历史时期的结束。军事优势第一次、也将是永远地变换了阵地，文明变得比野蛮强大。几小时之内，游牧民族的传统优势已成为似乎是不真实的过去。在1807年的战场上，浪漫的沙皇亚历山大召集来打拿破仑的卡尔梅克弓箭手们，就像是马格德林时代的猎人一样过时了。然而，自从这些弓箭手们不再是世界征服者以来，仅仅才过了3个世纪。[2]

---

① 进入现代社会以来的两次世界大战与成吉思汗的征服战争有许多相似之处，纳粹德国机械化部队进行的“闪击战”其实就是蒙古骑兵突袭模式的再现。

② （法）勒内·格鲁塞：《草原帝国》，蓝琪译，商务印书馆，1998。

中国雪

如果说古希腊文化的精髓是美学，那么蒙古文化的精髓就是暴力美学——撕碎人世间的一切美好。蒙古人的野蛮加上火药的暴力征服，彻底改变了欧亚大陆原先的政治结构和民族地图，许多古老的文明遭到灭绝，许多国家从此一蹶不振，一些新的民族趁机崛起，形成新的国家。被击溃的国家产生了大量的难民，四处流散；这种大范围的种族交流，完全改变了传统的民族界限。蒙古人对中亚的蹂躏，摧毁了一个古老的阿拉伯帝国，突厥人通过加入蒙古征服的队列而迅速崛起。突厥人和蒙古人相互融合，形成新的军事贵族。从塞尔柱到帖木儿，再到奥斯曼，突厥人继承了蒙古人的军事遗产，成为欧亚大陆的新主人。

早在公元前 2000 年，美索不达米亚人就通过加热天然沥青提炼出大量的石油，石油和沥青、树脂、硫黄、生石灰的各种混合物，可以用来制作由弩炮发射的火攻武器，但这些“火器”与火药根本不可同日而语。唐朝时期，中国的硝和炼丹术通过贸易传入阿拉伯世界。当时阿拉伯人把从中国传去的这种药（硝）称为“中国雪”，波斯人称之为“中国盐”。古代阿拉伯与欧洲的战争中，曾使用过许多纵火剂，但却没有火药或者硫黄。直到蒙古铁蹄摧毁了地中海沿岸的大马士革，阿拉伯人才第一次见识到可怕的火器和火药。

蒙古人到来之后不久，阿拉伯人已经能制造和使用“中国火枪”和“中国火箭”，这与中国的“火箭”和“突火枪”类似，他们称其为“马达发”（阿拉伯语“火器”）。

在历史长河中，强大的蒙古帝国不过是昙花一现；当阿拉伯人掌握了火药和火器技术之后，他们就充满信心地同欧洲人争夺地中海霸权。从这种意义上来说，阿拉伯人继承了蒙古人未竟的征服之路，火药带给欧洲人的是一个漫长的噩梦。1325年，阿拉伯军队进攻西班牙的巴沙城，他们用中国抛石机发射“中国火球”，声如雷震，西班牙人遭遇到了一个世纪前匈牙利人和波兰人的悲惨命运。

在这一波由东到西的火药革命中，最具有标志性的事件是君士坦丁堡的沦陷。1453年，奥斯曼帝国的穆罕默德二世用装满火药的大炮，对准1000年前罗马皇帝君士坦丁修筑的城墙展开轰击，一举结束了千年的东罗马帝国（拜占庭），也结束了一个古老的欧洲中世纪神话。

在蒙古征服的狂飙中，阿拉伯帝国走向崩溃，群龙无首，一时涌现出许多新兴的宗教国家。这些国家尽管民族各不相同，或者突厥人、或者波斯人、或者阿拉伯人、或者非洲人，但其政治体制都是政教合一的军事封建制度。进入14世纪以后，奥斯曼突厥人在与十字军骑士和东罗马帝国军队的长期战斗中，成为一支最具活力的军事势力。继阿拉伯帝国之后，奥斯曼帝国的崛起，标志着传统阿拉伯文明进入到一个新的繁盛时期。

仅仅一个世纪之前，奥斯曼土耳其还是一个不知名的半游牧部落。1299年，奥斯曼率领土耳其人摆脱塞尔柱君主的统治，宣布成立以他的名字命名的奥斯曼帝国，并趁东罗马帝国内乱，逐步占据了小亚细亚地区，后又攻占了重要商业中心布鲁萨。奥斯曼死后，他的两个儿子乌尔汗和阿拉·阿尔丁如宋襄公一般“兄弟让国”，最后乌尔汗成为苏丹，阿拉·阿尔丁为维齐尔（宰相）；兄弟二人齐心共力，发展商业和军事，终于打造出纪律严明、英勇顽强的战争机器。在接下来的一个多世纪中，虽然帖木儿的蒙古帝国一度打败了奥斯曼，但帖木儿之后，奥斯曼帝国重新崛起，并继续向羸弱的东罗马帝国扩张。

东罗马帝国就是中国古籍中的“大秦”或“海西国”。君士坦丁堡位于马尔马拉海北岸，扼黑海出入门户，为亚欧交通要冲。公元前660年，古希腊人在这里始建拜占庭城。4世纪初，第一位信仰基督教的罗马帝国皇帝君士坦丁重修旧拜占庭城，将它建成为一座三面环海，只有一面靠陆地的坚固堡垒，并更名为“君士坦丁堡（Constantinople）”。以后，狄奥多西斯二世进一步加固了君士坦丁堡的城墙，使得这座城市成为“野蛮人攻不破的城市”。5世纪中期，查士丁尼大帝开始修建浩大的圣索菲亚大教堂。这座气势恢宏的教堂在一个世纪后完工，成为东正教的世界中心。

由于君士坦丁堡横亘欧亚非三洲交界之处，既阻挡了阿拉伯帝国征服叙利亚、埃及，进入西欧的道路，也阻挡了西欧十字军骑士进攻耶路撒冷和地中海中部沿岸地区，因此君士坦丁堡常常成为中世纪战争的风暴角。依靠城墙高耸的天险区位和一支西方世界最为强大的军队，虽然东罗马帝国几经兴衰沉浮，但依然奇迹般地屹立千年不倒。无论波斯人、哥特人、斯拉夫人和阿拉伯人，无数次攻城都铩羽而归。

东罗马帝国军队还有一种极具特色的杀手锏，就是一种类似中国火药的“希腊火”。据说是叙利亚人凯林尼科斯从西里西亚逃至君士坦丁堡，提供了“希腊火”的配方及制作方法。“希腊火”的主要成份包括硫黄、沥青和松脂等易燃物，平时装在有喷嘴的容器内，作战时将水注入容器，容器内的易燃材料便燃烧起来，内部压力使火焰从喷嘴射出，可烧毁敌方舰船和士兵，同时还会产生大量烟雾和声响，极具震慑效果。674年，拜占庭首次使用“希腊火”，就成功地打败敌人；717年，又用它击退了庞大的阿拉伯舰队，使“希腊火”一举成名。诡异的是，这种“秘密武器”最后竟然在东罗马帝国失传了。

东罗马帝国已经历了几个世纪的衰落，阿拉伯帝国从它手中夺去了叙利亚、巴勒斯坦和埃及等大片领土，连接中国的古老丝绸之路因此断绝。贸易的衰落使东罗马帝国经济倍受打击。到11世纪时，黑海沿岸的商业据点也被奥斯曼人夺去，这使东罗马帝国进一步走向衰败，再加上频繁的宫廷斗争，导致帝国从内部陷于糜烂。①

---

① 在东罗马帝国93个皇帝中，有40个属非正常死亡，其中被处决和暗杀的皇帝多达34个，有51个通过军事政变成为皇帝，有42个皇帝在斗争中失利，被流放、监禁或迫害。

14 世纪，新兴的奥斯曼帝国不断对拜占庭进行蚕食侵略。重要的马匹盛产地安纳托利亚丢失以后，东罗马帝国的重骑兵力量遭到致命打击，帝国军队彻底丧失了主动攻击能力，只能以步兵进行被动的防守。在此消彼长的过程中，奥斯曼军队攻入保加利亚和阿尔巴尼亚，将君士坦丁堡以西的整个色雷斯地区据为己有。1354 年，奥斯曼土耳其攻占了拜占庭帝国的加利波利；1396 年，奥斯曼轻骑兵在多瑙河畔的尼科堡大败欧洲十字军骑士团，完成了对巴尔干半岛的征服。从亚得里亚海和匈牙利平原，直到幼发拉底河的广大地区，都成为奥斯曼帝国的版图。至此，拜占庭帝国首都君士坦丁堡已经成为孤悬于奥斯曼帝国的一座孤城。

最后的罗马

“没有一个西方国家的首都，在帝国统治的连续性和范围方面，能与拜占庭首都君主坦丁堡的辉煌历史相媲美。”[①]夺取君士坦丁堡也是历代阿拉伯统治者的夙愿。1421年，奥斯曼帝国的穆拉德二世进攻君士坦丁堡，迫使拜占庭皇帝割让君士坦丁堡城外除供水区外的所有土地，并以每年3万杜卡特作为岁贡。1451年，19岁的穆罕默德杀掉其他兄弟后，成为奥斯曼帝国的新苏丹——穆罕默德二世。[②]当时偌大的东罗马帝国已经领土丧失殆尽，仅剩下一个山穷水尽、财源枯竭的首都君士坦丁堡。

面对虎视眈眈的奥斯曼突厥人，拜占庭人唯一可以倚仗的就是险要的地势和坚固的城墙，毕竟君士坦丁堡是最擅长军事和工程的罗马帝国的巅峰之作。在冷兵器

---

① （美）斯塔夫理阿诺斯：《全球通史》，吴象婴等译，北京大学出版社，2006。

② 1451年，穆罕默德二世登基当天就把弟弟溺死在浴缸里。他宣布皇位继承人有权杀死自己的兄弟，以避免王位争夺引发的内乱，维护国家的稳定。屠戮兄弟的行为从此成为奥斯曼帝国宫廷斗争的合法手段和传统。晚年的穆罕默德二世被其子巴耶济德二世毒死。巴耶济德二世晚年又被其子塞利姆一世杀死。塞利姆一世即位后追剿残余的皇室男性成员，他的另一位兄长考尔库德以及五个侄子均遭杀害。1595年，穆罕默德三世成为奥斯曼帝国的新苏丹，他根据帝国的“弑兄法”，将他的19个弟弟全部杀死。

时代，城堡成为无数强悍军队折戟沉沙之地。为了抵御土耳其人的进攻，君士坦丁堡进一步加高加固了城墙。热那亚名将吉斯提尼率领700名军人前来增援，同行的还有日耳曼炮兵专家兼军事工程师格兰特。

穆罕默德二世为了确保征服君士坦丁堡，在君士坦丁堡对岸建立了鲁美利希萨要塞，作为进攻君士坦丁堡的基地，完全切断了君士坦丁堡的供给通道。穆罕默德二世推崇以多取胜的人海战术，尽管君士坦丁堡的守军不足8000人，穆罕默德二世的攻击部队却达到15万，几乎是对手的20倍。同时，穆罕默德二世也是一位狂热的火炮爱好者，他不仅精通火器技术，甚至还是一位真正的炮手。与成吉思汗的炮兵都是中国人一样，穆罕默德二世的炮兵也都是擅长技术的基督徒。穆罕默德拥有400多门大炮和56门小炮。土耳其工兵对进攻君士坦丁堡起到破天荒的作用，他们在城墙下挖掘坑道，埋设火药地雷，对坚固的城墙进行定向爆破。这是世界军事史上首次把火药用于坑道爆破。

从中国火药传入欧洲以后，经过蒙古人、突厥人和欧洲人的改进，大型火炮已经具有了相当可怕的毁城能力。但对君士坦丁堡那样超级坚厚的全石城墙来说，一般大炮仍然无能为力。正因为这个原因，奥斯曼七代君主尽管纵横欧亚大陆，却始终下不了攻打君士坦丁堡的决心。为了攻克君士坦丁堡的城墙，穆罕默德特意聘请匈牙利铸炮大师乌尔班（Urban），铸造了12门超级巨炮。其中最大的火炮“巴利西卡”为巨型臼炮，青铜铸造，长达8.2米，发射的石弹重达272公斤，射程超过1英里。第一次试射，炮弹飞出1.6公里，并砸进了1.8米深的泥地。这个“恐怖而非凡的怪兽”用400个人和60头牛，把30辆大车连起来，花了6个星期才运到君士坦丁堡城下。①

对一个武器专家来说，只有战争可以让他有用武之地。乌尔班是当时全欧洲技艺最高超的铸炮大师。他先是受雇于拜占庭皇帝，后来因为拜占庭无力制造巨型火炮，乌尔班悄然出走，投奔了财大气粗的奥斯曼帝国。他对穆罕默德说：“我已经仔

① 上林：《千年帝都君士坦丁堡的沦陷》，《文史参考》，2012年第21期。

细研究过，我有信心制造这样的重炮——它不仅能击碎君士坦丁堡的城墙，甚至传说中巴比伦的城墙也不是对手。”从某种程度上来说，正是乌尔班的投诚，才奠定了穆罕默德攻取君士坦丁堡的决心。

1453年4月12日，穆罕默德二世和他浩浩荡荡的土耳其军队，通过仅有的陆路来到君士坦丁堡城下。在另外三面，数百艘土耳其军舰已经展开炮击。土军的大炮一起推到护城河边，开始了火器时代以来规模最大的一次炮击。此起彼伏的巨型火炮惊天动地，震耳欲聋；城上的拜占庭人也毫不示弱，以弓箭和火炮还击。可以想象，当时的君士坦丁堡战场，或许是战争史上对火药威力的最直观展示场所。万炮齐射，地动山摇，这对冷兵器时代的人们将是怎样的震撼。一位当时的目击者留下这样的记录：“有时炮弹摧毁了整段的城墙，有时候是城墙的一部分，有时是一座塔楼，或一段胸墙——没有哪座城墙足够坚固，可以抵御这样迅雷不及掩耳的攻击。”

中国火药使罗马最坚固的城堡摇摇欲坠，历史将从此改变。

拜占庭守军也试图用他们微不足道的小型火炮还击，但他们却没有多少火药。事实上，城墙和塔楼并不适合架设火炮，否则火炮巨大的后坐力及震动，很快就会使城墙损毁，这与遭受敌军炮击毫无二致。他们只能将一些单兵操作的小型火炮当作“手炮”使用。当奥斯曼人蜂拥而上时，守城者点火发射，火药使铅弹产生可怕的杀伤力；甚至一颗铅弹可以击穿3名敌兵，即使甲胄也难以阻挡。

与拜占庭人的小火炮相比，“达达尼尔”巨炮极大地鼓舞了土耳其人的士气，也使拜占庭人又恨又怕。他们对“忘恩负义”的乌尔班充满诅咒。巨炮射入城内的巨大石弹击毁教堂和民房，很多人悲惨地死去。巨炮发射时震耳欲聋，以至于一些孕妇因它的轰鸣声而流产。

好在这个巨炮操作极为繁琐，发射一次直到冷却，需要至少2个小时。即使这样，在反复热胀冷缩中，它还是出现了裂纹。一周后，“达达尼尔”还没把君士坦丁堡轰塌，就自己爆炸了，连那位造炮的乌尔班也一起成为“达达尼尔”的陪葬品。

土耳其人的炮击一天胜似一天，孤立无援的君士坦丁堡城内伤亡与日俱增。一位拜占庭士兵在日记中写道：

> 5月11日，除了猛烈炮击，无事可记……5月13日，土耳其人发动了一次小的突袭，但并没有造成什么影响，唯一值得一提的，仍然是敌人持续不断的炮击和我们可怜的城墙……炮击不分昼夜地进行着，冲击与爆炸让我们一刻都无法放松，炮弹随时都有可能落在头上。穆罕默德希望通过这种方式轻易地夺取这座城市，他想要用重炮的轰击来炸死我们，让我们精疲力竭，让我们在这种猛烈的攻击下没有喘息的时间。

从火炮来自匈牙利这点来说，土耳其的专制主义比欧洲的法团自治政体更开放，也更有效。欧洲人发明了三角堡和棱堡，使数百人的交叉火力足以长期抵抗数万大军。土耳其人发明了义务劳役制度，让数百万顺民免费修缮道路、运输辎重。君士坦丁堡战役就依靠这些民工的滚子和推车。随着战火的持续，穆罕默德的人海战术将拜占庭守军的兵力和弹药几乎消耗殆尽。到了5月28日，土耳其人的炮击已经持续了47天，总计已经消耗了55000磅火药，发射了大约5000发炮弹，城墙上已经出现了9个缺口。穆罕默德认为时机已经成熟，遂下令全面总攻。

凌晨1点30分，火炮齐鸣，10多万土耳其军队在约4英里宽的战线上发起冲击。当时战场是如此震撼，以至于一位拜占庭人这样记载："空气似乎也被撕裂了，君士坦丁堡的一切看起来就像是另一个世界。"城内人心惶惶，纷纷涌向索菲亚教堂，向上帝进行最后一次祈祷，因为末日即将来临。城内响成一片的教堂钟声，被城外几百门火炮响彻云霄的轰鸣声淹没。城墙在火炮的轰击下出现了缺口，10000名手持火枪的土耳其新军蜂拥而上。新军即"改宗兵"，他们都是从幼童时就开始长期封闭的严格教义与军事训练，灌输以狂热的宗教思想，堪称苏丹最为得力的战争机器。在这台高效率的战争机器面前，拜占庭末代皇帝康斯坦丁和他的皇家卫队全部英勇战死。

在东罗马帝国1000年的历史中，君士坦丁堡总共遭遇过23次围攻，除了1204年十字军卑鄙地偷袭，从来没有一个敌人可以突破它伟岸的城墙。但时过境迁，君士坦丁堡终于在火药时代被攻克了，罗马帝国的落日余晖彻底熄灭。火炮改写了这一段欧洲历史。君士坦丁堡的陷落，标志着欧洲传统的要塞防御已经不再有任何意义，人类军事史打开了新的一页。

“历史如同一场诡异的数字游戏，在汪达尔人洗劫罗马1000年之后，又一场浩劫降临到拜占庭。”[①]与大多数战争一样，获胜的土耳其人在城内大肆烧杀抢掠。在这次浩劫中，大批艺术家从东罗马逃亡意大利。政教合一的中世纪结束了，古希腊文明的魅力席卷西欧，引发了一场文艺复兴运动。

被称为“征服者”的穆罕默德二世将君士坦丁堡更名为伊斯坦布尔。10年后，莫斯科大公伊万三世向西方世界宣告，曾经作为欧洲奴隶的斯拉夫民族是罗马帝国的精神继承者。伊万四世进一步自封为沙皇（俄语恺撒），对东方则称札根汗（白色可汗），以显示其蒙古血统。

在遥远的东方，另一个也叫穆罕默德的突厥人，率领一支1.2万人的火器军队，攻入富饶的恒河流域。印度洛提王朝国王易卜拉辛·洛提亲自率领5万多名冷兵器时代的步兵和1000多头战象迎战。在炮声和硝烟中，印度国王战死。穆罕默德·巴布尔用火器和宗教建立了一个从喀布尔到德里、时间长达三个多世纪的莫卧儿帝国。“莫卧儿”乃“蒙古”的变音。

① （奥地利）斯蒂芬·茨威格：《人类群星闪耀时》，高中甫、潘子立译，译林出版社，2011。

西方的兴起

中国火药由蒙古人带到西方，蒙古化的突厥人最先掌握了这种先进武器，攻陷了基督徒的拜占庭。接下来，轮到欧洲人成为更加狂热的火药爱好者。据说1338年英法战争中，就已经出现了中国的“震天雷”，他们叫它“铁罐子”。从欧亚大陆的最东头传到最西头，“震天雷”走了整整一个世纪。在古老的拜占庭被奥斯曼土耳其的火炮攻陷一个多月后，法国人用火炮将骁勇的英国长弓手彻底赶出了欧洲大陆，持续了近100年的英法百年战争，随着火药的到来戛然而止。①

火药成为一个新人类时代的礼炮。在一种开放竞争的启蒙运动和战争环境下，欧洲在火药和火器技术上的迅速领先，彻底解除了2000多年以来善于骑射的东方游牧民族对于欧洲的威胁。春去秋来，这些充分吸收东方文明并发展出西方文明的欧洲国家，转而又用火药和火器对东方和世界展开征服。

直到14世纪上半叶，欧洲大部分地区还不知道火药和火器，阿拉伯人在塔里

① 欧洲第一次较大规模地使用火药，是在1346年发生的克雷西战役中，火药在这次战役中的作用不是很有效。不过，在第二年爱德华围困卡莱斯的战役中发挥的作用就大多了，直到15世纪的胡斯战争中，火药才真正发挥了主导性作用。

法战役中，对西班牙人首次使用了火药大炮。进入 14 世纪后半叶，火药和火器已经在欧洲战场上崭露头角。[①]文艺复兴时期的思想家彼得拉克在 1350 年这样描述火药枪：

> 这些工具能发射金属弹丸，同时伴有巨大的噪音与火光……几年前还非常稀有，人们以稀奇羡慕的眼光看待它，但现在它已经像其他武器一样稀松平常了。研习这种致命艺术的人的思维是如此敏捷并富有天才。

正如恩格斯所说："在 14 世纪，火药与火器传到了西欧和中欧。这种纯技术的进步使整个作战方法发生了革命。"中国火药进入欧洲，不仅颠覆了骑士文化下的欧洲军事，而且催生了社会变革和科学兴起，从而推动了整个人类文明的进步和发展。

由于早期的火药十分昂贵，因此火炮一般都很小，而且大多数都是用于城堡要塞的防御作战。比如英国伦敦塔在 1380 年代装设了 87 门火炮，绝大多数火炮的重量只有 300 多磅。随着火药在战国时期的西方世界迅速扩散，欧洲的枪炮制造者很快就超越了中国原创者，也远远领先于其他文明世界所取得的成就。欧洲人一旦拥有了火药技术，便马上改变了欧洲战争的格局，加速了欧洲的近代化。同时，火药和火器也成为欧洲对外扩张的利器。

从 15 世纪开始，欧洲市场上的火药越来越充足，火药的价格开始下跌，火炮也随之造得越来越大。早期的火炮实际就是一种新式投石机，或者叫臼炮。法国编年

---

① 最早的火药配方是由执教于巴黎和牛津大学的科学家罗杰·培根于 1267 年记录下来的。据李约瑟考证，欧洲人将火炮作为武器使用的最早证据，是 1326 年左右两份关于火炮图画的手稿。1340 年，英格兰的两位伯爵把大炮引进英国，6 年后的克莱西战役中，英国人就开始用火炮攻击法国骑士。1380 年，意大利两大强国威尼斯和热那亚，为争夺海上贸易垄断权发生战争，双方在这场战役中都使用了火器。这也是欧洲人进入火器战争的较早记录。欧洲第一场由火炮发挥关键作用的战争发生在 1382 年，佛兰德尔手工业城市用火炮反抗封建领主佛兰德伯爵。

史家佛罗莎特记载，1382 年佛兰芒叛乱者“制造了一门硕大无比的投石炮，可以发射巨大的石弹。开炮时巨大的声响，就如同地狱里所有的鬼都一起涌到了路上”。

在金属铸造技术发展滞后的背景下，很多人如同乌尔班一样往往因为大炮炸膛而丧命。1460 年 8 月，苏格兰国王詹姆士二世在围攻洛克斯堡时，因为投石炮爆炸，他和许多随从当场丧命。15 世纪最先进的火炮都由西欧人研制成功的，特别是勃艮第人和法兰西人。以攻陷拜占庭的巨炮为代表，在一段时间里，大炮越造越大，以至于移动它成为一件艰难的事情。法国人最终扭转了大炮的超重走势。

历史是一个沙漏，总是周期性的翻转。1066 年，法国诺曼底公爵威廉征服了英国，法国人成为英国人的统治者。1415 年，英王亨利五世率兵在诺曼底登陆，并占领巴黎，英国人又成为法国人的统治者。在法国巨商雅克·科尔的资助下，查理七世建立起了欧洲第一支直属王室的常备军。这支 9000 人的常备军装备了最新式的火器，还包括一支装备小型火器的快速机动部队。依靠这支火器化的军队，查理七世在 1450 年夺回诺曼底。

1452 年，在阿金库尔战役中扬名立万的约翰·塔尔伯特率领一支 3000 人的英军再次远征法国，查理七世集结了一支 9000 人的法军迎战。这支法国军队由弹道专家让·布赫兄弟率领，配备了超过 300 门的加农炮和大量的火绳。在战斗中，塔尔伯特的坐骑被加农炮弹击中，他不幸被压在马下，法国弓箭手米歇尔·佩鲁宁用战斧轻松砍下塔尔伯特伟大的脑袋。这场热兵器对冷兵器的战役，创造了 100 比 4000 的悬殊战果，成为欧洲战争史中火器决定一切的最早战例。面对法国人的枪口和炮口，剩余的英军全部投降。至此，百年战争以法国人的胜利而结束。

虽然火药时代初期的枪炮更像是弓箭的延伸，但枪炮比长弓的有效射程更远，杀伤力更大；关键一点是，枪炮不需要非凡的膂力，任何人都可以利用火药的力量，而成为可怕的战士。

路易十一毒死他的父亲查理七世后，接手了这支西方世界最具战斗力的火器军队，然后以“朕即法兰西”的强力意志统一了法兰西版图。这个擅长阴谋胜过军事的独裁者，建立起了一个强有力的极权体制，被法国人称为“蜘蛛王”。无论是对欧洲史，还是人类军事史来说，法国国王查理八世都是一个重要的人物。与其说他是一位国王，不如说他是一位军事家。他对火炮进行了大量的改造，统一口径的整体（铸造）火炮被安装在轮子上，一支四处征杀的炮兵就此诞生了。

1493 年，查理八世与费迪南二世达成巴塞罗那条约。在火药的鼓舞下，崛起的法兰西和新生的西班牙展开了一场瓜分意大利的战争游戏。正如一句古老的欧洲名言："国王统治人民，利益统治国王。"

阿尔汉布拉宫的回忆

在8世纪的世界史上，阿拉伯帝国无疑是一颗光芒四射的新星，在不长的时间内，它就从一个原始部落扩张成为一个横跨欧亚非的庞大帝国。在东方战场攻入中国西域的同时，狂热的阿拉伯战士从非洲越过直布罗陀海峡，一举征服了西班牙。随着十字军运动的兴起，伊比利亚半岛陷入一场持续几个世纪的西班牙再征服运动。1212年成为这场宗教战争的转折点，由卡斯提尔、法国、葡萄牙和阿拉贡等国基督教骑士组成的十字军，大破60万哈里发军队。从此以后，在伊比利亚半岛上，阿拉伯势力日渐消磨。

1479年，卡斯蒂亚女王伊莎贝拉与阿拉贡国王费迪南结为秦晋之好，两国合并成为统一的西班牙王国。与法国的路易十一类似，伊莎贝拉和费迪南依靠装备了火器的常备军，以及教会支持的宗教裁判所，建立起一种强大的君主专制体制。贵族的城堡和骑士被国王的火炮摧毁，他们的土地和财产被没收，任何反对者都被以“异端”的罪名活活烧死。对新兴的西班牙来说，异教徒的格拉纳达就成为眼中钉、肉中刺，必欲去除而后快。

由北非摩尔人建立的格拉纳达王国一面临海，其他三面都已经被西班牙包围。

25 万人口的首都格拉纳达依山傍海，与君士坦丁堡一样，也是一个著名的要塞。如果在冷兵器时代，格拉纳达绝对可称是固若金汤，但不幸的是火药来了。

毫无疑问，攻取格拉纳达只能依靠火药的力量。伊莎贝拉以强大的炮兵代替了传统的重骑兵，并招募了大量的英国人、瑞士人和日耳曼人，组成精锐的步兵和工兵；同时还专门组织了补给部队，以保证火药和子弹的供应。她甚至还创办了世界历史上首个野战医院。值得一提的是，在此之前，伊莎贝拉女王就从欧洲大陆重金延请火药和火器专家，建立了欧洲最早的火器兵工厂。有了大量火炮和弹药，刚刚诞生的西班牙就拥有了一支堪称欧洲最强大的炮兵队伍。西班牙的火炮口径最大达到 35 厘米，可发射铁弹、石弹和火球。

与格拉纳达王国的战争从 1485 年开始，占据人力、财力和火力优势的西班牙稳操胜券，但并不急于求成。被西班牙火炮团团围困的格拉纳达已经成为一座孤城，只能与直布罗陀海峡对面的非洲大陆相看泪眼。格拉纳达人在饥饿中度过了漫长的 2 年。

1492 年的第二天，阿布达拉国王宣布向西班牙投降，长达 8 个世纪的战争终于宣告结束。美貌多才的伊莎贝拉女王亲吻了格拉纳达的土地，与她的丈夫费迪南国王一起进入阿尔罕布拉宫。

三十年河东，三十年河西。在君士坦丁堡陷落 39 年之后，基督徒还以颜色，攻陷了格拉纳达。可以肯定地说，中国火药成为这场欧洲宗教战争中最耀眼的主角。火药结束了阿拉伯人对格拉纳达 781 年的统治，并将其赶出了西欧。当一切都定格为历史，只有那古老宁静的阿尔罕布拉宫，犹可勾起后人关于一个摩尔帝国的回忆。

从西班牙诞生的那一天开始，火药就成为他们的立国之本。可以毫不夸张地说，是火药创造了一个席卷半个地球的西班牙帝国。西班牙人开创性地将火绳枪与步兵阵列结合起来。这支强大的火枪步兵所建立的暴力优势，一直保持到后来的“三十年战争”。在骄傲的 100 多年中，无论是陆地还是海上，火药时代的西班牙成为地球的新霸主。他们比蒙古人更凶恶、更狂妄，也更加不可战胜。

西班牙人将火炮装上舰船之后，打破了土耳其人不可战胜的神话，同时也揭开了海战史上一个新的时代——风帆与射击时代。西班牙人利用自己海军的优势，成为“新航路”的“开路先锋”。

在一个突然到来的海洋时代，火药带给美洲新世界的是恐怖和末日，带给西班牙人的却是权力和财富。虽然火药是与上帝一起出发的，但上帝的拯救永远赶不上火药的毁灭。“随着资本主义的发展，新的精锐的火炮在欧洲的工厂中制造出来，装备着威力强大的火炮的舰队，扬帆出航，去征服新的殖民地。”①

格拉纳达的胜利“光复”成为十字军运动之后，欧洲基督徒的一针强心剂。在火药和指南针的帮助下，这场宗教战争所培养出来的征服欲望和扩张激情，使西班牙率先发起了一个全球化时代的殖民运动。

公元1492年总是被无数历史学者视为古代和近代的分界线，虽然当时的欧洲人还不知道他们即将统治地球。对欧洲人来说，这里既没有世界上最肥沃的土地，也没有世界上最稠密的人口。与伟大的中国文明相比，欧洲在经济、文化、科学、制造和航海等各方面都毫无优势可言。他们不得不处处向阿拉伯人“学习”，如同阿拉伯人不得不向中国人“学习”。中华帝国的历史已经长达1700多年，而当时的欧洲还只是一些小王国和公国，甚至是偏僻的骑士小庄园和部落城邦，与2000年前的中国春秋时期无异。

小国多外患，大国多内忧。亚洲的哈里发帝国和中国儒教帝国，随着疆域的扩大日趋僵化，无不以全力维持对内统治；相反，竞争性的欧洲诸国则是外向的，因此更加富于积极进取精神，而这种精神恰恰是西方崛起的关键。“欧洲奇迹”的根源在于，自由经济和竞争政治下的军事多元化和思想自由，这些东西在亚洲几乎是不存在的；乃至当欧洲成为世界中心以后，天朝的精英们仍然执迷不悟。

人类文明3000年来，从印欧人、日耳曼人、匈奴人、马扎尔人、阿拉伯人到蒙古人，一直是东方入侵西方。火药改变了历史的路径。在马可·波罗回到欧洲两个世纪之后，西方开始了向东方进军的征程，最终是欧洲人发现“世界”，而不是更古

① （德）恩格斯：《反杜林论》，中央编译局译，人民出版社，1999。

老的中国人。

格拉纳达的硝烟刚刚散尽，雄心壮志的伊莎贝拉女王给遥远的中国皇帝写了一封信，尽管她并不知道当时的中国皇帝或者可汗是谁。哥伦布带着女王的信和马可・波罗的中国游记，还有80门火炮，从西班牙的巴罗斯港出发。他向西方驶去，但他要去东方，因为他坚信地球是圆的。这一天是1492年8月3日，值明朝孝宗弘治五年。

中世纪的终结

在欧洲历史上，中世纪晚期到近代早期的几个世纪，是战争最为频繁的时期。据统计，1500—1700年的这段时期当中，平均每3年就有一场战争爆发，这200年，几乎都处于战争中。在这个欧洲的“战国时代”，“由于存在一系列的相互竞争的政治实体，其中多数拥有或有能力购买维护自己独立的军事物资，因此没有任何一个国家能够取得突破，在欧洲占据优势[①]”。对群雄争霸的欧洲来说，中国火药的到来可谓是恰逢其时。

> 火药使整个作战方法发生了变革，火器的采用不仅对作战方法本身，而且对统治和政治关系起了变革作用。要获得火药就要有工业和金钱，而这两者都为市民所占有。因此火器一开始就是城市和以城市为依靠的新兴君主政体反对封建贵族的武器，以前一直攻不破的贵族城堡的石墙，抵挡不住市民的大炮；市民的枪弹射穿了骑士的盔甲。贵族的统治跟身穿铠甲

① （英）保罗·肯尼迪：《大国的兴衰》，王保存、王章辉、余昌楷译，中信出版社，2013。

的贵族骑兵同归于尽了。[①]

中世纪欧洲普遍实行封建（采邑）制度，拥有土地的贵族骑士为了保护自己的庄园和财产不受侵犯，深沟高垒，广修城堡，成为欧洲社会最中坚的领主阶级。这些古老的社会精英也成为后来西方国家中产阶级的原型。对封建贵族来说，城堡是财富和权力的延伸，也是对暴力和权力的反动。如同盾之于矛，甲之于剑，城堡是为了抵挡骑兵的快速突袭。在给养供应艰难的时代，坚壁高墙之下的消耗战足以使攻守双方都经受着残酷的考验。英国国王亨利五世围攻里昂时，防卫者把老弱者赶出里昂以节省存粮。英国人将这些老弱妇孺围困在里昂城下作垂死挣扎，直到守军投降。在很多时候，城堡一旦被攻陷，就意味着一场不可避免的屠杀和洗劫。对围攻者而言，一旦选择攻城，如果半途而废，也会成为耻辱。进攻城堡最简单有效的办法就是封锁，有时围城达数年，直到城堡内粮尽投降。因此，攻击城堡往往从军事问题变成经济问题，看谁能坚持到最后。一场攻城战争一旦开始，围城者就在城外筑房搭屋，甚至开设酒馆和网球场，家属、孩子、牧师、商人和妓女纷至沓来……

在整个中世纪，攻城战其实就是围城战，这是当时欧洲战争的主要特征，战胜敌人就意味着夺取其城堡，而这需要漫长的围攻。攻城技术与城堡防御技术水涨船高，直至黔驴技穷，大多时候都是攻城技术落后于城堡防御技术。1215 年，英国约翰王竟然奇迹般地用 40 头肥猪攻陷了曼切斯特城堡——他用猪油和木头烧塌了城堡的石墙。尽管中世纪的战争大多是城堡攻守战，但一般情况下很少有君主敢于冒着破产的危险，去轻率地和城堡领主打一场旷日持久的消耗战，因为国王的士兵一年里只有几个星期应召作战的义务，而雇佣军的费用又极其高昂。

随着中国火药的到来，这种微妙的僵局立刻被打破了。新型火炮使城堡攻守技术的天平终于倒向进攻者。大炮甫一登场，欧洲无处不在的封建城堡就变成了废墟。“城墙不再存在，不论修得有多厚，炮兵在几天内就足以将其摧毁。”（马基雅维利）

---

① （德）恩格斯：《反杜林论》，中央编译局译，人民出版社，1999。

1450 年，法国查理七世用臼炮和石弹一口气攻陷 60 座城堡。

早期的所有炮弹都不能爆炸，而是靠冲击力来破坏或摧毁单个目标。能爆炸的炮弹大约 14 世纪末才出现，而且性能极差。在 1421 年克科嘉的圣博尼法斯战斗中，开始使用有导火索的炮弹；早些时候，威尼斯人 1376 年在德拉也使用过这种炮弹。使用这种带导火索的炮弹对炮手来说是极其冒险的：首先要在铜或铁制的炮弹内装上火药，再安上引线，将其点燃，然后再小心翼翼地放进炮膛内，如果来不及发射，就会炮毁人亡。

但即使 15 世纪初原始的射石炮，也要比火药时代之前的投石机威力强大得多。面对发射石弹的加农炮，最坚固的中世纪砖石建筑也会土崩瓦解。特别是铸铁炮弹出现以后，城墙工事更加不堪一击。对城墙守御者来说，由于火炮的后坐力和弹道的限制，反倒无法用火炮来对进攻者进行反击。可以说，进入火药时代以后，就不再有独立于世的封建领主。

> 随着火炮的诞生而来的军事革命，使封建领主再也不能躲在城堡后面抵抗皇室的权威了，只有民族君主掌握着购买枪支、火枪、子弹和供应后勤所必需的财政资源和行政机构。[①]

火药时代敲响了骑士制度和骑士精神的丧钟。如果说匈奴人给欧洲带来的马镫导致了骑士制度的诞生，那么蒙古人给欧洲带来的火药却使骑士制度走向崩溃。正如托克维尔所说：“枪炮的发明，使平民和贵族在战场上处于平等的地位。”封建骑士虽然穿着精致光亮的盔甲，却无法阻挡一个平民滑膛枪的铅弹。

早在 15 世纪 50 年代，火绳枪就已经出现欧洲。在 1503 年塞利诺拉冲突中，西班牙步兵火枪手轻易地消灭了法国骑士；1505 年，西班牙的贡萨罗·德·科尔多瓦创制了由火绳枪和长矛组成的西班牙方阵，从此西班牙步兵纵横世界一个多世纪。

---

① （美）斯塔夫理阿诺斯：《全球通史》，吴象婴等译，北京大学出版社，2006。

在20年后的帕维亚战役中，法国国王法兰西斯一世卷土重来，8000名骑士悉数命丧于西班牙步兵的火枪之下，连国王自己也受伤被俘。当时的记载说，这种大型火绳枪常常是开一枪，就能打死好几个人或好几匹马。16世纪50年代，滑膛枪出现，骑士制度彻底瓦解。滑膛枪发射的57克重的铅弹，足以击穿80米外骑士最好的钢片甲胄，火药从此正式成为战场无可争议、所向披靡的主宰者。

火药的出现甚至对传统的骑士精神也提出了严峻的挑战。16世纪的法国将军布莱泽德蒙卢克曾被火绳枪打伤面部，他愤愤然道："如果没有这种该死的武器，我就不会受伤，一些伟大的战士也不会死于小人与懦夫之手，这些卑鄙的小人连骑士的脸都不敢看，就在背后射出可恶的子弹。"

> 一发具有一定重量的子弹以接近音速的速度击中人体，不仅能穿透任何甲胄，还能将甲胄打碎，导致严重外伤，并造成一大处参差不齐的伤口。它不像弓箭，除非射得凑巧，否则总需要一些时间才会引发令人衰竭的内出血。而子弹能立刻打倒士兵，让他无法动弹。①

对如日中天的奥斯曼帝国来说，如果火炮让其得到了君士坦丁堡的话，那么火枪却让其失去了维也纳。1529年秋，刚刚征服匈牙利的苏莱曼一世以10万大军围攻神圣罗马帝国首都维也纳。当时维也纳守军仅有17000人，但他们有72支火绳枪。对土耳其人来说，坚城之下，刀剑派不上用场，弓箭的射程又不及火枪，而守军则居高临下，因此每一次攻城都付出很大代价。后来他们用地雷将城墙炸开了3个洞口，没想到很快这些洞口就布满火枪。密集的子弹和恐怖的枪声，挫败了土耳其人的一次次冲锋。雄心勃勃的苏莱曼一世第一次尝到了失败的滋味，只好铩羽而归。就这样，火枪刚刚出世，就让奥斯曼帝国从巅峰跌落，令人不可思议地拯救了欧洲。

伴随着火药的出现，欧洲的政治格局迅速发生了天翻地覆的改变。炮兵装备所

---

① 转引自（美）马克斯·布特：《战争改变历史：1500年以来的军事技术、战争及历史进程》，石祥译，上海科学技术文献出版社，2011。

需要的资金和技术要求庞大的组织能力和社会资源，国王和君主们依靠越来越集中的税收权力崛起了。一个君主有没有杰出能力并不重要，关键是他必须有钱。在封建领主的城堡被火药荡平的同时，火炮支持的国王权力膨胀起来。财大气粗的商人集团与国王结为利益同盟，金钱与权力沆瀣一气，使国王可以招募廉价的农民，建立了浩大的常备军，并用昂贵的枪炮把他们武装起来。火器装备的国王军所向披靡，娇贵的骑士脱掉盔甲，成为新贵时代的绅士；失去城堡保护的封建领主投靠权力，成为帝国的官僚。庄园经济和农奴制伴随着城堡一起瓦解，神圣的教会和傲慢的骑士被世俗的权力征服。进入城市的贵族和农民成为新一代市民。尽管他们的力量微不足道，但新兴的城市经济已经改写了古老的田园牧歌，重商主义与殖民主义将欧洲带入一个全球时代。

火药的革命

如同中国春秋时代，弩机引发的礼制崩溃和专制兴起，火药革命所产生的无情现实，同样拒绝任何道德的制约，从而使政治从宗教和哲学中单独分离出来。战国时代的韩非子与火药时代的马基雅维利，他们的出现绝不是一种巧合，而是一个标志。政治不再是什么神圣的东西，政治就是暴力和权力的斗争，枪炮里面出政权，目的可以证明手段的正确。火器成为国王进行恐怖专制统治的得力工具。无论商人还是贵族，无不争相邀宠于国王的权力，以分一杯羹。火器时代的骑士仍然是一个荣耀的称号，只是大多从上帝的战士沦为国王的炮灰和鹰犬。

火药导演了骑兵的衰落和步兵的兴起，一个新兴的军人群体引领了战争的方向，他们就是炮兵。日益重要的炮兵打破了传统的等级身份限制，只要你接受过良好的科学教育。骑士时代的战争结束了，战争从有限战争走向无限战争。战术和技术成为火药战争的决定因素，频繁的培训、操练、演习和日益复杂的火器使战争趋向复杂化和专业化。战争形态完全改变了，重甲骑兵和城堡逐渐被炮兵和火炮取代，战争的主角从骑士变成了士兵。

欧洲中世纪的战争向来都由出身高贵的骑士主宰。虽然同为军人，但骑士不同于士兵，骑士也会作为大军的一分子参加战斗，但他本质上仍是一对一的单打独斗，他蔑视死亡，反对通过不光彩的武器或阴谋获胜。相比之下，现代士兵则以服从命令为天职，他既不需要展示个人之勇敢，也不在乎任务多么不体面；他本质上只是杀人机器的一个齿轮，或者说，他更接近于武器而不是持有武器的人。

在法国，王室从封建贵族手中夺得了大片领地，随着疆域逐渐扩大至接近现代法国，就在真正的“国家”概念形成之际，查理八世主宰着欧洲最强大的国家。勃艮第家族的垮台表明，再也没有任何贵族骑士有能力挑战国王。通过与富有的中产阶级结盟，王室加强了自己的地位。路易十一和爱德华四世等国王们，将商业阶级置于自己的保护之下，后者则以金钱回报，支撑国王们的战争和政府。国王的权力与“常备军”一起急剧扩张，封建的崩溃产生了一个统一的中央集权帝国，不受制约的权力使税收大增，军队和暴力成为国王最热衷的投资。

从16世纪开始，西班牙的军费开支翻了5倍，其他欧洲小国亦是如此。虽然这与美洲白银引发的“价格革命”有关，但强烈的军国主义热潮是毫无疑问的。正如恩格斯所说：“军队变成了国家的主要目的，变成了目的本身；人民之所以存在，只是为了当兵和养兵。”火药的出现，使帝国的规模效益消解了残余的封建经济，从而引发了近代民族国家的兴起。区域性的庄园经济被全球性的贸易扩张替代，国家资助的暴力机器成为重商主义的拓路者，哥伦布、麦哲伦、达·伽马和东印度公司带着火炮出发了。

“军国主义统治着并吞噬着欧洲。”[①]国王与领主的战争结束后，国王与国王之间的战争就开始了。野心勃勃的国王们逞火器之利，争相加强自己的权力、扩张自己的领土。在西班牙人和葡萄牙人征服海洋的时候，查理八世的法国炮兵扑向意大利半岛，宣布为那不勒斯的宗主。他的这支18000人的队伍，在40门大炮武装下横扫对手；一个又一个要塞和堡垒，在法国的火炮下灰飞烟灭。正在写作《战争艺术》的马基雅维利惊叹道，法军的进攻简直像用粉笔在地图上划线一般轻而易举。1495年2月4日，他们就已经到达了距离那不勒斯城仅仅几公里的圣乔瓦尼山要塞。这

① （德）恩格斯：《反杜林论》，中央编译局译，人民出版社，1999。

个要塞7年来抵挡住了无数次围攻，但查理的大炮只用了4个小时，就攻破城墙。4个月后，查理的大炮在福尔诺沃再一次成为意大利人的噩梦，意大利军队死亡达3350名，法军只付出了200人的极小代价。

在很大程度上，法国军队的胜利实际是炮兵的成功。法国的青铜大炮装在灵活的双轮战车上，由马拉着前进。这种炮不仅可以承受炮膛巨大的火药爆炸力，而且还具有相当不错的射击精确度。查理八世将炮兵推向了鼎盛和辉煌，使更多人认识到了炮兵的威力。在著名的福尔诺沃会战中，法军火炮一小时发射的炮弹比意大利军队一天发射的炮弹还要多。恩格斯在评价这次战役时说，法军的野战炮兵"震动了整个意大利，于是这一新兵种便被认为是无敌的"。

> 战争变得突然而迅猛，征服和夺取一个国家比之前占领一个村庄还要迅速。占领城市花费的时间正在急剧缩短，大约只需几天几小时，而不是几个月。战斗变得极端凶残和血腥。事实上，现在国家获救抑或被毁、失利抑或被攻占，不再像之前那样取决于预定计划，而是取决于战场上武器的威力。[①]

当火药成为杀人的主要力量时，人的作用就从肌肉向技能转变。火药使战争从一桩力气活儿变成了一件技术活儿。作为一名退役军人，英国罗杰·威廉斯爵士在1590年写道："我们必须承认亚历山大、恺撒、西庇阿和汉尼拔，他们都曾是最杰出最著名的勇士，但可以肯定的是……如果他们碰上的是像现在法国、德国和低地国家一样装备起来的对手，他们绝不会如此轻易地征服对方。"

随着战争的技术性越来越强，决定战争胜负的就不再是胳膊，而是头脑，即知识和技能，因此学习、研究和训练就越来越重要。1617年，拿骚的约翰创办了世界第一所军事学院。在炮火纷飞的背景下，数学家尼科洛·塔尔塔利亚于16世纪创立了弹道学。伟大的物理学家伽利略同样痴迷于神奇的弹道学理论，并从中发现了抛

① （美）马克斯·布特：《战争改变历史：1500年以来的军事技术、战争及历史进程》，石祥译，上海科学技术文献出版社，2011。

物线原理。在伽利略去世以后，伽利略获得了人们对他上帝一般的崇敬，而他的弹道理论则被视为真理。

西方世界从 13 世纪发现火药，仅仅 200 年之后，青铜炮和石头炮弹就被铁炮和铁弹所替代；同时，滑膛枪也已经出现在无限繁荣的战争中。从经济角度来说，虽然早期的火枪杀伤力尚不及弓弩，但火枪手的门槛要低得多，训练也更快捷，而且制造火枪和弹丸要比制造弓弩和箭镞方便得多。做一把长弓要几个月，做一把弩要一周，而做一把火枪只需要一天；做一根弩箭要半个小时，而弹丸却可以大批量地铸造。在《悲惨世界》中，冉阿让甚至用银烛台就可制作一堆弹丸，与箭镞相比简直不可同日而语。同时，装备 1 名重装骑士的费用，可以装备 4 名火枪兵。

在某种程度上来说，军事的专业化和技术化，也逐步推动了社会的自由化和民主化，传统的贵族与平民之间不可逾越的鸿沟被火药填平了。托马斯·杰斐逊在给约翰·亚当斯的信中说：

> 早先，人的体力和技能决定过贵族的地位，但自从发明了火药，弱者与强者一样都有了杀人的火器，体力和技能也就如同美貌、和善、文雅和其他才艺一样，成为决定显贵的次要条件。

火器的出现，消灭了传统贵族，火器的应用也使得战争趋向“民主化”。即使一个人没有任何武艺，他也可以用火器把满身功夫的骑士打下马来。进入火器时代后，步兵不再遭人轻视，战争逐渐使火器装备的步兵成为主角。随着兵器制式化，正规的职业军人成为社会新兴力量，他们逐渐替代雇佣兵成为国家的常备军。在重商主义旗帜下，军队和战争成为专制王权扩张逐利的重要工具和手段。在帝国扩张时期，军队与国家之间的关系颇为暧昧，从效忠于国王到效忠于国家，这中间需要一个漫长的转变过程。军队国家化也是帝国结束的重要标志。从这种意义上来说，效忠于国王而非国家的军队是帝国主义滥觞的根源所在。

如果简单地归纳，可以这样说，火药导致了战争，战争导致了集权，集权导致了帝国，帝国导致了帝国主义。在新教地区，由传统贵族构成英国国会和法国三级会议，对国王的专制权力保持了一定程度的制约。国王权力与公民（贵族）权利的对抗最终导致了共和革命，英国国王查理一世和法国国王路易十六先后都被火器武装起来的公民军队送上了断头台。炮兵学院毕业的拿破仑蔑视路易十六的理由是，国王不该向人民屈服，而应该用大炮轰击民众。在一个功利主义者看来，没有什么武器会比火药和火炮更有效和廉价——

> 我们有了一种比弓箭、标枪、战斧和长矛更简便和快速、更节省和经济的方法来杀死我们的敌人。现代的火炮将比罗马的攻城槌更快地结束争斗……那么看一看，在这个世界将有更好的战争的时刻，争论只能用血来解决，现在有一种方法，用这种方法可以比以往较少耗费时间和流血而取得胜利：这是发明火药及运载和发射火药的器械的成果。[①]

1644年，英国率先爆发国王权力与议会权力之间的内战。当时英国议会授权克伦威尔组建了一支属于国家的新型军队。新军于次年建成，22000名志愿兵，分成12个步兵团、11个骑兵团和1个龙骑兵团。步兵中，火器（火绳枪）的配备高达75%，而1571年西班牙驻尼德兰军团中，火枪手只有不到30%。到三十年战争（1618—1648）之后，刺刀淘汰了长矛兵，欧洲步兵全部进入火器时代。

“火药和印刷术都是在哥特时代的鼎盛时期发明的，都来自日耳曼人的思想；它们是浮士德式远距离战术的两大伟大技术。”[②]从13世纪欧洲人知道火药，到16世纪各种重炮和火枪的使用，仅仅300多年，频繁的战争实践和文艺复兴解放的科学思想，便使欧洲人取得了相对于世界其他地区的军事技术优势。短短几个世纪，火药这把万能钥匙，打开了一个前所未有的武器库。

当火炮被安装到远洋帆船上时，战舰就成为了一个威力无比的浮动堡垒。在英

---

① （美）默顿：《十七世纪英格兰的科学、技术与社会》，范岱年等译，商务印书馆，2007。

② （德）斯宾格勒：《西方的没落》，张兰平译，中国社会出版社，2000。

吉利海峡击败了西班牙“无敌舰队”后，英国就以坚船利炮展开了对世界的征服。1800年的英国只统治着地球表面不足400万平方公里的土地和2000万海外人口；经过一个维多利亚时代后，这个日不落帝国的版图扩大了7倍，人口增加了20倍。英国人的枪炮声响彻了整个地球。英国皇家学会创始人弗朗西斯·培根（1561—1626年）赞叹道：印刷术、火药和指南针“这三种东西已改变了世界的面貌……这种变化如此之大，以至没有一个帝国，没有一个宗教教派，没有一个赫赫有名的人物，能比这种发明在人类的事业中产生更大的力量和影响”。

与“战国时代”的欧洲不同，世界上其他主要文明地区几乎都处于和平稳定时期，如奥斯曼帝国、莫卧儿帝国、中华帝国以及幕府日本等。这些较少外部威胁的帝国，通过对暴力的垄断来实现对内镇压，统治者就不需要去发展先进的军事技术。因此，火器技术在战火纷飞的欧洲得到比其他地区更迅速的发展，这使得欧洲火器技术后来居上，领先于其他地区。

火药的出现，促进了欧洲政治的多元化。与政治的多元化相伴随的，是各国之间你死我活的武器竞赛。火药时代初期，西方和亚洲的火器技术只在伯仲之间，但现实压力使欧洲很快就超越了亚洲的“老师”。比如在火药颗粒技术、铸造技术和炮车机动性方面，欧洲很快就走在了世界前列。当法军1494年入侵意大利时，意大利城邦惊恐地领教了新技术的威力，这已经与穆罕默德二世进攻君士坦丁堡的火炮不可同日而语。欧洲的精英都在绞尽脑汁地去创造最犀利的杀人武器，天才的达芬奇甚至构思了机枪、坦克和飞机。这种持续不断的军事至上和螺旋式上升的武器竞赛，不仅使欧洲保持了暴力均势下的政治多元化，也使欧洲获得了凌驾于亚洲帝国文化的世界霸权。

在中世纪，西欧虽然统一在一个宗教之下，但政治上却存在着无数个骑士城堡和自由城市。进入火药时代之后，无限战争导致的暴力杀戮，促进了民族仇恨的成长。法国人恨英国人，英国人恨西班牙人，瑞典人恨丹麦人，荷兰反叛者恨他们的主子哈布斯堡家族。仇恨是战争的根源，战争也是仇恨的根源，而火药不仅制造了战争，也制造了仇恨。1618—1648年的三十年战争成为火药来到欧洲的第一场大灾难，在某种程度上，这也是1914—1944年两场世界大战的预演。

扬州炮祸

历史学家布罗代尔曾说，从 13 世纪起，欧洲开始终结中世纪前半期的停顿状态，开始向前慢慢移动，同时，中国也恰恰是同时停止了发展。13 世纪的中国正值宋元之交。

在中国传统特色的皇权专制体制下，作为世界第一个火器帝国，南宋最后还是没能避免覆灭的厄运。历经 2000 年文化传承的文明中国从此落入蒙古人统治。大汗孛儿只斤·忽必烈将蒙古帝国首都从哈拉和林迁往大都；欧洲人随着蒙古人首次进入中国，他们是两位威尼斯商人：尼科拉·波罗和马费奥·波罗兄弟。很多年以后，尼科拉·波罗的儿子马可·波罗写出了一本风靡欧洲的《中国游记》，书中写道：忽必烈大汗是“从我们的祖先亚当到现在，人世间前所未有的最强大的统治者，他拥有的臣民最多，土地最广阔，财富最充裕”，但是，“所有中国人都憎恨大汗的统治，因为他将所有权力交给鞑靼人”。

在征服中国之后，蒙古人又发起对日本、越南、缅甸和印尼的征服战争，火药和火炮都被作为尖端武器大量使用。这在很大程度上完全得益于重视技术的蒙古帝国，对宋金时代兵器制造系统的全盘继承。

元至和十七年（1280 年），扬州的官方兵工厂发生大爆炸，史称“扬州炮祸”。南宋遗民周密在《癸辛杂识》中记载了当时火药爆炸的骇人场面：“火枪奋起，讯如惊蛇……诸炮并发，大声如山崩海啸……远至百里外，屋瓦皆震……事定按视，则守兵百人皆糜碎无余，楹栋悉寸裂，或为炮风扇至十余里外。平地皆成坑谷，至深丈余，四比居民二百余家，悉罹奇祸。”这固然是一场不幸的人祸，但从另一方面来说，扬州炮祸极其惨重的破坏，也反映了当时火药性能和制造规模已经达到相当高的水平。值得一提的是，保留至今的、元至顺三年（1332 年）制造的一支铜火铳，是已发现的世界最古老的火炮，这是中国古代军火技术巅峰时代的伟大见证。

“自古帝王临御天下，皆中国居内以制夷狄，夷狄居外以奉中国，未闻以夷狄居中国而制天下也。”[①]朱元璋统一中国南方后，于元至正二十七年（1367 年）发起北伐。《尚书》说：“恃德者昌，恃力者亡。”元至正二十八年，也是明洪武元年，即公元 1368 年，元朝末代皇帝孛儿只斤·妥懽帖睦尔在深夜出健德门，逃离大都，回到 100 年前成吉思汗出发的草原深处。因他“顺应天意”，故又被称为元顺帝。

如果说 100 年前蒙古人用骑射征服了火器时代的中国，那么 100 年后，中国人最终又用火器将他们赶出了中国，这与其说是骑射的失败，不如说是火器的胜利。

元末之际，无论是蒙古政府军，还是反政府的农民义军，双方均已装备了大量火器。当时每场战争都是炮火连天，枪声隆隆，昼夜不绝，乃至每支军队几乎都配备有专习火器的特种部队。元至正十二年（1355 年），朱元璋驻军和州（今安徽和县）期间，民间火器专家焦玉献给朱元璋几十支火龙枪，大将军徐达试放“火龙枪”，“势若飞龙，洞透层革”。朱重八惊叹道：“此枪取天下如反掌，功成当封大将军。”焦玉此后被留在朱明军中，负责监造火器，以至明朝初期政府军的各种制式火器，均由自焦玉创制。

“中国也许是第一个发明真正火药的国家，而且在 14 世纪末，明人曾用大炮推翻蒙古人的统治。”[②]有明一代，火器的使用已经极其普遍。《大明会典》记载：洪

① 《明太祖实录·奉天讨元北伐檄文》。

② （英）保罗·肯尼迪：《大国的兴衰》，王保存、王章辉、余昌楷译，中信出版社，2013。

武二十六年（1394 年），官府规定："每一百户，铳手十名，刀牌手二十名，弓箭手三十名，枪手四十名。"可见当时火铳兵已经占到步兵兵种的 1/10，而整个大明军队装备火铳可能最高达 18 万支。如此规模的火器部队，在当时的世界上是绝无仅有的。明永乐时代又创建"神机营"，"成祖文皇帝，三犁虏廷，廷置神机诸营，专习枪炮"[①]。神机营下分为神枪、快枪、单眼铳、手把铳、盏口炮、碗口炮、将军炮、单飞神火炮、神机箭等。根据史载，永乐七年（1409 年）九月的单月火铳生产量就达到 8387 支，年产量达到上万支，这绝不是一个小数字。成化（1465—1487）时期，明军的火器兵种已经达到步兵总编制的 1/3 强。值得一提的是，明军的神机营比 16 世纪初西班牙创建火枪兵要早一个世纪左右。

美国历史学家戴蒙德说："直到公元 1450 年左右，中国在技术上比欧洲更富于革新精神，也先进得多，甚至也大大超过了中世纪的伊斯兰世界。"[②]明朝罢官铁冶，开放民营，这使明帝国的铁产量达到宋帝国时期的两倍半，永乐年间的铁产量高达 9700 吨。但明朝时期的中国与 400 年前的宋朝比起来，其活力和进取精神都逊色很多，这在一定程度与帝国的政治环境有关。宋朝始终面临着北方民族的军事威胁，因此不得不发展军事工业。明朝永乐之后承平日久，帝国暂时消除了外患；对内而言，帝国政府垄断了所有的火器和暴力，因此其唯一要做的就是继续加强这种垄断。从洪武年间开始，火器研制就开始由帝国统一严密监视，从火药配方到火铳的制造技术和工艺流程，一概藏于宫廷密室。即使今天，人们也无法得知这些历史细节。

"从 14 世纪 80 年代到 17 世纪初，世界上出现了两个军事变革中心：一个是以中国明朝为中心的东方军事变革中心；另一个是以欧洲为中心的西方军事变革中心。"[③]与同一时期欧洲诸国倾家荡产的火器竞赛相比，明帝国的火器技术基本处于停滞状态，火器技术人才也严重断档。"尽管以火药作为武器装备在 16 世纪末已得到

① （明）侯一麟、赵士桢：《龙门集神器谱》。

② （美）贾雷德·戴蒙德：《枪炮、钢铁和细菌》，谢延光译，上海译文出版社，2006。

③ 王兆春：《世界火器史》，军事科学出版社，2007。

应用，明朝一仍闭关锁国之旧，对技术的进步丝毫不以为意。”[1]直到明朝中后期，对外战争日渐频繁，帝国才不得不重启火器战备。但这一时期，中国火器已经远远落后于自己的“学生”欧洲。成化以后，中国社会逐渐重现了宋时的“宽容”精神，火器和战车技术开始兴盛，并推动了军事领域的变革。嘉靖年间，佛郎机和火绳枪从欧洲传到中国，中国人发现这种舶来品的性能和威力都要优于中国火器，深以为奇，开始通过大量仿制，来追赶这种技术差距。但如果就东方世界而言，作为火药原创地的中国，其火器水平一直保持着无人挑战的技术优势。

明英宗正统十四年（1449 年）发生土木之变，50 万帝国军队全军覆没，皇帝朱祁镇被蒙古瓦剌部落生擒。瓦剌统帅也先挟朱祁镇，以 10 万蒙古军围攻北京。兵部尚书于谦在德胜门用神机营以火器大败蒙古骑兵，也先的弟弟孛罗也被火炮打死。这是火器技术对传统骑射的一次胜利，大明帝国因此而转危为安。

---

① （美）黄仁宇：《大历史不会萎缩》，广西师范大学出版社，2011。

佛郎机

历史总是充满着无数错误，哥伦布虽然带着中国指南针，但却未能到达中国，他至死都认为他脚下的新大陆就是日本和印度。哥伦布没有找到中国，中国皇帝并没有收到伊莎贝拉的信，但仅仅半年之后（1493 年），葡萄牙人就从地球的另一个方向来到了中国。中国人将这群完全不同于日本倭寇的欧洲白人斥为“番夷”。帝国的东莞守御千所千户袁光被“番夷”火器击毙，这是有史以来中国第一次与欧洲的战争，也是一场火器对抗，以中国完败而告终。

葡萄牙人发现通往东方的新航路之后，印度洋就失去了持续千年的和平。1511 年，商人兼海盗的葡萄牙人用火炮征服了明帝国的藩属满剌加（今马来西亚马六甲），建立了远东第一个商业据点。从此以后，葡萄牙人与中国互不友好的接触越来越频繁。正德年间，葡萄牙甚至派人假冒满剌加使臣前往北京。明帝国因此以为佛郎机为“海南番国”，并不知道其来自遥远的欧洲。

佛郎机素不通中国，正德十二年，驾大舶突至广州澳口，铳声如雷，以进贡请封为名。(《广州通志·夷情上》)

佛郎机，近满剌加。正德中，据满剌加地，逐其王。十三年遣使臣加必丹末等贡方物，请封，始知其名。诏给方物之直，遣还。其人久留不去，剽劫行旅，至掠小儿为食。(《明史·列传》)

远在罗马帝国的恺撒时代，日耳曼族的法兰克（Frank）部落就称雄于欧洲大陆，直到后来建立了打败阿拉伯人入侵的查理曼帝国，阿拉伯人将法兰西（法兰克）称为Firangi，后来也用来统称欧洲白人和基督徒。经阿拉伯商人之口，中国人也将罕见的欧洲白人叫作“佛郎机人”。佛郎机人不仅包括最早到来的葡萄牙人和西班牙人，还包括整个欧洲的基督徒，甚至连欧洲大炮也叫佛郎机。[①]18世纪法国崛起，中国仍然将法国人叫佛郎机人。在明清时期，中国并不像欧洲了解中国那样了解欧洲，人们坚信爪哇附近有个佛郎机国，这里有很多野蛮的佛郎机人，带着威力巨大的佛郎机，经常袭扰南海。在清朝《皇清职贡图》中，很多欧洲国家都变成了东南亚国家，如“荷兰地近佛郎机”。在天圆地方的地理观和内夏外夷的文化观影响下，“佛郎机”堪称帝国时代中国中心观的最典型脚注。

从明正德十二年（1517年）开始，葡萄牙人为了与明帝国建立商贸关系，开始了一场历时数年的艰辛的外交和军事接触，最后以彻底失败而告终。[②]

中央帝国就这样，将一场贸易谈判变成了屯门海战。正德十六年（1521年），广东海道副使汪鋐奉命驱逐滞留在屯门和葵涌（今香港）的葡萄牙船队。葡萄牙人对这份义正辞严的皇帝诏书并不以为然;随即帝国军队就被派上了用场，但在“佛郎机人”

① 明末耶稣会士艾儒略的《职方外纪》中说:“回回遂概称西土人为佛郎机，而铳亦沿袭此名。”因为佛郎机声名不佳，明末利玛窦来到中国，就自称“大西洋人”，以示与野蛮的“佛郎机人”不同。

② 为了进入中国，葡萄牙船队的若热·德·阿尔布克尔克甚至不得不装扮成向中国进贡的阿拉伯人，这样才从满剌加溯珠江抵达广州。为了完成使命，这些葡萄牙人通过贿赂帝国官吏，终于获得了“进京证”。明正德十五年（1520年），佩雷斯跋山涉水4个月，从广州赶到南京，然而正德皇帝却已经返回北京。佩雷斯第二年到达北京，用大量的金钱打通了从太监到皇帝的道路，甚至他带来的翻译火者亚三成为帝国皇帝的葡萄牙语老师。正当一切进展的很顺利时，正德却驾崩了，新皇帝嘉靖带给葡萄牙人的是一纸毫不留情的逐客令。

的“佛郎机”攻击下，明军一败涂地。老道的汪鋐以火烧赤壁的传统战法，最终反败为胜。中国人将葡萄牙人赶出屯门的4个月前，在不远的吕宋岛上，一群土著也赶走了一群葡萄牙人，而且还杀死了他们的船长，这个船长叫费尔南多·麦哲伦。

与屯门的胜利相比，汪鋐两年后在新会西草湾的胜利更具历史意义。此战中，他从葡萄牙舰队缴获了传说中的“佛郎机”火炮。

> 其铳管用铜铸造，大者一千余斤，中者五百余斤，小者一百五十斤。每铳一管，用提铳四把，大小量铳管，以铁为之。铳弹内用铁，外用铅，大者八斤。其火药制法与中国异。其铳一举放远，可去百余丈，木石犯之皆碎。(《殊域周咨录》)

葡萄牙人如同一位暴力时代的圣诞老人，如果说日本人从葡萄牙人手中得到的礼物是火绳枪，那么中国人得到的礼物就是佛郎机炮。[①]

汪鋐将这份厚礼进献北京后，帝国上下如获至宝，这种铁制后装滑膛炮是当时世界上先进的武器，大大高于明朝的火炮水平。嘉靖三年（1524年），明朝已经成功仿制了32门佛郎机，每门重约300斤，母铳长2.85尺，配有4个子铳。从此以后，已经完成系列化和规模化生产的佛朗机成为明朝军队的制式武器。佛郎机不仅使中国的火器技术重新赶上了世界水平，并完全改变了明军的作战模式。大军事家戚继光称佛郎机“乃为精器也”。戚继光的车营有炮车128辆，佛郎机256门，平均12人一门佛郎机，火力堪称当时第一。直到天启年间红夷大炮传入之前，佛郎机一直是明军的主力火器。佛郎机射程比帝国原来的火铳更远，威力更大。佛郎机使原先的冷兵器作战彻底向热兵器时代转变。

---

① 根据明朝在华传教士熊三拔的记载，佛郎机也系自日本传入：“永乐时神机火枪法得之安南，嘉靖时刀法、佛郎机、马嘴炮法得之日本。”

葡萄牙人虽有佛郎机，但毕竟人单势孤，在对明朝的争端中始终处于下风。[①]嘉靖三十二年（1553年），葡萄牙人通过重金贿赂广东海道副使汪柏，终于获得了枪炮无法得到的澳门半岛，“踞香山澳、壕镜为市”[②]。直到446年后，这个已经彻底没落的昔日世界霸主才放弃了这个东方的据点。明朝之所以容忍“澳门”，有一点原因是因为佛郎机炮——葡萄牙人在澳门设立了铸炮厂。天启二年（1622年），北京派遣耶稣会士罗如望、阳玛诺、龙华民等赴澳门学习铸炮，次年又召艾儒略、毕方济等教士和澳门的葡萄牙技师北上赴京，担任明帝国的军事顾问。

曾是帝国最重要的军马产地的河套地区失陷以后，帝国在战争中基本丧失了主动性，这成为帝国永远的痛。嘉靖二十五年（1546年），曾铣由山东调任三边总督，为收复河套地区摩拳擦掌，“规画措置”，并亲自主持火器研制，“其所制火车地炮等攻具数万，皆可用”。可惜如此大智大勇之人竟屈死于嘉靖和严嵩之手。曾铣还是地雷的发明者，据《兵略纂闻》记载：“曾铣在边，又制地雷。穴地丈许，间药于中。以石满覆，更覆以沙，令于地平，伏于地下，可以经月。系其发机于地面，过者蹴机，则火坠药发，石飞坠杀人。”史称“铣廉，既殁，家无余资。天下闻而冤之”。

被清廷列为禁书的《皇明经世文编》中，收录了两份曾铣写给嘉靖皇帝的奏章，其对明军火器的分析，几乎达到了一个火器专家那样的专业程度，令人简直不能想象这是写给皇帝的一份报告。[③]

---

① 嘉靖二十一年（1542年），葡萄牙商人不顾明帝国的海禁政策，在宁波进行走私贸易，终于招致明军的严厉打击。西方史料说，中国军队屠杀外国商人和教徒达12000人，其中葡人800名。7年后，通过贿赂地方官员，获得在泉州贸易的葡萄牙商人再次遭到追杀，500名葡人中，仅有30人幸免于难。

② （清）张廷玉等：《明史·佛郎机传》。

③ 原文节录如下：中国长技，火器为最。造之不尽其法，教之不尽其妙。火要铅子，储之不豫，与无火器等耳。访得往昔陕西边镇各营止有佛郎机等器，每营不上四五十件……其会打放者百无一二……中国虽有长技而用之不善，真可惜也……欲为复套之举，大约用人马十万，该二十营……其每一营共用霹雳炮三千六百杆，合用药九千斤；重八钱铅子九十万个，共重四万五千斤。大连珠炮二百杆，合用药六百七十五斤；重一两八钱铅子四万个，共重四千五百斤。二连珠炮二百杆，合用药六百七十五斤；重一两八钱铅子三万个，共重三千三百七十五斤。手把铳四百杆，合用药一千斤；重一两铅子四万个，共重二千五百斤。

在《万历十五年》中，黄仁宇认为，明朝衰落的转折点为万历十五年（1587年），其实明帝国从嘉靖时代就已经开始糜烂不堪，而嘉靖皇帝朱厚熜本身就是溃烂的主要根源。黄仁宇进一步指出，明帝国衰落的原因是不懂“数目字管理”，或许是他没有找到曾铣这两份火器“数目字管理”报告，或者是他没有看到曾铣的“数目字管理”得到实施。事实上，军事家戚继光就是一个精于算计的“数目字管理”大师，因此创造了战无不胜的戚家军神话。“当时虽然没有钟表，但他用一串740个珠子的念珠作为代用品，按标准步伐的时间一步移动一珠，作为计算时间的根据”。[①]

（接上页）盏口将军一百六十位，合用药装就小炮三千二百个，共重四千八百斤；火炮该药一千六百斤，已上一营通共用药一万二千九百五十斤；用铅子一百一万个，重五万五千三百七十斤。二十营共该用火药二十五万九千斤。该用焰硝一十八万八千七百四十六斤，每斤大约值银二分，共银三千七百七十四两九钱二分；硫黄四万八千七十六斤，每斤大约值银三分，共银一千四百四十二两三钱；该用铅子二千二十万个，重一百一十万七千五百斤，每斤大约值银二分，共银二万二千一百五十两。通共用银二万七千三百六十七两二钱三分……铅子数多，火要足备，取之不尽，用之不竭，摧锋陷阵，势如破竹，虏贼救死扶伤之不暇，河套可以复之而无难矣……火器之利，臣前疏言之详矣。查得近制随营霹雳战车，每一辆上用霹雳炮一十八杆，每杆重八钱；铅子五十出，每出五个，共四千五百个，重二百二十五斤，合用火药五十斤。大连珠炮一杆，重一两八钱；铅子二十出，每出十个，共二百个，重二十二斤八两，合用火药三斤零六两。二连珠炮一杆，重一两八钱；铅子三十出，每出五个，共一百五十个，重一十六斤零一十四两，合用火药三斤零六两。手把铳二杆，每杆重一两。铅子五十出，每出二个，共二百个，重一十二斤零八两，合用火药五斤。火箭二百枝，一营战车二百辆，每辆所用火器火药火箭之数俱如前。

① （美）黄仁宇：《万历十五年》，中华书局，1982。

铁炮与鸟铳

虽然日本与中国一衣带水，并且忽必烈的蒙古军曾经渡海，以火器屠戮日本，但火器在日本一直遭到武士阶层的严厉抵制。这与欧洲骑士对十字弓的仇视有点类似，一旦拥有火器，一个愚蠢的农民也可以轻易地干掉一个毕生苦修、刀法纯熟的武士。

直到 1544 年，一艘葡萄牙商船遭遇台风，漂落到日本种子岛。“日本人惊讶于那些长着红胡子蓝眼睛的怪人，但随后便被他们的洋枪和火药的魔力惊呆了。”日本人用 2000 两黄金的天价，从这些葡萄牙人手里买了 2 支火绳枪。就这样，这 2 支火绳枪成为东方火绳枪的“种子”，日本人把它叫作“铁炮”。据日本文献《铁炮记》记载，居间促成交易的是“大明儒生五峰”，也就是著名海盗汪直。在群雄争霸的战国时代，日本人通过仿制和改进，实现了火绳枪的批量生产。日本因此从冷兵器一跃迅速成为当时一流的火器帝国。或许是因为铁矿资源的限制，日本并未能发展出体积更大、更具杀伤力的火炮。

再过一段时期，明朝军队又从侵略中国的倭寇手中得到了火绳枪。对军力疲惫的明朝来说，虽然省了不少黄金，但也是如获至宝——“比西蕃尤为精绝”。经过

10年的研究改进后，在嘉靖三十七年（1558年），明朝军器局和兵仗局制成第一批1万支火绳枪，取名鸟嘴铳，随即装备抗倭明军，用来对付日本武士。因其不俗的命中率，火绳枪常被叫为“鸟铳”——“十发有八九中，即飞鸟之在林，皆可射落”[①]。鸟铳的制式化装备是一项革命性的军力提升，火绳枪时代的明军又一次从兵器技术上超越了东方其他势力。

明代中后期，军队的步兵营编制中，火绳枪手占作战人员的50%，占全营编制的40%，如果加上火箭，火器的使用比例超过50%。车营的火器手占全营编制的41%；辎重营的火器手占全营编制的58%。这个比例几乎超过了同时期的西方军队。

作为抗倭主力的戚家军，很快将鸟铳纳入了他们对付日本武士的“鸳鸯阵”。“诸器之中，鸟铳第一，火箭次之，南方则大炮、火箭、鸟铳皆为利器。”戚继光在《练兵实纪》和《纪效新书》等书中，对鸟铳的使用、战术以及鸟铳手的训练等都做了严格要求。对佛郎机、虎蹲炮、鸟铳、快枪、火箭等这些新式火器，戚继光还规定了严格的保险系数，即有多少不能着火，又有多少虽能着火，却不能击伤敌人。因为各地生产水平参差不齐，致使火炮口径与铅弹尺寸严重不统一，更存在大量无法点火，甚至炸膛的不合格品。这使得戚继光不得不对火器的使用略显保守：“火器为接敌之前用，不能倚为主要战具。”戚继光到北方主持对蒙古防务后，继续创造着戚家军战无不胜的神话，这中间火器扮演了重要角色。隆庆二年（1568年），戚家军以火器车阵大破蒙古兀良哈朵颜部。蒙古骑兵不同于刀法精湛的日本武士，戚继光因此加大了对火器的使用，“鸟铳之技乃战虏长器”，并与俞大猷一起改进了传统战车阵法。

早在一个世纪前的景泰年间，吏部郎中李贤就提出战车战术：“今之战车不但能避弓马，又有取胜之道。取胜者何，火枪是也。论中国之长，无出于火枪，前代未尝有也。若用之得法，虏之弓马弗能当也。”现代军人出身的黄仁宇在《万历十五年》中这样介绍战车阵法：

---

① （明）茅元仪：《武备志粹编（太乙·奇门·六壬）》。

一辆战车装载“佛郎机”轻炮两门。士兵20人配属于战车一辆。其中10人直接附属于战车，任务为施放佛郎……一混成旅有骑兵3000人，步兵4000人，重战车128辆，轻战车216辆。迎敌时骑兵在前阻挡敌人，使战车得以有充裕的时间构成战斗队形。当敌军逼近，骑兵就退入战车阵内。敌骑数在一百以下，混成旅拒不接战，只有来犯的大批敌骑进入火器的射程中约250尺时，佛郎机、鸟铳和火箭等才同时施放。

戚家军到达北方后，竟十多年再不见烽烟。和平对于帝国来说当然是好事，但对于以战争为职业的军人来讲，绝对不是什么好事。“口鸡三号，将星殒矣”，万历十六年，被罢官的戚继光在贫病交迫中死去。4年之后，朝鲜战争爆发，这场持续7年的战争，明帝国“几举海内之全力”，前后用兵数十万，费银近800万两，最终异常艰辛地赢得了这场对外战争的胜利。

壬辰战争

随着火药时代的来临，15 世纪的日本也像欧洲一样，进入战乱频仍、生灵涂炭的战国时代。传统的贵族政治逐渐土崩瓦解，手握火枪的农民和土豪“下尅上”成为炙手可热的“大名”。到了战国后期，火绳枪的“种子”已经在日本开花结果，当时公认最伟大的天才军事家武田信玄就是受火枪的长距离狙击丧生。在短短一代人的时间，火枪便左右了日本的政治与社会。以织田信长为首的各国大名雇佣浪人作为职业军人，建立了专制集权的军国政体。在互相征伐的权力大洗牌中，旧贵族迅速没落，新兴武士军人开始崛起。

当时全日本共有 66 国大名，尾张国大名织田信长仿周文王从岐山起兵伐商事，建造“岐阜城”，就此开始了统一日本的征战。因为织田信长的军队率先装备了火绳枪，这使他在冷兵器时代的日本所向披靡。织田信长还创造性地将火枪手分成三排：第一排瞄准射击，第二排待命准备，第三排装填弹药。这与秦国弩兵的轮流射击战术一脉相承。射击的连贯性使射击间隔缩短，杀伤力大增。在著名的长篠之战中，织田军的 3000 火绳枪手以“三段击”战术，使武田骑兵溃不成军。[①]以火器之利，

① 黑泽明导演的《影子武士》和汤姆·克鲁斯主演的《最后的武士》，都是叙述日本火器革命的经典电影，而前者就重现了长篠之战。

织田信长得以占领京都，使室町幕府灭亡，从此挟天皇而令诸侯。在织田信长的火枪之下，以骑兵纵横日本的武田家族也日渐式微。

织田信长死后，深受他信任的部将丰臣秀吉于1587年完成了他未竟的事业，日本从此结束了长期封建割据的战国时代，重归到一个统一的日本。天皇任命丰臣秀吉为日本“关白”（摄政）。一代枭雄丰臣秀吉并没有就此止步，他正为一份更宏伟的征服计划而厉兵秣马，这个计划就是跨越日本海，征服西方的朝鲜半岛，进而涉足日本人仰慕了1000多年的“大唐”——从鉴真时代开始，日本就将中国称为大唐。

800多年前，天智天皇时代的日本曾以救援百济的名义进入朝鲜半岛，新罗向唐朝求援。唐高宗龙朔三年（663年），1万唐军在朝鲜白江歼灭7万日军，这也是日本历史上第一次与中国军队交战。如今历史再次惊人地重现。在战争前一年，日本特使宗义智就试图向朝鲜国王李昖假道灭虢：“有意在明年春天假贵国道路进攻明国，届时还请多多包涵与协助。”

万历二十年（1592年），即农历壬辰年，朝鲜战争爆发，史称壬辰战争。四月二十日，丰臣秀吉倾日本举国之军，渡过对马海峡，登陆朝鲜，以迅雷不及掩耳之势，连下釜山、东莱、梁山等无数城市。“人不知兵二百余年”的朝鲜军队望风而逃。面对冷兵器时代的朝鲜军，日本人的火绳枪创造了恐怖的战绩。仅仅62天，朝鲜“浃旬之间，三都失守，八方瓦解”，三都（汉城、开城、平壤）十八道全部陷落，逃到义州边境的朝鲜国王李昖向明朝求救。

面对如此完美的战果，丰臣秀吉在给侄子丰臣秀次的信中，对其许以大唐（中国）关白，并准备将天皇的国都迁往大明帝国的北京。[①]“如处女之大明国，可知山

① “高丽都城已于（五月）二日攻克，所以，近期内需迅速渡海……此次如能席卷大明，当以大唐关白之职授汝（丰臣秀次）。宜准备奉圣驾于大唐之京城，可于后年行幸，届时将以京城附近十国，作为圣上之领地。诸公卿之俸禄亦将增加，其中下位者将增加十倍，上位者将视其人物地位而增……任汝为大唐关白，以京城百国之地封汝。日本关白一职，将视大和中纳言与备前丞相二人情况，择任之。”

之压卵者也，况如天竺、南蛮乎？”丰臣秀吉把明帝国藐视为丰美柔弱的处女，只等着他来征服。“何知今岁棹沧海，高丽大明属掌中”。

朝鲜战争深深地激怒了抗倭精神熏陶出来的帝国精英。兵部侍郎宋应昌给万历皇帝上疏称：“关白之图朝鲜，意实在中国。我救朝鲜，非止为属国也。朝鲜固，则东保辽东，京师巩于泰山矣。”这种“救朝鲜实所以保中国”的观点迅速成为主流意见。在“迎敌于外，毋使入境”的战略共识下，一支5000人的中国军队试探性地跨越鸭绿江，进入朝鲜。结果这支火器装备的骑兵，在日本人犀利的火绳枪下很快就全军覆没。虽然初战失利，但一支40000人的东征军很快就完成集结，在宋应昌和李如松的率领下开赴朝鲜。

万历二十一年一月五日，中国军队对15000名日军守卫的平壤城展开围攻，“响如万雷，山岳震摇”。这是中日两国军队的一次大规模对决。手持火绳枪的日本军人完全不同于武士浪人组成的倭寇，但与中国军队的火器装备相比，日军只有火绳枪，而明军的神机营配备了大量的佛郎机、大将军炮和虎蹲炮。威力巨大的大将军炮就超过了100门。

与中国相比，日本非常缺铁，所以才会对一把剑千锤百炼，精雕细琢，创造出著名的武士刀。同时，丰臣秀吉虽然完成了日本的统一，但各大封建主势力依然存在，并不像明王朝那样可以肆意调动一切资源。无论是武田家、织田家还是德川家，在本来就极其有限的资源下，其火器装备远远不及中国。当初进行举国战争动员时，种子岛领主倾尽全力也只向丰臣秀吉献上了200把火绳枪。对惜铁如金的日本来说，制造动辄数百斤的铁炮，简直是不可思议的妄想，即使火绳枪也是以黄金计价。虽然日本人的火绳枪优于中国鸟铳，但火绳枪的射程只有佛郎机的1/10，杀伤力更不能同日而语。在热兵器早期，因为受射程和射击精度限制，单兵射击的火枪对战争起的作用远远不及威猛的火炮。

毫无疑问，中国军队拥有当时世界最先进、最强大的火力，这使火绳枪装备的日军根本难以匹敌。一支前来增援的日军竟被明军惊天动地的炮火吓得不战而退。虽然这是一场攻坚战，但在强大的佛郎机面前，日军几乎没有多少可以抗争的空间，在扔下1万多具尸体后，残余日军退往汉城。中国军队只牺牲了不足800人，仅仅一天，平壤就被中国的火炮光复了。

据《日本战史》记载，平壤之役使据守平壤的小西行长部减员11300余名，仅剩下6600人，损失了63%的兵力。在这场大规模的攻城战役中，双方都使用了当时世界最先进的火器，而明军的大炮则完全压倒了日军的火绳枪。《宣祖实录》中有一段朝鲜国王李昖与大臣李德馨的对话。李昖问："铳筒（日本火绳枪）之声，不与天兵（明军）之火炮同耶？"李德馨答："倭铳之声，虽四面俱发，而声声各闻，天兵之炮，如山崩地裂，山原震荡，不可状言……"李昖赞叹道："军势如此，可不战而胜矣！"

在平壤战役后，日军主帅小早川隆景率军2万，将明军查大受部的3千骑兵包围在碧蹄馆。因为佛郎机火炮使明军具备远远超出对手的火力优势，再加上战车构成的防守工事，日军始终被压制在明军火炮射程之外而无法靠近。经过一天一夜的碧蹄馆之战，虽然明军损失1000多精骑，但日军的伤亡代价更大。这是日本人第一次遭遇中国战车。赵士桢在《神器谱·舫虏车锐议》中写道："一经用车用锐，虏人不得恃其勇敢，虏马不得态其驰聘，弓矢无所施其劲疾，刀甲无所用其坚利，是虏人长技尽为我所掩。我则因而出中国之长技以制之。"

因为兵力劣势使明军无法进攻5万日军守卫的汉城，但李如松的一支敢死队成功突袭了日军的龙山粮仓，中国火箭将日军的数十万石粮食化为灰烬。这使远离日本本土的数万日军陷入前所未有的困境。日军数量从初入朝鲜的96000余人减至困守汉城时的53000余人，损失近半。经过2年多的休整、议和册封等闹剧后，中日双方重新开战，14万日军对7万明军。在失去制海权之后，日本人最终陷入困兽犹斗的尴尬处境。

"随露珠凋零，随露珠消逝，此即吾身；大阪的往事，宛如梦中之梦。"朝鲜的悲剧使壮志未酬的丰臣秀吉在绝望中死去。丰臣秀吉之死与日本之败究竟是前者决定了后者，抑或是后者决定了前者？文字狱时代炮制的《明史》中写道：

秀吉死，诸倭扬帆尽归，朝鲜患亦平。然自关白侵东国，前后七载，丧师数十万，糜饷数百万，中朝与朝鲜迄无胜算。至关白死，兵祸始休，诸倭亦皆退守岛巢，东南稍有安枕之日矣。

朝鲜战争无疑是一场“错误的时间、错误的地点，发生的错误的战争”。此战使明朝破财损将，一时无力进剿女真叛乱，女真部落因此坐大；此战使朝鲜军民伤亡惨重，国力衰败，30余年后被女真轻易征服；此战也使战争的始作俑者丰臣秀吉家族盛极而衰。①

① 战争之后，丰臣家族迅速衰落，曾经梦想成为“大唐关白”的丰臣秀次剖腹自杀。突然出现的权力真空，使织田信长的另一部将德川家康趁机坐大。在“决定最终结果”的关原合战中，德川家康击败丰臣秀赖的家臣石田三成，数年后征伐大阪，杀死丰臣全家。丰臣秀赖之死标志着日本战国时代的结束，从此日本开始了一个承平近300年的德川幕府时代。朝鲜战争的20年后，德川幕府南下征服了中国的藩属琉球，这就是后来的冲绳。

红夷大炮

远在匈奴时代，中国北方就有一个叫肃慎的游牧部落。隋唐以后，契丹崛起，这个古老的部落被契丹人征服，称“女真”。随后女真崛起，灭掉契丹人的辽国，建立了金国，从奴才变成了主子；再成功扩张，又灭掉北宋，将宋帝国最有艺术天赋的皇帝掳到五国城（今黑龙江依兰）的旱井当猪养。在统治了北中国 100 年后，野蛮的女真人却被更野蛮的蒙古人几乎赶尽杀绝。

当朱元璋结束了蒙古人的百年征服之后，这些松辽平原的后金遗民部落（建州女真、海西女真、野人女真）之间还在激烈的争斗。在中亚，跛子帖木儿创建了从帕米尔高原横跨小亚细亚、阿拉伯半岛的帖木儿帝国，当时建州女真的酋长猛哥·帖木儿，仍不过屈居于大明帝国的建州卫左都督之职。万历十一年（1583 年），帖木儿的后代爱新觉罗·努尔哈赤世袭了建州女真的酋长，也世袭了明帝国的建州左卫指挥使。在统一女真部族的战争中，努尔哈赤率领建州女真获得了最后胜利，又一个“铁木真”就这样诞生了。

万历四十四年（1616 年），被帝国鄙视为“虏酋”的努尔哈赤将自己的身份从建州女真酋长升格为女真可汗，并在赫图阿拉重新树起那个 400 年前完颜氏用过的

“金国”大旗，这个“大金汗国”的年号叫作“天命”。筹划了两年之后，努尔哈赤以“七大恨”向北京的中央帝国公开宣战。[①]

回首万历时代的大明帝国，如果要为戚继光找一个反义词的话，那就是李成梁。戚继光将敌人杀光了，最后他被罢官解职；李成梁总是善于不断制造新的敌人，这样他一直在升官发财。李成梁本系高丽人，攀爬了大半生才成为辽东总兵。在其三十年如一日的经营下，驻守辽东的明朝军队已经腐朽不堪。仅仅数月之间，女真骑兵就势如破竹，夺取辽东大片土地。熊廷弼从辽东报告：“坚甲利刃，长枪火器，丧失俱尽。”一时全国震动，“举朝震骇”，一场帝国镇压与民族独立的战争鼓声骤起。

万历四十七年（1619 年），帝国调集全国（包括朝鲜和女真叶赫部）共计 10 万余兵马（对外诈称 47 万），由“熟谙辽事”的兵部右侍郎杨镐为辽东经略，兵分 4 路直取金国祖地赫图阿拉。人们原以为“数路齐捣，旬日毕事耳”，结果却“覆军杀将，千古无此败衄”。朝廷上下大多认为，这场悲剧的根源是主力军杜松部的萨尔浒之败，而失利的根源是在浑河抛弃火器，“车兵入水，空手犹难，车辆火药，尽不能渡。”事实上，在冷兵器层面，明军根本不敌精于骑射的女真八旗，更何况兵力完全处于劣势，且不熟悉环境。帝国军队的优势在于火器技术，在兵力分散后，明军已经处于劣势；指挥失当，又使火器未能充分发挥作用，从而使此战几乎毫无悬念地一败涂地。“非车炮之无可用，而实未尽车炮之用也。”值得一提的是，威名远扬的

① 宣战檄文：大金国主臣努尔哈赤诏告于皇天后土曰：我之祖父，未尝损明边一草寸土，明无端起衅边陲，害我祖父，此恨一也；明虽起衅，我尚修好，设碑立誓，凡满汉人等，无越疆土，敢有越者，见即诛之，见而顾纵，殃及纵者，讵明复渝誓言，逞兵越界，卫助叶赫，此恨二也；明人于清河以南，江岸以北，每岁窃逾疆场，肆其攘夺，我遵誓行诛，明负前盟，责我擅杀，拘我广宁使臣纲古里方吉纳，胁取十人，杀之边境，此恨三也；明越境以兵助叶赫，俾我已聘之女，改适蒙古，此恨四也；柴河三岔抚安三路，我累世分守，疆土之众，耕田艺谷，明不容留获，遣兵驱逐，此恨五也；边外叶赫，获罪于天，明乃偏信其言，特遣使遗书诟言，肆行凌辱，此恨六也；昔哈达助叶赫二次来侵，我自报之，天既授我哈达之人矣，明又挡之，胁我还其国，已以哈达之人，数被叶赫侵掠，夫列国之相征伐也，顺天心者胜而存，逆天意者败而亡，岂能使死于兵者更生，得其人者更还乎？天建大国之君，即为天下共主，何独构怨于我国也？今助天谴之叶赫，抗天意，倒置是非，妄为剖断，此恨七也！欺凌实甚，情所难堪，因此七恨之故，是以征之。

戚家军在此次战役中弹尽粮绝，全军覆没。

> 明末1619年的辽东战役，内中有一个明军指挥官放弃火器，而以步兵仓促应敌。明军分四路，在一个弧形上展开逾150英里，给努尔哈赤以各个击破的机会。明军用火器时，其效率之低，使满军胆敢以骑兵密集队形冲入阵地，终致明军全军覆没。[①]

明史专家黄仁宇先生认为，此次辽东战役是明朝生死存亡关头的一个重要的转折点。几度损兵折将之后，明帝国在东北地区的藩篱尽失，自此再也无法获取主动，以后增兵增饷、计亩加派再也无法遏止。内部则农民暴动，朝中党争愈烈。至朝代覆亡为止，当中只有每况愈下，从兹更无复兴的趋向。萨尔浒之战改变了帝国周边的政治生态，帝国不仅未能消除威胁，反而抱薪救火，使女真势力因此骤然坐大，女真人对帝国产生了强烈的心理优势。萨尔浒战役之后，女真在辽东平原如入无人之境，成为帝国的一个噩梦。女真对辽东进行的种族大屠杀，完成了民族代换，汉人基本全部灭绝。[②]

精于骑射的女真骑兵，在野战中几乎少有败绩。在精于算计的戚继光之后，大多数明军都疏于训练，虽然有火器优势，但已经今非昔比，根本不能充分发挥其应有的作用。火器帝国面对女真骑射的这种无能颓势，直到袁崇焕的出现才得以终止。

天启六年（1626年），已经占领辽河流域的女真进入辽西。“恐金症”使几乎所有明军都退入山海关一线，只有宁远守将袁崇焕坚守孤城。在13万女真八旗的围攻之下，文官出身的袁崇焕与刚刚出世的“红夷大炮”一举成名，并回赠给女真人一个噩梦。

所谓“红夷”，一般指红毛人荷兰，实际与佛郎机一样，都是中国对当时欧洲日

---

① （美）黄仁宇：《放宽历史的视界》，生活·读书·新知三联书店，2007。

② （清）叶梦珠《阅世编·纪闻》中记载：“凡杀辽人十次，初杀贫人，后杀富人、恶人（即识字者），名目不一。有一次，杀不畜猪犬者，家无六畜，其意在逃也。辽人百仅存一。”

耳曼人一种想当然的鄙称。1604年（万历三十二年），荷兰东印度公司在南海大败明朝水师。荷兰军队犀利猛烈的炮火给中国人留下了深刻的印象。这种神秘的火炮“长二丈余，重者达三千斤，能洞裂石城，震数十里”，从此成为传说中的“红夷大炮”。

真实的历史总是充满无数不可思议的细节，比如怛罗斯战俘将造纸传到西方，比如种子岛台风将火绳枪传进日本，比如佛郎机来自一场小小的海战。同样，改变中国历史的“红夷大炮”竟然也是戏剧性地来自一场意外海难。

万历四十八年（1620年），英国东印度公司商船“独角兽”号在广东沿海遇台风沉没，船上配有数十门当时世界上最先进的前装滑膛加农炮。肇庆推官邓士亮费了九牛二虎之力，终于创造了中国古代最伟大的一次打捞工程。这22门嵌着东印度公司徽章的“红夷大炮”被打捞上来后，由两广总督胡应台亲自押送到北京。其中的10门直接就被送到宁远城，交给袁崇焕。在此后的两个多世纪里，这种以射程远、威力大而闻名的红夷大炮，成为影响世界格局的最重要武器之一。此外，在意大利传教士利玛窦和礼部尚书徐光启等人的努力下，明廷经澳门又进口了不少红夷大炮，还聘请23名欧洲人担任军事顾问，并开始对红夷大炮进行大量仿制。天启元年（1621年）到崇祯三年（1630年），10年中4次铸炮，都由西方传教士龙华民和汤若望负责。

与红夷大炮相比，佛郎机只能算是大口径火枪，红夷大炮才是真正的大炮。李之藻在给皇帝的奏疏中写道：“其铳大者，长一丈围三四尺，口径三寸，中容火药数升，杂用碎铁碎铅，别加精铁，大弹亦径三寸重三四斤，火发弹飞二三十里之内，攻无不摧，其余铅铁之力，可及五六十里，其铳或铜或铁，每铳约重三五千斤，其放铳之人，明理识算。”佛郎机射程只有500米，中国铁火铳虽然可以达到1500米，但偶尔总要炸膛一次；1吨多重的红夷大炮可以轻松打到4000米，再加上可怕的开花弹，成了袁崇焕最大的底气。

红夷大炮甫一出世，就结束了努尔哈赤的神话。正月十四日，努尔哈赤可汗统领6万铁骑（诈称20万）来攻宁远。袁崇焕的反击战略是“以台护铳，以铳护城，以城护民”——只要八旗骑兵进入4000米的大炮射程，那么威力无比的开花炮弹绝对让他们难逃生天。

战争开始前，袁崇焕对着女真大营测试红夷大炮，“遂一炮歼虏数百”，女真人赶紧移营后撤。10天后，女真人大举攻城，明军用矢石、铁铳和红夷大炮“从城上击，周而不停，每炮所中，糜烂可数里”。据明方塘报记载：“贼遂凿城高二丈余者三四处，于是火毬、火把争乱发下，更以铁索垂火烧之，牌始焚，穴城之人始毙，贼稍却。而金通判手放大炮，竟以此殒。城下贼尸堆积。”次日继续这场冷兵器与热兵器的攻守战，女真倾力攻城，城上施放炮火，“炮过处，打死北骑无算”，“其酋长持刀驱兵，仅至城下而返”，“是夜，贼入外城……须臾，地炮大发，自城外遍内外，土石俱扬，火光中见胡人，俱人马腾空，乱堕者无数，贼大挫而退。翌朝，见贼拥聚于大野一边，状若一叶”。

关于女真可汗努尔哈赤在此战中被红夷大炮打死，所有中国正史几乎都极力掩盖。当时历史学家张岱在《石匮书后集》中记载：“炮过处，打死北骑无算，并及黄龙幕，伤一裨王。北骑谓出兵不利，以皮革裹尸，号哭奔去。”明蓟辽经略高第当时的奏报称：“奴贼攻宁远，炮毙一大头目，用红布包裹，众贼抬去。”有一点是毫无疑问的，就是女真从宁远撤兵不久，即宣布可汗归天，当然死亡总是发生在公开死讯之前。

此战中，女真人死伤近2万，明军仅200多人阵亡；红夷大炮不仅击败了傲视帝国的女真铁骑，而且干掉了他们44年保持不败纪录的酋长。悲愤的女真人扑向明朝的觉华岛（今菊花岛），全岛万余军民全部遭到报复性屠杀。

最后的汉奸

当初“宁远被围，举国汹汹”，待到宁远大捷传入帝国京师，无论士庶，皆空巷相庆。这是后金崛起以来明朝的首次胜绩。可以说，如果没有红夷大炮，关外关内早已成为金国领地，而不用等到17年以后吴三桂放狼入室。宁远大捷对病入膏肓的晚明帝国来说，如同久旱甘霖，“遏十余万之强虏，振八九年之积颓”。兵部尚书王永光赞道：“辽左发难，各城望风奔溃，八年来贼始一挫，乃知中国有人矣。”

就在这场火药大捷不久，位于北京西南的工部王恭厂的火药库不幸发生大爆炸。当时的《天变邸抄》记载：“……天崩地塌，昏黑如夜，万室平沉。东自顺城门大街（今北京宣武门内大街），北至刑部街（今北京西长安街），西及平则门（今北京阜城门）南，长三四里，周围二十三里，尽为齑粉，屋以数万计，人以万计……两万多居民非死即伤，断臂者、折足者、破头者无数，尸骸遍地，秽气熏天，一片狼藉，惨不忍睹。”爆炸力之大，“大木远落密云”，石驸马大街一只五千斤重的大石狮竟飞出顺成门外，远非元朝时期的扬州炮祸可比。在中国传统政治语境下，这场灾难被认为是上天对皇帝的惩戒，明熹宗不得不下“罪己诏”，“痛加省修”，拨国库黄金一万两赈济灾民。[①]

在袁崇焕被封为兵部右侍郎的同时，一门由徐光启自费购买的红夷大炮被封为“安国全军平辽靖虏大将军”。在袁崇焕驻守的宁远和锦州，帝国的红夷大炮成为女真骑兵无法逾越的障碍。在送往北京的奏报中，红夷大炮堪比保家卫国的民族英雄：“（红夷大炮）打死贼夷约有数千，尸横满地”；“初四日，奴贼数万蜂拥以战。我兵用火炮、火罐与矢石，打死奴贼数千，中伤数千，败回贼营，大放悲声”。

当袁崇焕被委任为兵部尚书兼蓟辽督师时，他信誓旦旦地告诉皇帝，5 年之内必将制服女真。事实上，袁崇焕第二年就被杀害。15 年后，崇祯皇帝亦自挂东南枝，被征服的竟是这个中央帝国。

为了避开由红夷大炮和袁督师铸成的关宁锦防线，女真骑兵发动了一次极富想象力的长途奔袭，他们围困了帝国中枢北京。袁崇焕星夜驰援，虽然一场危机被消除了，但不信任立刻像瘟疫一样蔓延开来。在可怕的谣传中，袁崇焕成为帝国最大最危险的“汉奸”。“袁督师”的被捕令所部官兵大为惊骇，纷纷逃散。袁崇焕主动写信给部将祖大寿，劝其继续效忠帝国，“帝取崇焕狱中手书，往召大寿，乃归命”。

袁崇焕最后被处于极刑——“寸磔”，也就是“千刀万剐”的凌迟。袁崇焕拒绝服用可以减轻痛苦的鸦片，他就这样，以人世间最痛苦的方式离开了他所捍卫的帝国，时年 47 岁。这一天是崇祯三年八月十六日，公元 1630 年 9 月 22 日。在去往西市刑场的路上，人们用最恶毒的语言和诅咒，迎送这个曾经的英雄和如今的“汉奸”。

> 遂于镇抚司绑发西市，寸寸脔割之。割肉一块，京师百姓，从刽子手争取生啖之。刽子乱扑，百姓以钱争买其肉，顷刻立尽。开膛出其肠胃，百姓群起抢之。得其一节者，和烧酒生啮，血流齿颊间，犹唾地骂不已。

---

① 明熹宗第三子朱慈炅（当时唯一在世的儿子）在这次爆炸中被活活吓死。王恭厂事后搬至西直门，改名安民厂，但在崇祯年间又发生了三次大规模的爆炸。明代北京另一处存放火药的盔甲厂也发生过大爆炸，爆炸原因是火药受潮结块，一人想用斧子劈开。

拾得其骨者，以刀斧碎磔之。骨肉俱尽，止剩一首，传视九边。（张岱《石匮书后集》）

袁崇焕死后，他一手创建的关宁铁骑和关宁锦防线，仍然继续拱卫着这个摇摇欲坠的老大帝国。嘉靖以来，帝国之内阴谋频起，朋党纷争，阉竖专横，内臣监军，文武失协，朝廷紊乱，中枢失衡，无一不是亡国之兆。崇祯更是发出“今日吏治、民生、夷情、边备，事事堪忧”的感叹。

“自崇焕死，边事益无人，明亡征决矣。”当一个人心离散的帝国从腐败走向失败时，再精良的火器也难以阻止其崩溃。帝国的每年岁入不足500万两，为了连年战争而加派的“三大饷”就达到2000多万两。沉重的负担激发了更多的民间对抗。“迎闯王不纳粮”的农民暴动使帝国的征税体系几近瘫痪，内忧外患一并发作，帝国实际上早已破产。李自成攻至宣化府，宣府巡抚朱之冯誓死守城，亲自督战。他下令发炮，却无人应命。他自己去点炮，却发现炮孔已被铁钉塞死。朱之冯长叹道：“不意人心至此！”①

随着英勇的孙传庭战死潼关，孙承宗遭到罢免，祖大寿、尚可喜、孔有德、耿精忠、洪承畴和吴三桂等帝国军人和他们的红夷大炮陆续抛弃帝国，加入到这个曾经是敌人的军国主义团队。女真人只需为他们剃去头发，再赏给每人一支孔雀羽毛，红夷大炮就会调转炮口，向着帝国开火。

中国传统上以60年为一甲子来轮回计年，1644年是帝国的崇祯十七年，农历甲申年。60年前，即万历十二年，“南蛮子”袁崇焕刚刚出生在广西梧州府藤县北门街，如今他已经死去14年。500年前的金世宗曾说：“燕人自古忠直者鲜，辽兵至则从辽，宋人至则从宋，本朝至则从本朝，其俗诡随，有自来矣！虽屡经迁变而未尝残破者，凡以此贱也。南人劲挺，敢言直谏者多，前有一人见杀，后复一人谏之，甚可尚也。”②这一年，北京城里吃过“袁蛮子”肉的人们，先后忙着为3个征服者迎

① （清）张廷玉等：《明史·列传》。

② （元）脱脱等：《金史·世宗本纪》。

来送往。三月十九日清晨，帝国兵部尚书张缙彦为一群来自黄土高原的农民军打开正阳门，然后又在40天后送走这群揣满金银的匆匆过客，甚至没有人记得他们的帝国叫大顺；次日，人们又迎来了多次围城而不得入的女真“主子”。在一场席卷中国的剃刀运动中，一个神圣严厉的天朝诞生了，历史就这样被一群成功的征服者命名为“顺治元年”。

> 曩者，我国欲与尔明和好，永享太平，屡致书不答，以至四次深入，期尔朝悔悟耳。岂意坚执不从。今被流寇所灭，事属既往，不必论也。且天下者，非一人之天下，有德者居之；军民者，非一人之军民，有德者主之。我今居此，为尔朝雪君父之仇，破釜沉舟，一贼不灭，誓不返撤。所过州县地方，有能削发投顺，开诚纳款，即与爵禄，世守富贵。如有抗拒不遵，大兵一到，玉石俱焚，尽行屠戮，有志之士，正于功名立业之秋，如有失信，将何以服天下乎？特谕。[①]

① （清）南园啸客：《平吴事略》。

红衣大将军

虽然对明朝军队来说，引进和装备佛郎机、火绳枪和红夷大炮是一大进步，但黑火药的能量仍然不能与现代炸药同日而语，更何况没有成熟的工业技术做基础。早期热兵器与冷兵器相比，也仅是有一定的相对优势而不是绝对优势。骑兵来去如风，早期火器射速较慢，“临阵不过三发”。火器属于技术性兵器，关键在于严格的训练和配合，一旦管理松懈、团队涣散，犹不及简单原始的刀箭。在帝国后期的两场对外战争中，明军打败了火器时代的日军，却多次惨败于冷兵器时代的女真骑兵。最不幸的是，帝国无力控制的军队竟然倒戈背叛，成为帝国的掘墓人，使仅仅百万人口的女真得以轻易征服中国。

“明朝不能发挥本身力量，不能引用军事科技，非只表现于一时一事，而有官僚组织及社会状态为背景，积习已成。”[①]崇祯十五年（1642 年），局势已十分危急，在一次御前会议上，有人提议起用西洋人汤若望制造红夷大炮，以加强军力。官拜左都御史的东林领袖刘宗周说：“国之大事，以仁义为本，若望向来倡说邪教，堂堂中

① （美）黄仁宇：《大历史不会萎缩》，广西师范大学出版社，2011。

国，若用其小技以御敌，岂不贻笑？”崇祯说：“火器是中国长技，若望也比不得外夷（当时汤若望已在钦天监供职）。”刘宗周仍坚持精神至上：“若望小技何益成败？目今要慎选督抚，若文官不要钱，武官不怕死，何愁不太平？”

火药虽然常常被中国人作为“四大发明”之一而自豪不已，但从某种意义上来说，火药史对于中国来说，却是一部不堪回首的悲情史。

成吉思汗已经成为400年前的古老传说，女真作为后冷兵器时代的征服者，对高度文明的中华帝国本来已经失去了传统的骑射优势。同一时期的欧洲和日本，火器已经将庄园领主的骑士（骑兵）武装彻底摧毁。可以说，正是帝国军人的集体背叛，制造了这一段吊诡的中国历史——当西方文明在全世界征服野蛮人的时候，中华文明竟然被野蛮人征服。可怕的女真——这个刚刚创立文字和法度的游牧民族，继蒙古人之后，成为第二个征服中国的少数民族。

明帝国之于满清，就如同宋帝国之于蒙元。有明一代，“国家之制、民间之俗、官司之所行、儒者之所守”，无一不与宋近。[①]在崖山400年后，历史又在中国开始了一个倒退的轮回。

拥有先进科技文化和火器技术的宋明两代帝国，最后都被生产力落后的游牧民族摧毁；从某种意义上说，帝国本身才是自己的掘墓者。在病入膏肓、不可救药的时刻，外来者只需轻轻一推，帝国大厦就灰飞烟灭，万劫不复。汤因比指出，从根源上来说，任何文明的灭亡都属于自杀，当文明衰落崩溃时，外来蛮族总会适时地出现。女真人不过是那个守株待兔的“宋人”，它极其幸运地中了头彩。对温顺勤劳的中华帝国来说，从来不乏虎视眈眈的觊觎者。50年前的日本人失败了，50年后的女真人却成功了。

黄仁宇说：“明朝的覆亡乃是财政破产。”宋明两朝都以养兵而著称，最后养兵养到破产。明末的北方暴动，其根源就是饥兵和叛兵，高迎祥、李自成和张献忠等都是叛逃的军人，他们大量吸引饥民，使兵变演变成民变。根据赖建诚的研究，明

① （明）陈邦瞻等：《宋史纪事本末》。

朝中后期财政的边防经费支出，一度高达整个财政支出的97.25%，“边饷日虚，是明朝国防的长期结构性困扰”。驻宁远的士兵因4个月无饷而哗变，后来向商人借了5万两银子才勉强化解危机，巡抚毕自肃因此而自杀。宁远兵变也是袁崇焕被杀的主要原因。相比之下，登州精锐火器部队的兵变，对明帝国的打击则更为沉重。帝国为这支新军投入大量人力物力，不仅配备了大量最先进的火炮、火枪，还从澳门聘请几十个葡萄牙炮兵教师，中国本土的大量技术专家也云集于此。但就是这样一支上万精锐的帝国王牌部队，竟然因为军饷不足而发生兵变，最后携带大批最先进的火炮装备投降了女真，直接改变了帝国与女真之间的力量对比。

《诗经》说：“得人者兴，失人者崩。”明朝抵御女真骑兵采取的是“铳城战术”，即“建立附城敌台，以台护铳，以铳护城，以城护民”。吊诡的是，作为一种攻城掠寨的进攻性武器，红夷大炮对明帝国构成致命的危险，一旦大炮落入敌手，明军几无还手之力。

> 辽阳、广陵、济南等处俱有西铳，不能自守，反以资敌，登州西铳甚多，徒付之人，而反之以攻我。昨救松锦之师，西铳不下数十门，亦尽为敌有矣……徒空有其器，空存其法，而付托不得其人，未有不反以资敌，自取死耳。（焦勖《火攻挈要》）

从某种程度上来说，袁崇焕之死成为帝国军人背叛的催命符。袁崇焕死后不久，明朝就失去了对火器的垄断，明军开始遭到红夷大炮的猛烈攻击。当时服务于明廷的汤若望对此感到非常震惊：“彼（女真）之人壮马泼箭利弓强，既已胜我多矣，且近来火器又足与我相当，我之奇技悉为彼有……目前火器所贵西洋大铳（红夷大炮），则敌不但有，而今且广有之矣。”所以，与其说明帝国是亡于骑射，不如说是亡于火器，亡于红夷大炮。

在袁崇焕死后14年，吴三桂成为袁崇焕的一个倒影。同样面对北京十面围城，当年袁崇焕星夜驰援，如今吴三桂的关宁铁骑却“迁延不急行，简阅步骑”，坐看帝国崩塌。可以说，袁崇焕之死就已经敲下了帝国棺材上的第一颗钉子。

天聪七年（1633 年），降将祝世昌给皇太极的一份奏疏里说："自古攻守，全用火器，如鸟枪、三眼枪、百子铳、佛郎机、二将军、三将军、发炮之类，用之城上防守极好。若攻打城池，必须红衣大炮。"早在吴三桂降清之前，锦州的清军就已拥有近百门红夷大炮，而吴三桂仅有 10 余门红夷大炮。女真人认为"夷"是中国对自己的鄙视，所以改叫"红衣大炮"。皇太极铸造的 35 门铁心铜体的"神威大将军"火炮，甚至已经达到当时世界最高水平。该炮长 2.83 米，重 1950 公斤，用药 2.5 公斤、铁制子弹 5 公斤；如此大的用药量和超重铁弹，使其成为摧坚攻城之利器。大炮安装在四轮炮车上，以马拉动，因此还具有不错的机动性。明朝崩溃之后，各个大小军事抵抗组织均少有火力强大的红夷大炮，这使清军入关后，几乎无坚不摧，战无不胜。

顺治元年（1644 年），李自成退守潼关，据为天险，但仍被火炮攻克。此后清军南下，杭州、金华、建宁、广州等传统的高墙城防，都无法阻挡火炮的轰击。"红衣大将军"成为满清征服中国的致命武器。李清的《南渡录》中说："扬州城颇坚，督辅可法在焉。北兵从西北隅以大炮击破，遂入城。死者甚众，肇基当破处抗敌，力杀数人，无继者，遂见杀。""扬州十日"后，清兵七月初四屠嘉定，初六屠昆山，十二日屠常熟，吴郡七州、六邑皆受伤夷……野战有骑射，攻城有红夷大炮，中国迅速被清军一举荡平。

被禁止的火器

正如蒙古人用火药征服了世界，女真人用先进的火炮征服了中国。与一切极权文化一样，天朝担心擅长技术的汉人以火器来威胁其统治，不仅禁止民间的火器技术，还禁止地方官府研制火器。天朝的 3 个火器制造工场都在北京，而最大的就在皇宫，最先进的火器都藏在养心殿。即使需要用火炮镇压“刁民”，一旦完事，也要马上运回紫禁城封藏，以保证统治安全。

在清前期，基于镇压反叛和维持统治的考量，清政府对火器的生产和研发工作颇为重视，由兵仗局统一管理各铸炮厂和火药厂。“自康熙十三年（1674 年）迄十五年，共制大小炮一百二十位，至二十一年（1682 年）四月吏部题称……南怀仁先铸炮一百三十二位，又神威炮二百四十位，指样制造精坚。”[①]耶稣会士南怀仁因为铸炮有功，还被加官“工部右侍郎”。在平三藩、灭噶尔丹等战争中，红夷大炮发挥了决定性的作用，这使天朝对红夷大炮更加迷信，以至于佛郎机竟然最后失传。

与欧洲早期的愚蠢经历一样，天朝的红夷大炮越来越大，技术却越来越与世界脱

① （清）黄伯禄：《正教奉褒》。

节。这些动辄就万儿八千斤的巨无霸大炮完全失去了机动性，而射程却并没有多少提高，甚至连杀死努尔哈赤的开花炮技术也失传了。同治年间，在西北镇压回乱的左宗棠，从关中凤翔一处明代炮台遗址挖掘出100余枚开花弹[①]，不禁惊叹："利器之入中国三百年矣，使当时有人留心及此，何至岛族（指英国）纵横海上，数十年挟此傲我？"左宗棠戎马一生，竟然不知道杀伤力巨大的开花弹，更不知道这是中国人的独立发明。

康熙时代，中国军队与俄罗斯军队在火力上并无太大差距，但也死伤了数千士兵，才攻下只有几百沙俄军队占据的雅克萨城，这就是《尼布楚条约》的代价。到了"文治武功"的乾隆时代，火器技术大不如前，一场攻缅之役，天朝绿营兵"有闻枪炮声即股栗窜状者"。

在镇压大小金川土司民兵时，面对"地不逾五百里，人不满三万众"、原始火器武装的嘉绒碉楼，曾经攻无不克的天朝军队竟然束手无策。为了攻下碉楼，乾隆令工部在北京西山专门修筑了3座碉楼，2000名八旗精锐在此日夜演习。两次金川之役，用时6年，耗费近亿两国库帑银。近20万大军，阵亡者就达25000以上。第二次战争时，几乎举国出动，动用了当时天朝最先进的威远炮、冲天炮和九节炮，消耗了420多万斤火药和300多万斤铅铁炮弹。

乾隆四十二年（1777年），金川战事刚刚结束，天朝立即在全国范围内禁止火器。大学士高晋奏请武闱舞刀改试鸟枪，乾隆毫不犹豫就拒绝了。在此之前，受命镇压山东王伦起义的大学士舒赫德在奏疏中言：

> 王伦滋事一案，虽由满汉官兵鼓勇无前，得以早行剿灭，而亦因贼无鸟枪一项，搜捕较易为力。是知民间藏匿鸟枪所关甚巨，若不实力查禁，恐日久滋生事衅。臣愚以为所有商民防御盗贼猛兽应用鸟枪呈明制造之例，请永行停止，其竹铳铁铳之类，亦概不许私自制造之例。其民间现存藏在家者，请立定限期，交地方官查收。如有逾限不缴，及地方官不能查察者，

---

① 开花弹由许多小型炸弹组成，发射后四处"开花"，具有极大的杀伤力；因其看起来如同一颗剥开的石榴，所以西方称其为"榴弹"。

并请皇上饬部严定科条，示以惩儆。[①]

从乾隆四十六年到乾隆五十八年的13年间，清政府至少收缴鸟枪、铁铳43666杆。此后各省年终汇奏时多称“查缴已尽”。通过对民间火器的查禁和缴获，清廷获得绝对的武器优势，增强了皇权对民间的威慑力和控制力。

嘉庆十八年（1813年），直鲁豫三省连遭天灾，华北天理教起事，200名教徒由东华门和西华门攻进天朝皇宫，“酿成汉唐宋明未有之事”。皇子爱新觉罗·旻宁手持火枪击毙一人，伤一人；[②]最后在火器营的帮助下，手持刀矛弓箭的天理教徒遭到火器的屠杀。事件之后，射在隆宗门上的一个箭镞一直被保留下来。从这次突袭战，可以清晰地看出天朝严禁民间火器的深层原因。

当年秦始皇统一六国之后，收缴天下兵器，铸成8个巨大的铜人放在咸阳。在中国这种大一统的专制体制内，一旦战争结束，统治当局就马放南山，刀枪入库。有清一代，《武备志》和《天工开物》等涉及军事的科技书籍一概被列为禁书，发明威远将军炮的戴梓也难逃政治迫害，而禁海政策和反宗教运动进一步阻断了与欧洲军事科技的交流。康熙平定三藩后，民间火器就开始遭到严禁，一些满族大臣甚至要求销毁一切火器，让火器在天朝彻底销声匿迹。历史充满这样的无耻，权力为了自身的安全，宁愿让中国从热兵器的开创者和领导者，重新倒退回到冷兵器时代，甚至回到石器时代也不在乎。正如梁启超所言：“我国万事不进步，而独防民之术乃突过于先进国，此真可痛哭也。”

“科技创新曾经使中国的技术长期居于世界前列，但这种创新随着17世纪后期清政府的军事征服而突然终止了。”[③]天朝沉迷于盛世繁华之时，正值欧洲的工业革命

① 台北故宫博物院：《宫中档乾隆朝奏折》，台北故宫博物院，1982。

② 有史学家将这次事件称之为“清帝国由盛转衰的重要标志”；平庸的旻宁也因此得到嘉庆的赞赏，而成为未来的道光皇帝。

③ （美）杰克·戈德斯通：《为什么是欧洲：世界史视角下的西方崛起（1500—1850）》，关永强译，浙江大学出版社，2010。

时期，世界已经开始进入现代社会，但中国仍然停留在古老的中世纪，“不知秦汉，何论魏晋”，整个社会完全被隔离于世界之外。这种东西“大分流”，产生了乾坤倒转的历史局面。

乾隆五十六年（1791 年），刚刚崛起的大英帝国为了通商，花费 8 万英镑，派遣使节马戛尔尼跨越大半个地球，送给天朝许多代表欧洲工业技术的珍贵“贡礼”，其中就包括 6 门榴弹炮，还有一些毛瑟枪和连珠枪。[①]当他说欧洲已经完全用火器取代了冷兵器时，天朝的官吏深不以为然。英国人的试射，展示了榴弹炮令人震惊的杀伤力。马戛尔尼发现，“这个发明火药的民族，竟一见放空炮就吓得魂不附体，实在匪夷所思”；而“善良”的乾隆竟然谴责说，“这种杀伤力与仁慈的原则不能调和”。

在火药刚刚用于战争的宋初，中国就发明了火柴。“杭人削松木为小片，其薄如纸，熔硫黄涂于木片顶分许，名曰发烛，又曰碎儿，盖以发火代灯烛用也。”[②]然而数百年后，当马戛尔尼展示火柴时，竟被中国人视为魔术。虽然中国在火药的杀人技术上乏善可陈，但在装扮盛世繁华的焰火礼花技术上却“只有被模仿，从未被超越”，这或许值得每一个爱国者倍感欣慰和荣光。

---

① 70 年后，英国人从圆明园里发现了这些原封未动的枪炮和弹药，又原封未动地运回英国。

② （明）陶宗仪：《南村辍耕录》。

武器的批判

日本在战国时代曾经已经完全火器化，但德川统一日本后，却又重回冷兵器时代，这说明一件事，体与用完全取决于政治需要。历史学家麦克尼尔指出，欧洲的长期分裂造成剧烈军事和政治竞争，由此产生的巨大压力，迫使各国必须不断变革以求生存，从而为军事体制（包括武器和军队组织）的改进和资本主义的发展提供了自然环境。

与天朝的沉迷与停滞相反，这一时期的欧洲，工业革命催生了一场武器革命。同样是黑火药和前装滑膛炮，欧洲因为经过工业革命，其火药和火器的质量已经使中国无法望其项背。应当承认，欧洲的火药革命、军事革命和工业革命，这是崇道鄙器的中国传统儒家社会所不能出现的。仅仅内部弹道学涉及有关火药通过燃烧转化成的气体的形成、温度和体积的研究，有关这些气体的膨胀对大炮、炮架和对射弹所作的功达到研究。这无疑需要大量的数学、物理和化学知识。牛顿推导出空气对射弹的阻力接近于速度的平方。

率先进入现代的欧洲社会发生了一场深刻的变革。基于机床精加工技术和钢铁工业，大量的线膛炮和后装炮装备起一支支现代化军队，军事理论与无烟火药使热兵器时代方兴未艾，杀人的效率被迅速放大，战争的规模和范围已经进入全球范畴。在贸易的旗帜下，战争如同一个不速之客，走向世界每一个角落，也终于闯进了天朝神圣的禁宫。

从某种程度上来说，《南京条约》的意义在于天朝的华夷体系首次遭遇挫折。正如马克思所说："英国的大炮破坏了皇帝的权威，迫使天朝帝国与地上的世界接触。"

即使大明帝国江河日下的时候，中国官军遭遇葡萄牙和荷兰海军，从装备上也几乎是一场势均力敌的军事对抗；而满人建立的天朝从一开始，就将汉人当作自己的假想敌，因此中国更加自闭和内向。在这场著名的中西战争中，天朝的"天兵"使用的仍是200年前的红夷大炮，英国除了使用球形实心生铁或熟铁弹之外，已大量利用霰弹、葡萄弹、榴霰弹、新式爆炸弹、燃烧弹等。如果说在火器装备方面尚有一比的话，那么在政治体制上，一个古代帝国与现代国家几乎没有任何可比性。

在国家体制下，英、法两国可以更有成效地动员各种资源，而中国人只知有朝廷，而不知有国家，打仗是朝廷的事情，与具体的个人——即没有政治权利的"普通老百姓"——没有任何关系。这就如同婴儿与成人打架，哪怕这个婴儿具有成人那样的体重，但他却不具备任何成人的基本智力。更可笑的是，对天朝绝大多数人来说，他们甚至搞不懂这些凶恶的"红夷"来自哪里。事实上，自从征服莫卧儿王朝的印度以来，英国成为中国的强邻已经将近一个世纪。

> 鸦片战争的失败的根本原因是我们的落伍。我们的军器和军队是中古的军队，我们的政府是中古的政府；我们的人民，连士大夫阶级在内，是中古的人民。我们虽拼命抵抗，终归失败，那是自然的，逃不脱的。[①]

事实上，天朝也不是不重视火器，天朝也花费巨资制造和进口了无数火炮，天朝的炮台也都选择了很好的地理位置，但这些无法转动炮口的银样镴枪头，实际只是一

① 蒋廷黻：《中国近代史大纲》，江苏教育出版社，2006。

种炫耀天朝威仪的摆设。北塘炮台确实架设了许多以假乱真的木头大炮。在虎门战役中，面对英国舰队，天朝的200多门大炮，却连一炮都没有打中；英国人嘲讽说："那更像烟花而不像大炮"。数年之后，谪戍新疆的林则徐在给友人的信中坦言：

> 彼之大炮远及十里内外，若我炮不能及彼，彼炮先已及我，是器不良也。彼之放炮如内地之放排枪，连声不断。我放一炮后，须辗转移时，再放一炮，是技不熟也。求其良且熟焉，亦无他深巧耳。

"中国最典型的战船载重量为250—350吨，仅装备有13门大炮，而标准的战船载重量为1500吨，装备有74门大炮。中国最大的木制战舰建于19世纪中期，仅装备有36门大炮，发射的炮弹多数是9—12磅重的，而英国皇家海军胜利号战舰则装备了100门大炮，其中能发射12磅重炮弹的有30门，发射24磅重炮弹的有28门，发射32磅重炮弹的有30门，发射64磅重炮弹的有2门。"[①]英国舰队突破虎门要塞，沿着珠江北上，吸引无数天朝"草民"围观，"国既不知有民，民亦不知有国"。从虎门、厦门、定海、镇海、镇江到宝山，这些被天朝官吏自诩为"固若金汤"的炮台望风沦陷，被英国人夺去的大炮达1500门之多，英国人反过来用这些"摆设"轰击天朝。基本上只要英国舰队一开炮，天朝军队就如惊弓之鸟，而作鸟兽散。[②]这完全印证了两个世纪之前英国思想家培根的一段名言：

> 国家的强弱，并不仅取决于拥有多少高墙、坚垒，大炮、火药、战车、骏马。从根本上来说，只有民气强悍英武，国势才能强盛而不可侮。否则，尽管有强大的武备，也不过只是金玉其外败絮其中而已。

---

① （英）艾兹赫德：《世界历史中的中国》，姜智芹译，上海人民出版社，2009。

② 时人梁章钜在《炮说》一文中写道："统军者惊奔，众无不溃矣……今日军中全中此病。"

法国思想家托克维尔认为，腐朽的官僚集权制度吞噬了中国社会的创造力与能量，从而导致了僵尸化，“平静却不幸福，勤劳却没有进步，稳定却没有力量，有物质观念却没有公共道德”，鸦片战争不过是“欧洲的活跃和中国的停滞交锋了”。[①]在这场“中国人不可能战胜而英国人绝不该发起的战争”中，守卫宁波城的重任被寄托在19只猴子身上，他们计划将鞭炮系在猴子的身上，然后将其扔到英国军舰上，好点燃其军火库。然而当英军发起攻击时，所有人都逃之夭夭，那些被拴住的猴子就饿死了。[②]战争永远是政治的一部分，政治的不正义最终往往成为战争的阿喀琉斯之踵。官视民如草芥，民视官如仇寇。公元1840年，英国人的炮火竟然成为中国民众的礼花，一场英国人的“孤军远征”，戏剧性地变成了天朝“敌众我寡”的危局。

从李陵到袁崇焕，与其说“汉奸”是战争的产物，不如说是帝国的特产。浙江巡抚刘韵珂的奏折中称：“盖其炮火器械，无不猛烈精巧，为中国所必不能及……无一处不勾结汉奸，无一汉奸不得其重贿，为之致死。”奕经亦认为：“防民甚于防寇，此所谓患不在外而在内此也。”从“防民甚于防寇”到“攘外必先安内”，胡绳在《从鸦片战争到五四运动》中，一语道破中国专制体制的秘密：“统治者所豢养的军队本来是为了镇压人民的，只能在手无寸铁的人民面前逞凶暴。”[③]

---

① （法）托克维尔：《论美国的民主》，董国良译，商务印书馆，1989。

② （英）蓝诗玲：《鸦片战争》，刘悦斌译，新星出版社，2015。

③ 胡绳：《从鸦片战争到五四运动》，人民出版社，1981。

天朝的巫术

道光二十二年（1841 年），天朝政府以奕山亲王为靖逆将军，以户部尚书隆文和湖南提督杨芳为参赞大臣，出动天兵 17000 余人开往南国，征剿英夷，收复香港。

身经百战的杨芳戎马一生，无一败绩：镇压湘黔苗民起义大胜，镇压川楚陕三省白莲教起义大胜，镇压河南李文成起义大胜，镇压张格尔大胜，镇压彝族起义大胜。其时，兵临城下的广州城一片风声鹤唳，70 岁杨芳的到来，令天朝臣民“欢呼不绝”，林则徐亲自为其祭旗。

据时人梁廷枏的《夷氛闻记》记载，杨芳看到“夷舰”上的大炮总能击中“我”，而“我”却不能击中对方，因此杨大人英明地指出，夷舰“必有邪教善术者伏其内”，于是“传令甲保遍收所近妇女溺器”，作为天朝的制胜法宝。“天兵”将这些马桶平放在一排排木筏上，由一位副将率领，以马桶口面对敌舰冲上去，以破“邪术”……

这场战争以“不知兵”的奕山签订《广州和约》，付给英夷 600 万墨西哥银元的“赎城费”而喜剧性地结束。杨芳和他的“天兵”将广州城洗劫之后，凯旋还朝。时人写诗嘲讽道：

杨枝无力爱南风，参赞如何用此公。
粪桶尚言施妙计，秽声长播粤城中。
芳名果勇愧封侯，捏奏欺君竟不羞，
试看凤凰冈上战，一声炮响走回头。

事实上，以马桶和妇女溺器等秽物作为对付火器的制胜法宝，并非杨芳创造，这属于帝国的国粹之一。杨芳对这一国粹的改造甚至是文明的进步，在此之前被广泛使用的不是马桶，而是妇女的阴户，因为在中国传统中，妇女的阴户总被认为是不洁的和肮脏的。

巫术是蒙昧时代的技术，火药是科学时代的技术。在传统文化中，科学常常被蒙昧解构，因此形成许多不可思议的历史细节。自从中国发明火药和火器之后，野蛮落后部落常常将其作为巫术看待，因此也试图以巫术破解；而中国传统巫术中，又以人粪、鸡血和女人阴户等不洁之物，为最有杀伤力的终极巫术，故而被当作最后的“杀手锏”广为使用。

万历年间，四川播州土司杨应龙以数百名裸体妇女迎战，果然官军“炮不得中”，后来足智多谋的官军“斩黑狗血洒之，法立破”。崇祯八年，张献忠攻桐城时，以妇女“裸阴向城”，城上官军“泼狗血、烧羊角以解之，炮竟发矣”。李自成也曾以“阴门阵”攻开封，守城官军则以裸体和尚破解。乾隆三十九年，山东王伦起事，白莲教军围攻临清，守城官军以鸡血和粪汁洒城，并使妓女以阴门迎敌，临清之围遂解。鲁迅小的时候，他家的女佣阿长对他说，太平天国的天兵占城时，“我们也要被掳去。城外有兵来攻的时候，长毛就叫我们脱下裤子，一排一排地站在城墙上，外面的大炮就放不出来；再要放，就炸了”。在鲁迅看来，“这实在是出于我意想之外的，不能不惊异”，“不料她还有这样伟大的神力。从此对于她就有了特别的敬意，似乎实在深不可测”。[①]

① 鲁迅：《朝花夕拾·阿长与〈山海经〉》，人民文学出版社，1972。

在整个火器时代历史上，将这一国粹发挥到极致，当属“刀枪不入”的义和团——

> 义和团一直声称，他们在天津与洋人作战时伤亡惨重是由于洋人军队中有赤身裸体的妇人破了他们的法术……在义和团看来，1900 年夏他们进行的战斗不是传统意义上的军事冲突，而是确定谁的法术更强大更有效的一场较量……由于妇女能使义和团的法术失灵，所以义和团经常发布命令，限制妇女的行动。[①]

① （美）柯文：《历史三调：作为事件、经历和神话的义和团》，杜继东译，江苏人民出版社，2005。

最后的八旗

早在崇祯年间，毕懋康就独立发明了燧发枪（自生火铳），但直到300年后，中国还停留在500年前的火绳枪时代。虽然火绳枪（鸟铳）在天朝军队装备中占到一半，但这些火器完全掌握在鄙视火器的八旗军之手，常常被叫作“烧火棍”。清军的“鸟铳”射程约100米，射速为每分钟1—2发，而当时英军的来复枪[①]射程已经达到约300米，射速为每分钟3—4发。在射击精度上，手工时代的滑膛枪与工业时代的来复枪更不可同日而语。

如果说第一次鸦片战争时期，中国火器水平还可以一拼的话，那么在20年后的第二次鸦片战争中，中国与英法已经完全不在一个技术层面上了。对工业时代来说，20年时间完全可以创造另外一个世界。当一支马镫——弓箭时代的帝国官军，遭遇一支钢铁——蒸汽时代的现代化军队时，一场大屠杀就开始了。

这场屠杀发生在咸丰十年（1860年）的北京八里桥。成吉思汗的胞弟哈撒尔的第26代孙僧格林沁，率领着30000多蒙古步骑兵，冲向孟托邦率领的6000多法国陆军。这

① 来复（来福）是英文rifle的翻译，意思是枪管中的膛线。可以认为凡是具有膛线的枪，都可以称作来复枪。

场“引人发笑的战斗”只能用最小数字来说明结果：一方仅有7人生还，一方仅有12人阵亡。超过1000∶1的死亡比率，创造了一个世界纪录。这种悬殊结果在600年间打了一个颠倒，当年是蒙古骑兵扮演屠夫的角色，如今他们变成了工业时代的猎物。阿姆斯特朗大炮将这些成吉思汗的后代撕为碎片，孟托邦则被拿破仑三世授予“八里桥伯爵”。

历史不是一条直线，而是一条波浪线。600年后，当年被蒙古骑兵带到西方的火药又回来了，但一切已物是人非。发明火药的中国竟然被火药洗劫，这简直是人类历史最荒诞的讽刺。八里桥之败，使八旗精锐彻底覆灭，女真统治者用完了最后一张王牌。英国人将一门巨型火炮架在安定门，恭亲王奕䜣在炮口下的紫禁城中，签下《北京条约》，同时还赠给大英帝国一张超级订单。这张订单以高达80万两白银的总预算，买下了整整一支阿思本舰队。惶惶不安的天朝深恐200年前的甲申灾难再次重演，在“灭发、捻为先，治俄次之，治英又次之”的借师助剿战略下，天国的“长毛”们沦为新的猎物，恃枪炮之利的国际雇佣兵“常胜军”成为天朝的屠夫。

战争是技术最有力的推进器，“落后就要挨打”从此成为天朝的经验之谈。对天朝精英们来说，之所以“挨打”，只是因为火器“落后”，绝不是文化和政治落后。“中国但有开花大炮、轮船两样，西人即可敛手”，李鸿章屠杀苏州的天国降兵时还在放箭，冯子材在镇南关追击法国远征军的时候就已经开枪。就这样，天朝在洋人的枪炮与鸦片中，走向“同光中兴”。

同治元年（1862年），清廷下令都司以下军官一律开始学习西洋武操，各省防军开始更换新式武器，管式前装的马步枪和长短火炮取代了天朝传统的管状火器；20年后，后装连发枪炮被陆续进口，国内兵工厂也开始大量仿制。可以说，正是西方先进枪炮对女真统治的支撑，使天朝继续苟延残喘了将近半个世纪。

当国内反抗被枪炮镇压下去以后，国外压力就不得不面对。当时的法国驻华公使施阿兰在他的日记中写道：“中国确实处于一种酣睡的状态中。它用并不继续存在的强大和威力的幻想来欺骗自己……它像个麻风病人一样，极力避免同外国接触……这个满汉帝国竟是如此蒙昧无知、傲慢无礼和与世隔绝，还粗暴地标出‘不要摸我’的警告。”在清廷的纵容和蛊惑下，狂热的义和团运动席卷整个北中国，躲在这场风暴中心的天朝老佛爷，以被囚禁在中南海的皇帝的名义，向全世界宣战。[①]

在这场疯狂的战争中，义和团的“天兵天将”自诩替天行道，“弟子在红尘，闭住枪炮门，枪炮一齐响，沙子两边分”。10多万“刀枪不入”的义和团，围攻仅仅41条洋枪保卫的西什库教堂长达60多天而不下，谁也无法相信这曾经是一个率先发明火药的国度。当时八国联军仅为清兵的1/10，已经实现火器化的清兵在装备上毫不逊色，甚至长途奔袭的八国联军在重武器上还不如以逸待劳的清兵多。然而清兵却逃了个精光，慈禧和整个皇室则远遁到关中。

在甲午战争之后的很长时间里，天朝有很多人依然相信北洋水师之所以战败，是因为没有在战舰前面画上眼睛，坚信传统的弓箭比步枪子弹厉害的也不乏其人。有一个义和团领袖自告奋勇，参加了袁世凯举行的一场子弹试验，结果被子弹当场洞穿。[②]

光绪十四年，花费30多万两白银从德国购进的328门克虏伯大炮成为最昂贵的

---

① 《谕内阁以外邦无礼横行当召集义民誓张挞伐》诏书全文：光绪二十六年五月二十五日(1900年6月21日)，内阁奉上谕：我朝二百数十年，深仁厚泽，凡远人来中国者，列祖列宗，罔不待以怀柔。迨道光咸丰年间，俯准彼等互市。并乞在我国传教，朝廷以其劝人为善，勉允所请。初亦就我范围，讵三十年来，恃我国仁厚，一意拊循，乃益肆嚣张，欺凌我国家，侵犯我土地，蹂躏我人民，勒索我财物。朝廷稍加迁就，彼等负其凶横，日甚一日，无所不至，小则欺压平民，大则侮谩神圣。我国赤子，仇怒郁结，人人欲得而甘心。此义勇焚烧教堂，屠杀教民所由来也。朝廷仍不开衅，如前保护者，恐伤我人民耳。故再降旨申禁，保卫使馆，加恤教民。故前日有拳民皆我赤子之谕。原为民教解释宿嫌，朝廷柔服远人，至矣尽矣。乃彼等不知感激，反肆要挟，昨日复公然有杜士立照会，令我退出大沽口炮台，归彼看管，否则以力袭取。危词恫吓，意在肆其猖獗，震动畿辅。平日交邻之道，我未尝失礼于彼，彼自称教化之国，乃无礼横行，专恃兵坚器利，自取决裂如此乎？朕临御将三十年，待百姓如子孙，百姓亦戴朕如天帝。况慈圣中兴宇宙，恩德所被，浃髓沦肌，祖宗凭依，神只感格，人人忠愤，旷代所无。朕今涕泪以告先庙，慷慨以誓师徒，与其苟且图存，贻羞万口，孰若大张挞伐，一决雌雄。连日召见大小臣工，询谋佥同。近畿及山东等省，义兵同日不期而集者，不下数十万人。至于五尺童子，亦能执干戈以卫社稷。彼尚诈谋，我恃天理；彼凭悍力，我恃人心。无论我国忠信甲胄，礼义干橹，人人敢死，既土地广有二十余省，人民多至四百余兆，何难翦彼凶焰，张国之威！其有同仇敌忾，陷阵冲锋，仰或仗义捐资，助益饷项，朝廷不惜破格茂赏，奖励忠勋。苟其自外生成，临阵退缩，甘心从逆，竟做汉奸，即刻严诛，决无宽贷。尔普天臣庶，其各怀忠义之心，共泄神人之愤，朕有厚望焉。钦此。

② 郑曦原：《共和十年·政治篇：〈纽约时报〉民初观察记（1911—1921）》，当代中国出版社，2011。

天朝道具。守卫京津的精锐清军均受过德式和俄式训练，拥有各种现代快速机枪大炮，装备不可谓不精良。面对乌合之众的八国联军，10 余万清军竟一日间作鸟兽散。如果从天津算起，40 年前，英法联军用了 50 多天才穿过天朝骑兵的防线，如今八国联军只用了 30 天就已经穿越了天朝最隐秘的禁宫。

李鸿章曾言："中国文武制度，事事远出西人之上，独火力万不能及。"张之洞为天朝量身定做了"中学为体，西学为用"的体用学说，即发展技术"以强我中华国力"，但"民权之说一倡，愚民必喜，乱民必作，济纲不行，大乱四起"，说白了，就是只用现代技术而不要现代文明。"治国之道在乎自强，而审时度势，则自强以练兵为要，练兵又以制器为先。"张之洞在担任湖广总督期间，从德国克虏伯公司引进了当时最先进的制造毛瑟枪和榴弹炮等的成套设备，他所创建的汉阳兵工厂（湖北枪炮厂）开创了中国现代兵器工业之先河。

仅仅数年之间，"汉阳造"装备的新军就成为中国第一支现代军队。张之洞的"自强军"有 13 个营的编制，张之洞还特意聘请了 35 位德国教官。1911 年 10 月 10 日，武昌新军工程营里的一声枪响，敲响了天朝的丧钟。一年后，天安门前的"大清门"牌匾被摘下，原本想在背面刻上"中华门"后，重新悬挂原处；但人们却惊讶地发现，"大清门"的背面赫然刻写着"大明门"。如同无数个吊诡的细节，在一块 500 多年的牌匾中，历史就这样轮回。

中国火药进入欧洲，摧毁了黑暗的中世纪；当火药再回到中国，不仅摧毁了一个异族的天朝，也彻底崩塌了一个古老的帝国体制。从此，中国从一个世界最古老的帝国涅槃为亚洲第一个共和制国家，而皇帝已经成为一种关于邪恶权力的传说。在中国发生辛亥革命之时，法国思想家勒庞正在写作《革命心理学》。他在书中写道："中国不久就会发现，一个失去了漫长历史给它披上的盔甲的社会，等待着它的会是怎样的命运。在几年血腥的无政府状态之后，它必然会建立一个政权，它的专制程度将会比它所推翻的政权有过之而无不及。"[①]

---

① （法）古斯塔夫·勒庞：《革命心理学》，佟德志、刘训练译，吉林人民出版社，2004。

火器即权力

当火炮在欧洲战场上取代传统的投石机的时候，火枪最终也取代了弓弩。如果说火炮导致了封建的结束，并使专制极权主义开始崛起的话，那么火枪则赋予大众反叛的力量。

在火炮时代，暴力被垄断在财大气粗的君主手中，他们依靠火炮的杀伤力，拥有不可挑战的权力。随着火枪时代的来临，人成为战争的决定力量，即使未经任何训练的农民，只要拥有火枪，就可以依靠人数优势击败专制的君主军队。

虽然从来没有进入火炮时代，但丰臣秀吉时代的日本无疑是世界上火枪（火绳枪）最普及的封建国家。随着战国时代结束，“征夷大将军”德川家康统治下的日本竟然又退回到冷兵器时代。对势力强大的日本武士来说，剑（日本刀）是他们这个权力阶层的象征，同时也是征服下层阶级的工具。在日本传统文化中，武士战争是一种体面而高尚的剑术角斗艺术。当一个剑术大师遭遇一个连剑都没摸过，却手持火枪的农民时，获胜的竟然是这个蠢笨的农民，这是武士们无论如何都不能接受的。再加上火枪是卑贱的“夷人”发明的，因此更加遭到武士和贵族的鄙视，就像基督教在日本受到排斥和打击一样。18 世纪以后，由武士控制的幕府只允许生产少量火枪，而且需要获得特许；再后来，幕府完全垄断了火枪生产，并逐渐荒废，以至于到了“黑船事件”时，日本几乎没有什么火器，只能以刀剑面对美国人的火炮。

依靠对火枪的压制，日本武士极力维护了一个传统的封建体制。1633—1639 年短短的 6 年时间，德川幕府连续 5 次颁布锁国令，以此确立的“锁国体制”将日本隔离出世界以外。但随着“黑船”的到来，日本武士封建制度迅速崩溃，明治维新将日本带入了一个扩张型的帝国时代。在帝国体制下，火枪化的平民力量并未形成一种民主潮流，反而成就了军国主义的崛起。在接下来的一个世纪中，精英领导的日本成为东亚势力的主导者，甚至几乎征服了衰落中的中国。

作为现代暴力技术，火器从它出现的那一刻起，就拉开了一场全球性的文明大清洗运动。无数古老但落后的文明都在这场残酷清洗中被消灭，或者被取代。

在人类第一个全球化时代，拥有火药的殖民者给许多原始的土著部落带来灭顶之灾。1519 年，西班牙征服者费尔南·科尔特斯带领 500 人和 16 匹战马，还有 32 支火绳枪和 7 门火炮，毫不费力就征服了美洲古老的阿兹特克帝国。10 年后，弗朗西斯科·皮萨罗用 180 名士兵和 4 门火炮，成功征服了另一个古老的印加帝国。在卡哈马卡战役中，168 个西班牙人击溃了在人数上超过他们 500 倍的一支印加军队，杀死了数以千计的印加武士，而西班牙人却几乎毫发无损。印加人坚信这些西班牙人是太阳神的儿子：“太阳神用自己的武器装备了他们，这些武器能发出闪电和雷鸣。”

但实际上，这些“太阳神的儿子”却用枪炮干尽了罪恶的勾当。在以后的几个世纪中，欧洲人用“闪电和雷鸣”照亮了整个人类世界。

即使 300 多年后，这种不对称的残酷杀戮与征服仍在继续。1808 年，英国流氓萨维奇[①]携带一支火枪，流窜到斐济群岛，顿时打破了斐济原有的权力平衡。他依靠火枪优势，肆意血洗土著村落，成为斐济人心中最恐怖的魔鬼。类似的暴行在热兵器与冷兵器碰撞时代屡见不鲜。1873 年，一支用来复枪、格林枪和野战炮武装的英

① 在英文中，Savage 意为野蛮。

国探险队，轻而易举就击败了西非最强大的阿散蒂帝国。1881 年的中亚高伊泰普战争中，一支俄国军队用枪炮杀死了 14500 名土著人，俄国人仅仅阵亡了 59 人。1904 年，英国军队在拉萨与藏兵冲突中，仅仅几分钟，就致使一多半藏兵丧命于火枪之下。

随着工业技术的迅速发展，完全成熟的热兵器对原始冷兵器构成绝对优势，使这种关公战秦琼的战争成为一场赤裸裸的屠杀行径。如果说八里桥之战仅仅被斥为"可笑"的话，那么拉萨之战就已经使胜利者本人都感到"可耻"。指挥拉萨战争的英国将领杨哈兹本充满罪恶感地说："这样的所谓战斗实在令人恶心，我简直不是人。"

除了吸毒，人类还具有仇杀外族的阴暗特征。不仅人类，其他许多物种在个体或群体竞争中也往往以谋杀终场。人类的技术与发明只不过增进了杀戮本领。著名的奥地利动物行为学家劳伦兹在《论侵略性》中认为，动物的"侵略本能"受到"抑制本能"的制衡，以避免导致谋杀的结局。但在人类历史上，这个"侵略 / 抑制"的平稳状态（劳伦兹假设）却常常由于武器的发明而失衡：人类天生的"抑制本能"不足以节制新增的杀戮力量的冲（蠢）动。

火器就是权力。就整个人类而言，虽然有种族和文化的悬殊差异，但在智力和体力方面并无太大差别。一旦拥有了火器技术，无论是澳洲毛利人还是美洲印第安人，对欧洲征服者来说就是噩梦的开始。在北美的大平原、智利和阿根廷的无树大草原，傲慢的白人开始遭到印第安人的火器攻击。因为印第安人从荷兰人手里买到了滑膛枪，仅仅 1676 年，就有 3000 多名英国军人丧生于印第安人的枪口之下。在 200 年后的小比格霍恩河战役中，苏族印第安人战士以优势火力，全歼了美国内战英雄乔治・卡斯特将军的第七骑兵团，此前卡斯特曾经吹牛说，全美国的印第安人加在一起也不是他的对手。

18 世纪末，英国军队可以打败 7 倍于自己的印度军队；到了 19 世纪初，就只能打败 2 倍于自己的印度军队；到了 19 世纪 40 年代，英国人不得不用等量的军队和最先进的火炮，才可以打败印度军队。

在新西兰，有一个叫恩加普希的毛利人部落，他们于 1818 年左右从欧洲商人那里得到了火枪。在其后的 15 年中，好战的新西兰毛利人甚至没有经过青铜和铁器时代的过渡，一下子从石器时代进入火器时代，南北二岛顿时硝烟弥漫，各个部落之间你征我伐，打得不亦乐乎。欧洲人只需卖给他们最先进的武器，就可以坐等他们自相残杀，直至灭绝。

随着工业技术的日新月异，蒸汽机、钢铁和机械制造技术使西欧和美国拥有了近乎绝对性的经济和军事优势。雷管、来复线和后膛装弹的一系列不祥的技术，最终带来了火药革命之后的“火力革命”，格林机枪、马克沁机枪和野战炮彻底消除了其他农耕及游牧民族的任何抵抗能力。战争变成工业技术的博弈，工业革命以铁与血的方式，将世界赶出漫长的农耕时代。

大众的反叛

老子说:“胜而不美,而美之者,是乐杀人。夫乐杀人者,则不可得志于天下矣。”据希腊历史学家希罗多德记载,波斯国王薛克斯率领他的军队翻过一道山梁,回头看见他一望无涯的军队,不禁恸哭起来,部下问他哭什么,他说:“想一想百年以后,所有这些人都不见了,因而悲伤莫名。”

回首人类战争史,所有武器其实都是一种杀人凶器,它们共同的特性就是具有杀伤力,或使人伤残,或使人毙命。在所有战争中,人们都试图用自己的杀伤能力压倒对手的杀伤能力。武器发展的历史,实际就是杀伤力提高的过程,每一种兵器的杀伤力都是相对而言的。面对赤手空拳的人,有剑的人就具有更大的杀伤力,当然这种杀伤力还要受距离和人的身体条件等因素影响。如果加以相对化的比较,那么就可以得到一张所有武器的对比表,比如来复枪是火绳枪杀伤力的 10 倍,是弓箭的 5 倍。如果从冷兵器时代、火药时代至今画一张武器杀伤力变化图,那么我们就可以看见,在整个冷兵器时代的杀伤力曲线都相当平直,但从启用黑火药兵器之后,特别是 20 世纪中叶开始,曲线便急剧上升。一架 2000 年的轰炸机,就其破坏力而言，相当于一个罗马军团的50万倍。[①]

兵器杀伤力的理论指数[②]

兵器名称	杀伤力指数
刀剑	23
标枪	19
普通弓	21
弩	33
火绳枪	10
滑膛枪	19
燧发枪	43
来复枪	102
加农炮	224
机关枪	3463
火炮	386530
榴弹炮	657215
坦克	575000
轰炸机	135000
核弹	695385000

虽然弓弩也是射击性武器，但它与火枪仍然有着根本性的不同。如果说弓弩是手臂的延伸，那么火枪则是眼睛的延伸；弓弩几乎永远都是一种曲射，而子弹则实现了远距离直射。与弓弦的弹力相比，火药的瞬间爆发力要大得多，这使子弹的初速度远远超过箭矢。如果说人在听到弓弦响之后尚来得及躲避箭矢，那么听到枪响之后根本不可能躲开子弹，而且子弹要比箭矢小得多。

① （美）伊恩·莫里斯：《西方将主宰多久——从历史的发展模式看世界的未来》，钱峰译，中信出版社，2011。

② （美）杜普伊：《武器和战争的演变》，严瑞池、李志兴等译，军事科学出版社，1985。

在滑膛枪时代，因为枪管是平滑的，子弹的准确性差强人意，只能勉强击中100米以内的目标。为了提高杀伤力，火枪步兵只好以密集队形集中射击，即使打不中这个，总会打中那个。英国汉格上校曾经调侃道：“如果想用一支滑膛枪射击180米外的人，那还不如去射击月亮，因为两者打中目标的概率是一样的。”

在美洲独立战争期间，肯塔基的来复枪手改写了战争历程。这种在枪膛内刻上螺旋形纹路的火枪，射出的子弹高速旋转着前进，因此具有更远的射程，以及更理想的杀伤力和命中率。在1777年的萨拉托加之役中，美国狙击手使用来复枪在300米外射杀英军西门·弗雷泽将军，导致数千英军投降。这场胜利导致观望中的法国成为美国同盟，独立战争从此改观。

历史学家罗兰曾说，来复枪以极小的沟槽，却极大地改变了战争规模和杀伤力。来复枪几乎与美利坚合众国同时诞生，并且成为这个新兴国家的助产婆。

从某种程度上来说，美国以及美国民主都是火枪的产物。

杰斐逊曾说：“自由之树应不断地用爱国志士和暴君的鲜血来灌溉。”1633年，由“五月花”号的天路客建立的普利茅斯殖民地颁布法律，成年男子必须拥有一支火枪、一条子弹带、两磅火药和10磅子弹。在那个时代的北美大陆，无论是白人殖民者还是印第安人，枪械、火药和子弹都被视为硬通货，并且能够在交易中直接使用。很快，民间保有的枪支在之后的独立战争中，显示出惊人的威力。在前来镇压的英国皇家军队大兵压境的危机中，一个民众自发的联邦政府成立了。华盛顿号召人们：“为了保卫一切与我们生命息息相关的无限宝贵的天赋自由，我们每一个人都应义无反顾地拿起武器。”无数民众带着自己的燧发枪，加入到反政府军的队列中，为独立和自由而战。对这些勇敢的美洲公民而言，枪就是他们的选票。基根就曾敏锐地发现，义务兵役制常常会推动选举权的扩大，对国家的认同也必然促进公民意识的增长。这种现代战争文化可以追溯到雅典和罗马时代。[①]

在著名的约克敦战役中，这些装备简单的步兵和步枪开创了一个新时代——

① （英）约翰·基根：《战争史》，林华译，中信出版社，2015。

……起义者虽然没有经过步法操练，但是他们能很好地用他们的线膛枪射击；他们为自己的切身利益而战，所以并不像雇佣兵那样临阵脱逃；他们并不像英国人所希望的那样，以线式队形在平地上和他们对抗，而是以行动敏捷的散兵群在隐蔽的森林中袭击英国人。[①]

美国独立运动的枪声震撼了全世界，它越过大西洋，炸开了不满于现状的欧洲人的火药库，引发了法国大革命，震动了从西班牙到彼得堡的整个欧洲，将腐朽的专制王权统治“埋葬在好几吨民主的砖块之下”[②]。

在美国，火枪几乎成为公民权利和独立人格的象征。《独立宣言》中就郑重宣示了一项公民原则：“如果遇有任何形式的政府变成损害这些目的的，那么人民就有权利来改变它或废除它，以建立新的政府。”换句话说，人民有权采取任何形式——和平的乃至暴力的形式推翻暴政。这就是美国公民持枪权的来源之一。公民逮捕权构成另一个来源——美国公民和警察一样拥有逮捕犯罪嫌疑人的权利。这条法律几乎和美国的刑法同时诞生。这体现了“天下兴亡，匹夫有责”的公民意识。

美国以宪法第二修正案明文规定：“人民持有和携带武器的权利不得侵犯。”持枪权绝不是政府给予公民的恩惠，而是公民对“权力让渡”的有限保留，也是“天赋人权”和“主权在民”的具体体现。从这一点来说，不仅“枪杆子里面出政权”，而且“枪杆子里面出民主”。“当政府不能维护正义时，个人持枪反抗暴力是最后的手段。”一旦民众被剥夺反抗的权利，权利也将不复存在；一旦暴力被少数人垄断，暴政也将为之不远。

---

① （德）恩格斯：《反杜林论》，中央编译局译，人民出版社，1999。

② （美）房龙：《美国的故事》，刘北成等译，社科文献出版社，1999。

战争的革命

“火药革命”的到来，很快就引发了一场影响广泛的“军事革命”，不仅改变了战争的面貌，也完全改变了战争的性质。

从文艺复兴时代开始，火药就成为一个新时代的标志，从来遭人鄙视的步兵成为战争的主宰者，任何精英的装甲骑士都无法阻挡火药的力量。火药的杀伤力，吞噬了更多的财富资源和人口。

15 世纪 40 年代，法军中的大炮只需要 20 吨火药、40 名合格的炮手；但到了 1500 年，这个数字增加到 100 吨火药、600 名炮手；1540 年时又变成了 500 吨火药、275 名炮手。1494 年，法国的查理三世带领 18000 人进攻意大利；而 300 年后，拿破仑侵略俄罗斯的军队就达到 60 万。从 16 世纪到 17 世纪的 100 年间，战争的规模突然被火药放大了无数倍。这一变化类似于 2000 年前中国春秋战国时期的“军事革命”，当时是弓弩引发的步兵崛起。

在法国和西班牙发动的意大利战争中，“没有证据说明任何一方使用 3 万以上的兵力”；仅仅 10 多年后，西班牙查理五世的军队就达到 15 万人左右。这种军事升级以后将一直持续。到 1574 年，腓力二世的“无敌舰队”拥有 146 只大帆船，几乎是

10年前的3倍。“无敌舰队”1588年的花费竟达1000万达卡，而它的覆灭不仅仅是一场海军灾难，更是王室财政的灾难。

18世纪之前，欧洲的战争基本都是在各王朝统治者之间进行的，战争的目的主要是为了取得政治上的有利地位，或者为了争取一些王室成员的权益，因而冲突的范围也是有限的。但由于战争日益强调火力的作用，枪炮和弹药所需的花费越来越多。从三十年战争开始，战争耗费与日俱增，战争成为财政与经济力量的大比拼。总体的变化是，火药使战争更加普遍，战争从政治暴力学变成为政治经济学。随着工业化的出现，相对于经济增长，军队的装备和给养越来越容易解决，而人口的增长也为战争提供了充足的兵源和炮灰。普鲁士的铁血宰相俾斯麦毫不讳言地说：“一个国家是否重要，取决于它能够把多少军队投入战场。”

若以国防军费占GNP的百分比来说，罗马帝国约为6%，中世纪的欧洲约1%，16世纪时约2%，18世纪时是6%至12%，美国在第二次大战后约为10%。这些高额的军事开支，大大增强了国家的课税能力，使国家权力开始无限膨胀。① “兵以利动”，毫无疑问，战争最终仍然是一种经济行为。在南北战争中，占优势的财政使北方战胜了南方。②

亚当·斯密在《国富论》指出，战争和革命将会很轻易地榨干通过商业贸易积累起来的财富。他认为，保持一支军队，以保护国家“不受其他独立社会的暴力扰乱和入侵”是必要的，但军队的“非生产性”使其应减少到与国家安全相称的尽可能低的水平。

---

① 早在工业革命之前，西欧各国的税负就开始翻番增长，英国有羊毛税，西班牙有牧羊人税，法国有食盐专卖税。在战时，国家大量地铸“劣币”来赚“铸币税”。同时还向“为富不仁”的犹太商人借贷。日后如果还不起或者不想还，就干脆抄犹太人的家，将债主财产没收，驱逐出境。

② 当时北方拥有11万个制造业设施，而南方只有1.8万个，其中许多还得依靠北方的技术和技工；南方只生产不足4万吨生铁，而北方的宾夕法尼亚一地的产量就达58万吨；仅纽约州的生产总值就是弗吉尼亚、阿拉巴马、路易斯安纳和密西西比4州总和的4倍以上。南方仅能制造少量的步枪，主要依靠进口，而北方每年生产的步枪近170万支。

进入19世纪，在印度和智利发现了丰富的硝酸盐矿，同时提取氮的新工艺得到普及，由于缺少硝石而导致火药短缺的战争制约被彻底消除。等到后膛枪出现以后，战争越来越成为工业化的象征，战争已经完全失去最后一点美感，而变成一种纯粹的工业行为。在化学毒剂、内燃机、火箭和喷气发动机以及新改良的高爆炸药出现之后，战场上对人的杀戮技术与工厂流水线上的生产效率一样，不断得到提高。可以说，火药时代仍是传统战争模式的延续；进入现代战争之后，所谓战争完全变成了工业生产力和技术资源的大比拼，而人只是技术进步的试验品和祭品。

> 技术每天都在无情地把一切东西，甚至是刚开始使用的东西当作已经无用的东西而加以抛弃。它现在甚至在消除富有浪漫色彩的硝烟，从而赋予战斗以事先绝不能预见到的完全不同的性质和进程。[①]

火药时代大体可以分为火炮时代和火枪时代。拿破仑战争之前基本属于火炮时代，火炮是主要的战争武器。炮兵在拿破仑作战中是起决定性作用的，是战斗中杀伤敌人的主要兵种，敌人约有一半以上的伤亡是炮兵造成的。拿破仑把炮兵作为最主要的作战工具，并注意充分发挥它的机动性。他最喜欢用的作战技术之一就是大规模的炮队作战。滑铁卢战役之所以失败，关键因素是拿破仑的炮队因为泥泞而完全瘫痪。

美国内战以前所未有的伤亡率宣布火枪时代的到来。当时南北两方均以前装滑膛枪圆锥形子弹为标准武器，它的杀伤距离远远大于当时火炮发射的榴霰弹和圆形霰弹。因此，步兵武器和火炮的杀伤力之间的对比立刻发生逆转。通过对144000名伤亡人员抽样调查，轻武器（主要是步枪）造成的伤亡占86%，火炮仅占9%，刃具伤害最低，为5%。步枪子弹造成的伤亡率几乎是火炮的10倍。火帽、圆锥形子弹、来复线、后装射击等一系列改进，催生了火枪革命，火枪的杀伤力突然提高了，除

---

① （德）马克思、恩格斯:《马克思恩格斯选集》，中央编译局译，人民出版社，1995。

非大山或建筑物挡住视线，一个步枪手几乎拥有了与火炮相同的射程，而且火炮手更易受到机动灵活的火枪手袭击。

火炮支配步兵的时代一去不复返了。

轻武器迅速增大的杀伤力使伤亡率突然提高，甚至比拿破仑时代15%~20%伤亡率还要高。但到了第一次世界大战时，这个数字已经降为3%~7%。自动化技术催生的机枪是改变这一死亡率的根本原因，两名熟练机枪手的火力几乎相当于拿破仑时期一个步兵团的火力。

机枪的强大杀伤力，导致战争形态发生了根本变化，军队彻底放弃了排方队等死的作战形式，密集方队是伤亡率高的重要原因。与此同时，传统的鲜艳军服也退出战场。从克伦威尔时代起，英国军队的军装就极其夸张，高高的熊皮帽子，鲜红的上衣，白色紧身长裤，两条白色武装带，扛一杆长长的火药枪，常被戏称为“龙虾兵”。

更具有革命意义的是，机枪的出现也彻底结束了骑兵时代。机枪之前的年代，面对高速冲击的骑兵，步兵几乎只有挨宰的份儿。成吉思汗凭借几万蒙古精锐骑兵，就几乎扫平了半个欧洲和大半个亚洲；而机枪的出现，直接把骑兵这种纵横疆场千年的决胜兵种扫进历史的垃圾堆。第一次世界大战中，一个训练精良的法国骑兵连冲击德军机枪阵地，不到一分钟就被全部放倒。在没有装甲防护的情况下，冲击速度再快，也躲不开迎面而来的子弹。机枪被广泛应用后，才有了开发具有装甲防护武器的需求动力，直接催生了陆战之王坦克。可以说，机枪的高效杀人方式，彻底结束了以骑兵畜力为主的农业社会战争形态，开始了以引擎、石油为主的机械化战争形态。

诺贝尔的战争

许多历史学家将美国内战定义为最后一个传统战争和第一个现代战争。葛提斯堡战役是联邦军队转败为胜的关键一役。仅此一役，双方就有 5 万年轻人魂归疆场。这次战争中，火枪陡然崛起，从而引发了一场全面的武器和战术革命。但这场革命并未引起埋头备战的欧洲诸国关注，在数十年后的第一次世界大战中，欧洲军人付出了极其惨重的生命代价。

在美国内战正如火如荼之际，瑞典人艾尔弗雷德·诺贝尔发明出了威力巨大的新型炸药，他欣慰地说：从此再也不会有战争了！他坚信“以战止战”——终结战争唯一的方法是更加恐怖的战争，而他以为他做到了。

在激烈的杀人竞赛之下，古老的黑火药在 19 世纪被淘汰。随着无烟火药、双基火药、炸药、TNT 等更具杀伤力的新火药出现，才产生了真正意义上的军事革命，才有了现代意义上的枪炮、火箭、炸弹、导弹。从手持弓箭到远程导弹，武器体现了人类的最高智慧。如果不可战胜的罗马军团看到如今的战争，他们一定会目瞪口呆。尽管他们围攻迦太基时无比凶残，但核弹爆炸之后的广岛和长崎绝对超乎他们的想象。

“兵者，不祥之器，非君子之器，不得已而用之，恬淡为上。”[1]对现代人类来说，科学技术就是战争的阿拉丁神灯。战争无论如何变化，唯一没有改变的，就是杀人。杀人作为一种罪恶，从来都是受人谴责的，但在战争中杀人，却受到赞颂和鼓励，杀人者被称为英雄。

“火药的发明、火器的不断改进已经充分表明，文明程度的提高丝毫没有妨碍或者改变战争概念所固有的消灭敌人的倾向。”[2]文明没有也不可能制止战争，只会造出更先进的杀人方法。就战争而言，射击性武器的出现，使杀戮者拉开了与被杀戮者之间的距离，这使杀人者可以较少地受到良心谴责，杀人者的道德障碍越来越小。身怀利器，则杀心自起。可以说，火器不仅提高了杀人效率，而且给杀人者提供了道德解脱之路。随着火器的出现，虽然杀戮的残忍更加令人发指，但这种血腥的距离却越来越远。战争因此变得越来越像游戏，而军人在人们心日中也越来越浪漫。就人的本性来说，坐在飞机上扔炸弹的人，心里肯定没有当面用刺刀杀死一个人所受的精神冲击大。当杀戮者逐渐远离杀戮现场时，对杀戮这种行为就变得麻木起来，杀戮和被杀戮都只是一个数字而已。

富兰克林说：“从来就不存在好的战争，也不存在坏的和平。”老子也说过：“杀人之众，以哀悲泣之；战胜，以丧礼处之。”在滑铁卢战役中打败拿破仑的惠灵顿公爵说：“对战争来说，胜利和失败都是一个悲剧。”弗洛伊德把现代战争造成的伤害，归因于现代文明社会虚假的道德进步，与战时人类野蛮行为之间的巨大断裂。事实上，导弹技术和核技术使战争变成一种囚徒困境，战争将不再有胜利者和失败者之分，战争就是人类的毁灭。

第一次世界大战反证了诺贝尔的预言，诺贝尔炸药成为双方的标准武器，因此说这场战争也可以叫作诺贝尔战争。在第一次世界大战中丧生的1000万人中，58%的伤亡来自炮弹和迫击炮，39%来自枪弹，2%来自手榴弹，白刃伤亡仅占3%。

---

① （春秋）老子：《道德经》。

② （德）克劳塞维茨：《战争论》，中国人民解放军军事科学院译，商务印书馆，1991。

"战争与革命决定了20世纪的面貌。"[1]20世纪常常被称革命的时代，然而同时，20世纪也是一个"最血腥的世纪"。从某种意义上，革命只是战争的另一种形式，二者都是暴力的产物。马基雅维利曾说："人们可以想开始战争的时候开始战争，却不能在想结束战争的时候结束战争。"1920年，英国记者查尔斯·阿考特·李平顿出版了他的战地日记，他将人类历史上伤亡最为惨重的这次战争命名为"第一次世界大战"——标志着人类进入大规模屠杀性战争的一个开始。有了第一次就会有第二次、第三次。

在中国古人的发明中，对人类历史影响最大的莫过于火药。火药是人类战争史的最重要的革命：在火药之前，人们只能在冷兵器这个窠臼中，挖掘战士的力量和武器的强度，研究地形和战术；当火药与工业技术结合，将战争带入枪炮时代，战争的能量和破坏力被火药突然放大了无数倍，人类自远古以来绵延数千年的战争模式被彻底颠覆。这场火药革命的影响一直延续到今天，或许只有原子弹的出现，才可以与火药的历史影响相提并论。"原子能的释放标志着人类历史的一次了不起的革命，却不是影响最深远的终极革命，除非我们把自己炸为飞灰，从而结束历史。"[2]

罗伯特·奥本海默在目睹人类历史上第一次核弹试验时，引用了《薄伽梵歌》中的诗句："现在我成为死神，世界的毁灭者。"

1945年8月6日，美国总统杜鲁门发表了一项声明："一架美国飞机在日本的一个重要军事基地——广岛投下了一颗炸弹。这是一颗原子弹，其威力超过了2万吨TNT当量。"这次爆炸导致的伤亡竟达144000人（其中死亡约68000人），无数平民在瞬间化为灰烬，整个城市被夷为平地。这两颗被称为"瘦子"和"胖子"的原子弹拉开了一个核时代的大幕。

美国学者布罗迪称原子弹是一种"绝对武器"，它不仅具有史无前例的巨大摧毁力，而且对传统作战方式和国防政策产生了极大的影响。原子弹的问世，打破了人类武器发展的规律，在相当长的时间内，人类将无法找到对付原子弹的有效措施。

---

① （美）汉娜·阿伦特：《论革命》，陈周旺译，译林出版社，2007。

② （英）赫胥黎：《美丽新世界》，王波译，重庆出版社，2005。

曾经力推原子弹研制的爱因斯坦说：“我不清楚第三次世界大战将使用何种武器，但是我知道在第四次世界大战中他们的武器——都是石头。”

如果说火药的出现改变了人们对暴力的崇拜，那么原子弹的出现则彻底改变了人类对战争的沉迷，冲动而好战的人类不得不冷静下来，控制和压抑与生俱来的贪婪、残酷和好斗，试着学习妥协、理解和宽容。在这个意义上，用于大规模杀伤的原子弹，反倒成了人类的守护神，创造了一种“恐怖的和平”。自从原子弹的垄断被打破以后，各国发展核武器的最终目的不是为了在战争中使用它们；而恰恰相反，只是为了互相威慑，为了避免在战争中使用它们。历史学家罗兰因此表示出诺贝尔式的乐观：“多数人认为这种类型的武器会使战争更恐怖，核武器首次使人类达成共识，每个人都认为这个武器不该被使用。自 1945 年以来，人类已经没有发生过大规模的战争，这是因为核武器，它们使世界变得更加和平。”

如果用一句话来总结人类暴力史，就是：“武器的演变开始于牙齿和拳头，以原子弹告终。”从某种程度上说，广岛和长崎的悲剧是人类最后一次大规模的无限战争。如果说火药是无限战争的开启者，那么核武器则是无限战争的终结者。“我们已在无意中将自己陷入了一种新的境地，即人类可能不得不在两个极端之间作出一个选择，要么有计划地灭绝和屠杀，要么从此学会像一家人那样生活。”①

---

① （英）阿诺德·汤因比：《历史研究》，刘北成译，上海人民出版社，2005。

战争的终结

在中国先秦时代，战争受到“军礼”的约束，“凡兵，不攻无过之城，不杀无罪之人”，但自从秦始皇以来，几乎所有的战争都是无限战争。一旦战争的号角吹响，整个国家就进入失序的战争状态，没有人可以置身事外，每个人都成为战争的受害者；每一场战争所波及的范围内，都血流成河，白骨千里，罪恶和财富一起归零。特别是中国古代战争常见的城市攻守战，可以说是典型的无限战争。一座城镇被占领后，大屠杀经常发生。

从对待“战俘”的态度，可以看出有限战争与无限战争的区别。在有限战争中，战俘被视为失败的战士；在无限战争中，战俘则被视为可耻的叛徒。有限战争虽然也对物质财富造成极大的毁灭，但并不构成对文明的严重威胁。如果说中国传统律法就是战争法的延伸，那么皇权统治下的株连和灭门灭族，就带有无限战争的典型特点。西方世界受骑士文化影响，在某种程度上还多少保留了一些有限战争的克制；但在大多数时期，他们对异族和异教徒，仍然普遍地以种族灭绝式的无限战争方式来对待。

“战争是一种暴力行为，而暴力的使用是没有限度的。”[①]战争——特别是同室操戈的内战，往往比对外战争更加残酷和没有限度。

新教与天主教之争引发的三十年战争是无限战争在西方的滥觞，德国人口由1800万锐减到400万，欧洲大陆哀鸿遍野，这是一个末日般的预兆。

或许是反感于三十年战争的疯狂和恐怖，18世纪的欧洲战争——包括美国独立战争——总体是文明的。这种大兵团会战其实是一种贵族式决斗的放大，或者说是中世纪贵族骑士精神复兴的产物。[②]“破坏和不必要的流血受到严格控制，人们必须严格遵循有关战争的规则、习惯和法律”，这是18世纪战争游戏的通行法典。相较于任何其他时代，这都是一个有限战争的时代。这是一段人类历史中的罕见插曲，战争变得相对而言易于控制和限制。狂热的法国大革命宣告传统的有限战争走向终结。现代战争试图以崇高的道德权力来重塑世界，这种毫无法律界限的战争变得极其危险。[③]

在美国内战中，北方军司令格兰特明确要求对南方进行毁灭性的不计后果、不惜代价的摧毁，即不但消灭敌人军队，还要摧毁敌人的经济基础和敌方居民的战斗意志。很多北方人相信，“结束这场战争的唯一方法就是使它变得恐怖，变得令敌人无法忍受”。事实上，这种“恐怖”既不空前，也不绝后。半个世纪后的两场世界大战，将无限战争发展到极致；古老的传统文明在战火中毁于一旦，欧洲在战后不可避免地走向没落。当二战硝烟散去时，英国、法国、荷兰和德国都已经变成一片废墟。

> 在现代条件下，全面战争的出现或重现，具有一种十分重要的政治意义，因为它违背了一个基本假设，即保卫平民是军队的功能。政府的军事部门和民事部门之间的关系就建立在这一假设之上。相形之下，本世纪的

---

① （德）克劳塞维茨：《战争论》，中国人民解放军军事科学院译，商务印书馆，1991。

② 古典欧洲国际法中有节制的战争，依公认的规则来进行，类似于捍卫荣誉的人之间的一场决斗。

③ 可参阅（美）詹姆斯·Q. 惠特曼：《战争之谕：胜利之法与现代战争形态的形成》，赖骏楠译，中国政法大学出版社，2015。

战争史简直就像是在讲述这样一个故事，那就是军队越来越不能履行这一基本功能，发展到今天，威慑战略公然改变了军队的角色，使它从保卫者变成了一个滞后的、本质上没有作用的报复者。①

进入现代以来，越来越发达的军事技术使战争成本的增长态势发生逆转，从海洋到天空，经济学家和政治家们开始计算，如何提高每一块金属的投入产出比。第二次世界大战的代价约合47000亿美元，朝鲜战争为4000亿美元，越南战争为5720亿美元，海湾战争800亿美元，伊拉克战争只有200亿美元。战争成本的降低，也体现在军人和平民伤亡人数的大大降低，战争从武装占领变为武力更迭他国政权，从无限战争变为有限战争，这是战争成本降低的关键因素。另一方面，战争的低代价也使战争变得更加容易发生，一些倒行逆施的国家政权变得更加脆弱，时刻面临被颠覆的危险。没有了征服和占领，战争对一般民众的影响也越来越小，甚至成为一场经济寡头与政治寡头之间的私人决斗。

对人类来说，原子弹的出现使“世界末日”的古老预言更加真实了。在战争状态下，核武器让人类有能力快速消灭自己。1961年9月25日，肯尼迪在联合国大会发言：“在螺旋形上升的军备竞赛中，即使军备增加了，但国家的安全很可能反而减弱了。”在和平状态下，人类消费了40%以上的地球生产净值（地球捕获的太阳能净值），而世界人口正以每41年翻一番的加速度增长，这是向生物极限的最后冲刺。不久的将来，人类依然不得不为争夺有限的生存资源而回到战争中。

在广岛爆炸23年之后，当年担任两颗原子弹运送任务的重巡洋舰“印第安纳波利斯号”舰长马克维，因不堪忍受沉重的罪恶感而自杀。负责制造这两颗原子弹的犹太科学家奥本海默拒绝继续研制氢弹，被美国政府宣布为政治不安全人物，成为当时麦卡锡主义的受害者。在冷战时代的苏联帝国，“氢弹之父”萨哈罗夫同样陷入深深的痛苦中。核试验造成近万无辜平民死亡，他为自己成了“杀人凶手”而“感

① （美）汉娜·阿伦特：《论革命》，陈周旺译，译林出版社，2007。

到无力、痛苦、羞愧和无地自容，趴在桌子上哭了起来”。萨哈罗夫逐渐从一个反对核试验的人道主义者，变成了一个坚定的“持不同政见者”。他相信，尊重人权不仅是国家健康发展的必要条件，也是和平的基础，他呼吁苏联实行民主化、自由化和非军事化。他的正义言论遭到苏联极权当局的严厉报复和迫害，他不仅被禁止出国领取诺贝尔和平奖，还遭到长达 7 年与世隔绝的软禁。当苏联军队攻入阿富汗时，萨哈罗夫成为唯一一个公开谴责这场战争的苏联公民。从这一点来说，他不仅是苏联的英雄，也是人类的良心。

人是万物之灵，拿破仑和爱因斯坦分别证明了人的两种可能。

拿破仑临死前说：“我曾经统领百万雄师，现在却空无一人；我曾经横扫三大洲，如今却无立足之地。耶稣远胜于我，他没有一兵一卒，未占领过尺寸之地，他的国却建立在万人心中。世间有两种武器：精神和剑。从长远看，精神必将打败利剑。”

爱因斯坦不仅将时间、空间、能量与物质结合在一起，也坚信“上帝并不是一个恶人”。他虽然最先倡导了原子弹，但他仍是一个充满悲悯和同情的世界公民。

1955 年 4 月 18 日，这个“不掷骰子的上帝”离开了这个世界；3 个月后，他的知己好友、伟大的罗素发表了著名的《罗素—爱因斯坦宣言》：

> 在这个人类面临的悲惨境况下，我们认为科学家应该集中起来议论由于发展大规模杀伤性武器以及战争带来的危害。我们在这个场合，不是作为哪一个民族的成员出现，而是作为人类的一员出现。这个世界充满了冲突。……一颗氢弹能让伟大的城市被轻易删除。……核战争可能终结人类。……我们要终结人类还是人类放弃战争？其实，人们放弃对战争的选择很艰难。……我们大多数人都不是中立的立场，作为人类来说，我们必须记住，人类决定自己的命运。如果我们选择和平，在我们眼前的是不断进步的幸福、知识、智慧。相反，我们是在选择死亡。人类：记住你们是人类，忘记其他的。如果你能这样做，一个新的天堂将出现；如果你不能，那将是宇宙中的死亡。

人为什么打仗

战争一直是人类文明史中的热门命题，最著名的战争思想当推《战争论》。伟大的军事学家克劳塞维茨说，战争是政治通过另一种手段的继续。但军事历史学家约翰·基根对此深不以为然："战争比国家、外交和谋略的出现早几千年，战争几乎和人类一样古老，它触及人心最隐秘的角落——在人的心灵深处，自我挤掉了理性的目的，骄傲、情感和本能占据着主导地位。"①

在基根看来，克劳塞维茨不仅是一位军事理论家，他也是一位历史学家。基根颇有创见地将《战争论》与马克思的《资本论》、亚当·斯密的《国富论》相提并论。从某种意义上，如果再加上达尔文的《进化论》，那么这四部巨著确实构建了主导我们现代社会的核心思想体系。

在心理学家看来，战争是人最重要的一个非物质的情结。弗洛伊德认为，人之所以喜欢打仗，是因为"人的内心深处有对仇恨和破坏的渴望"。但在社会学家看来，战争是因为人口过剩，也就是马尔萨斯陷阱——战争起到了控制人口的作用。这种

① （英）约翰·基根：《战争史》，林华译，中信出版社，2015。

说法其实是把战争的动机归结为争夺稀少的资源，比如女人、土地、水源、财富、权力等。这种说法确实得到了很多历史学家的承认，中国历史之所以总是一治一乱轮回，是因为每过一段时间，就需要通过战争来修正人口与资源之间的平衡。

但这种说法似乎并不能圆满解释20世纪最惨烈的两次世界大战。因为进入现代工业社会后，人类已经成功摆脱了马尔萨斯陷阱。基根指出："过去两个世纪间，人类在改善物质生活方面取得了空前的成功……人们期待在基本上打败了疾病、匮乏和愚昧，并且减轻了体力劳动的艰辛后，能继续努力，最终也许能消灭战争。"[①]这时或许有必要重新回到克劳塞维茨的《战争论》——"战争既然是一种暴力行为，就必然属于感情的范畴。即使战争不是感情引起的，总还同感情或多或少有关，而且关系的大小不取决于文明程度的高低，而取决于敌对的利害关系的大小和久暂"；"火药的发明、火器的不断改进已经充分表明，文明程度的提高丝毫没有妨碍或者改变战争概念所固有的消灭敌人的倾向"。[②]

文明没有也不可能制止战争，只会造出更先进的杀人方法。正如房龙所言："个人的野心、个人的恶意和个人的贪婪与战争的最终爆发并不相干。这一切灾难的祸根在于我们的科学家开始创造出一个钢与铁、化学和电力的新世界，而忘却了人类的头脑比谚语中的乌龟还要缓慢，比出名的树懒还要懒惰。"[③]

一个毫无疑问的现象是，所有战争都是男人的专利。人类学家指出，战争是人类（和黑猩猩）与其他物种的最大区别。很少有几个动物以父系制生活，父系制需要激烈的雄性主导系统来保卫领地，包括侵入邻近部落、攻击并杀死无助的敌人。在4000种哺乳动物和1000万种其他动物中，这种行为只为人类和黑猩猩所独有。[④]

赫胥黎曾说，知识分子是发现了比性更有意思的东西的人。有人因此指出，所

---

① （英）约翰·基根：《战争史》，林华译，中信出版社，2015。

② （德）克劳塞维茨：《战争论》，中国人民解放军军事科学院译，商务印书馆，1991。

③ （美）房龙：《人类的故事》，刘缘子等译，生活·读书·新知三联书店，1988。

④ （美）尼古拉斯·韦德：《黎明之前：基因技术颠覆人类进化史》，陈华译，电子工业出版社，2015。

谓文明人也就是发现了比战争更能带来满足感的东西的人。一个社会一旦达到了原始以上的文明水平，不愿打仗而宁肯做别的事情的人即随着经济资源的增加而增加，无论是种地还是制造，或者建筑、教书，以此获得与他人的交流。在现代思想中，这种理想主义者认为，全球合作的商业贸易将取代征服战争，但实际上，现代经济本身就是从殖民战争开始的。商业不仅没有取代战争，反而与战争进一步融合，变成战争经济学——“战争成为国家的一种产业”。如果说大英帝国是从一场场海战中崛起的，那么现代美国则崛起于两次世界大战。

被称为终极武器的原子弹的出现同样没有消灭战争。在1945年8月9日之后，全世界没有一个人死于核武器。自那以来因战争死亡的5000万人中，绝大多数是被大规模生产的廉价武器和小型弹药杀死的，那些弹药比同时期泛滥全球的半导体收音机和干电池贵不了多少。但基根也承认，现代人类所面临的战争危险已经大大减小。“人是会思考的动物，他的思想指导着他捕猎的欲望和杀戮的能力。”这种说法似乎已成共识。根据战争史学家杜普伊的研究，从远古到现代，越来越先进的武器使人类的杀伤能力提高了2000倍。但美国心理学家斯蒂芬·平克通过图表统计发现，进入现代以来，人类暴力大为减少，古代部落间的战争死亡率比20世纪的战争和大屠杀要高出9倍。[①]历史学家伊恩·莫里斯指出，在石器时代，人们生活在争斗不休的小社会中，有1/10甚至1/5的可能会死于暴力。与之相反，在20世纪，即使人类经历了两次世界大战等大小战乱，每100个人也只有不到1个人死于暴力。[②]莫里斯将战争减少的原因归结为战争本身，战争打造出利维坦式的大型中央集权国家，从而能够确保和平稳定，这颇有“以战止战”的意味。

几乎所有的国家都是战争的产物，只是有的国家是战争结束的产物，有的国家是战争胜利的产物。反过来，并不能说战争是国家的产物。战争的起源至少可以追

---

① （美）斯蒂芬·平克：《人性中的善良天使：暴力为什么会减少》，安雯译，中信出版社，2015。

② （美）伊恩·莫里斯：《战争：从海盗到机器人，文明的冲突和演变》，栾力夫译，中信出版社，2015。

溯到原始狩猎时代，从狩猎到战争无疑是一件顺理成章的事情。对原始人来说，杀死猎物（动物）跟杀死人并没有本质的区别，甚至被杀死的人和猎物一样都是一种食物。在人类战争史上，弓箭、金属、马和火药的出现引发了几次革命。

有人说，不是军队引起了战争，而是战争缔造了军队。作为战争的主体，军人无疑是一个极其特殊的群体。他们既是战争的发起者、主导者和参与者，也是战争的受益者和受害者。作为一名军人出身的历史学家，基根承认“军人的价值观和技能属于另一个世界，那是一个非常古老的世界，与日常的世界并存但不相属”。与其说军人文化是一种男性文化，不如说是一种古老的部落文化或行会文化，用中国的说法就是江湖文化。

无论中外，军事奴隶制在人类历史上都长期占居主流地位，其形式多种多样。“所有军队其实都是一种奴役制度，不过是程度不同而已……我们无法想象，一个人怎么能掌握着武器，却没有自由。”[①]现代社会通过战争摧毁了奴隶制，这不仅解放了平民，也解放了军人本身。对现代人来说，虽然面临的战争已经越来越少，但军人依然重要，甚至说不可或缺。基根特别指出的是，现代军人是文明的保卫者，而非文明的敌人，这是他们与古代军人的最大不同。

① （美）伊恩·莫里斯：《战争：从海盗到机器人，文明的冲突和演变》，栾力夫译，中信出版社，2015。

道不行，乘桴浮于海。

——孔子（公元前551—前479）

第五章

船上的世界

冰河世纪结束以来，地球就是一个水的世界，劫后余生的人类被隔绝在无数孤离的陆地上。“观落叶因以为舟”，从树叶飘落到水面那一刻起，人类就不再望洋兴叹。早在 1 万年前，波利尼西亚人就游走于太平洋。从石器时代的独木舟到核时代的航空母舰，从地中海到太平洋，从郑和到哥伦布，人类将沧海变为桑田，将天堑变成通衢，将世界变成一个地球，将贸易变成世界语言，将征服与杀戮延伸到大海深处，帝国在这里崛起或者沉没。

历史的起源

美国著名历史学家帕尔默在《现代世界史》中说："历史乃是人们在时间中的经验，但是那种经验却是发生在地理的空间之中的。"

应当说，人类的自然史只是地球生命史上一个微不足道的细节。人类所处的地球和太阳系只是宇宙的一小部分，据说宇宙已有120亿年之久，而地球只有46亿年。在40多亿年前，地球上只有一小块陆地，被称作原始大陆。据科学家考证，位于今天格陵兰岛西南部的伊苏亚泥火山喷发形成了原始生物分子，因此这里成为地球原始生命的摇篮。

按照大陆漂移假说，大约2.5亿年前，地质作用力使原始大陆发生断裂和漂移，永远地分割形成欧亚非大陆和美洲大陆，后来又经过新的分裂和漂移，形成了如今的七大洲和四大洋。

恐龙大约在6500万年前灭绝。在600万—1300万年之间，人类以不到2%的基因差异与猩猩家族分家，走上独立演化的道路。人类全部的历史（包括史前史）仅有200万—500万年；现代人类出现在北非大约是在6万—7万年前，出现在欧亚大陆是在4万年前；大约在1.5万年前，人类通过西伯利亚东部的白令大陆桥迁徙到美洲。事实上，人类可记忆的历史仅有5000年左右。根据《圣经》的说法，人类是上帝在公元前4004年10月23日创造出来的。

人类从诞生的那一刻开始，就一直在追问和寻找自己的出处。人类学家韦尔斯在《出非洲记》中宣告："我们都是非洲夏娃和亚当的子孙。"根据线粒体DNA，现代人的基因可以追溯到15万年前的一位非洲女性，即著名的"露西"。虽然关于人类的起源莫衷一是，但世界人类学主流观点认为，现代人类属于一个单一的种群。"'种族'只是一个文化概念，而不是生物学上重大差异的标志。所有人都属于智人这一物种，都来自同一生物学上的祖先，并且都能相互繁衍。"[①]按照这种人类起源说，虽然世界各地都有不同的原始猿人种群，但它们都没有进化成为现代人，而只有东非的猿人成功进化为现代人。

许多世界人类学家坚信，在最近一次的冰川时期，直立人和早期智人由于恶劣的气候而近乎灭绝，而在非洲的智人因为气温较高躲过了这个劫难，所以才会出现从非洲不远万里迁徙而来的现代人种。也就是说，在6万到4万年前，这些源于非洲的现代人到达现在中国南部，并逐渐取代了欧亚大陆残余的古人，比如北京猿人的后代。[②]所谓"取代"，可能是种族屠杀。这也是现代人类学家对欧洲尼安德特人灭绝的最大推测。

人们通常认为克罗马农人是第一种称得起"万物之灵"的人类：他们拥有自相残杀与破坏环境这两大重要特性。大约4万年前，克罗马农人带着现代人的体格、武器和文化进入欧洲，"取代"了古老的尼安德特人。这次现代人扩张也包括亚洲和澳大利亚及新几内亚。

正如康德所说，人类历史就是一部有关殖民、秩序、和平与法律的历史，它开

---

① （美）帕尔默等：《世界现代史》，孙福生、何兆斌等译，世界图书出版社，2009。

② "1998年开始，中国遗传学家分析了中国的现代人的基因变异，得出结论说，中国有现代人最早是在6万年前；也就是说，有些来自非洲的现代人6万年前来到中国，完全取代了当时生活在中国的古人类。"（李占扬：《"许昌人"离现代人有多远？》，《寻根》杂志，2009年第6期。）

始于迁移、不安、对新资源的探索，寻找更舒适的气候，以及永不满足地追求财富。这些动机使得第一批人类踏出非洲，跨越全世界，也持续驱使人类后代直至今日。世界上所有种族的所有文化，或许都可能是长期迁移之后的产物。

人类是一种最为好奇和野心勃勃的动物，他们总想找到世界的尽头。为了这个愿望，他们会砍下树木做成船只，越过海洋，到达最远的土地。每到达一片处女地，他们就聚在一起组成家庭，进而成为部落，说着不一样的语言，追求不一样的生活方式。这就是民族的起源。一旦他们分开，强者就会去掠夺弱者。这就是帝国的起源。

在历史的时间线上，我们所处的海洋和大陆实际一直在变化之中。因为地球绕太阳运行的轨道发生了一点微不足道的变化，地球就出现了冰河期。离现在最近的那次冰河时代开始于200万年以前，在2万年前达到最寒冷的极点。大量的水以冰的形式存在，冰雪覆盖了北半球。当时的海平面比现在要低得多，现在我们所看到的很多海洋海峡，在1万年以前都是陆地，比如英吉利海峡、日本海峡、台湾海峡、白令海峡、琼州海峡，在冰河期都是陆地；不列颠岛、日本、台湾、海南岛和美洲等，都与欧亚大陆连接在一起。当时整个海平面比现在低120米左右，许多海床变高变干，狭窄的海域变得更狭窄，一些海峡变成旱地峡谷。

100多米对海洋的平均深度，以及地球表面海洋与陆地的比例来说，这种局部冰河作用是微不足道的，但就人类文明的扩展而言，它的作用却非常巨大。在那个史前时期，人类迁移的唯一依靠就是他的双腿，造船和航海的技术还处在婴儿期。因此海平面的暂时下降，为人类移居带来了极其便利的条件。

按照世界人类学的主流观点，大约15万年前，在东部非洲就分化出了很多人种与部落，其中就已经包含了现在的黑、棕、黄、白四个人种的祖先。这些来自非洲的现代人最先到达地中海沿岸，然后有一部分经东南亚进入中国。最早从非洲出来的是棕色人，他们在5万年前沿着印度洋海岸线一路扩散，逐步占领了南亚和东亚的陆地及岛屿，并可能穿过白令陆桥（海峡），到达北美和南美洲。白令海峡平均深度仅50米左右，只要海平面稍有下降，就可使欧亚大陆与美洲大陆相连。至少在大约公元前6000年之际，人类就已经到达火地岛和澳大利亚。黄种人走出非洲的时间要比棕色人晚得多，但他们的扩散速度更快，他们只用了不到1万年就到达东南亚。

3万年前的中国大陆几乎被积雪常年覆盖，在黄河和长江流域有少数棕色人活动。在距今1万年前的冰川世纪即将结束时，陆地冰原开始融化，一支黄色人沿着云贵高原西侧向北跋涉，最终到达黄河中上游的盆地和河套地区。他们被称之为先羌，也就是汉族人与藏族人的共同祖先。黄种人的部落逐渐强盛，棕色人不断向南退缩。其中一支黄种人，一直向东行进到肥沃的渭河流域才停留下来。依靠黄土地带的农业文明①，这个群体开始以农耕为生，这就是中华人或者汉人。一部分中华人出潼关东进，受到夷人龙山文化和苗瑶文化的影响，分别形成齐人和楚人。在渭河流域的中华人磨砺成骁勇善战的秦人，依靠关中沃土和法家精神最终统一中国。在语言、文字到货币、计量单位等文化层面上，秦汉时期的大一统中国使汉族的整体意识和文化认同开始形成。与中华人同源的另一支被称为藏缅语族的族群，从黄河流域向西南迁徙，分化出了藏、羌、彝、景颇和土家等民族。

距今1万年前，南亚的一支黄种人沿着海岸线分化为澳泰族群和百越民族。澳泰语系扩散到从太平洋到印度洋的几乎所有岛屿，其中最著名的就是波利尼西亚人。从某种程度上来说，最早的马达加斯加人、夏威夷人、新西兰人、澳大利亚人、复活节岛人和台湾人都属于一个大的人类种族，即波利尼西亚人。还有一支黄种人北上形成阿尔泰语系的先民，他们分3路扩散：向西分化成蒙古和突厥，向东进入朝鲜和日本，向北穿越过白令陆桥（海峡）进入美洲大陆。白令陆桥在冰河期可能宽达1500多公里，生活在北方高寒地带的原始人是很容易越过的。根据最新发现，11000年前的美洲已是一个多种族混居的大陆，包括南亚人、东亚人，甚至欧洲人，

① 距今2400万年左右，黄土开始从中亚的沙漠戈壁地带吹进中国，覆盖了北方高地，这些石英粉末堆积成深达300米的黄土层，成为整个地球上最厚的表土。黄土是异常肥沃的土壤，因为它可以利用毛细作用固定大气中的氮，并带出土中的矿质营养，从而为北中国提供了文明兴起的农业根基。“中国之所以少有欧洲那种封建巨头，以及中国能长时期处于帝国一统的状态，或多或少都可以归因于狂风自中亚吹送来的丰厚表土。”〔（美）罗伯特·芬雷：《青花瓷的故事：中国瓷的时代》，郑明萱译，海南出版社，2015。〕

最早到达美洲的极有可能是太平洋上的波利尼西亚人。在 1 万年前，亚洲和印度尼西亚的苏门答腊、婆罗洲、爪哇和巴厘这些岛屿之间的浅海，都还是干燥的陆地；亚洲大陆边缘比现在的位置，还要往东往南延伸 1000 多公里。

可以说，这场巨大的分化和迁移活动与地球气候变化有着密切的关系。当时地表气候正在变暖，持续 200 多万年的“冰河期”正在结束，世界进入春暖花开的“暖期”。温暖的气候使缺乏御寒之物的史前人类开始向不再寒冷的北方迁移。

地表变暖使覆盖北半球的冰原融化，引起了海水上涨和海平面上升；海拔较低的陆地都被海水淹没，一些原先属于大陆的地方，被新出现的海峡隔离为岛屿。亚洲大陆与美洲大陆之间沟通的白令陆桥也被海水淹没，成为白令海峡，从此美洲大陆与欧亚大陆就彻底隔绝了。这场前所未有的大暖季，不仅使海平面上升了高达 100 多米，而且引发了一场世界性的大洪水。从某种意义上来说，人类的历史就从这场大洪水拉开序幕。

诺亚方舟

在人类各个不同的民族中，大洪水都是历史的开始。几乎所有民族的上古传说都是“大洪水”，而且内容惊人的相似。无论波斯、印度、希腊和北欧，或者古代玛雅、美拉尼西亚乃至北极附近的狩猎民族，都有一个“世界末日”的大洪水传说。

《梵蒂冈城国古抄本》中记载：“地球上曾先后出现过四代人类。第一代人类是巨人，他们毁灭于饥饿。第二代人类毁灭于巨大的火灾。第三代人类就是猿人，他们毁灭于自相残杀。后来又出现了第四代人类，即处于‘太阳与水’阶段的人类，处于这一阶段的人类文明毁灭于巨浪滔天的大洪灾。”

《圣经》以创世纪开篇：“耶和华见人在地上罪恶极大，就后悔造人在地上。耶和华说，我要将所有的人和走兽，并昆虫和天空中的飞鸟，都从地上除灭。我要使洪水泛滥在地上，毁灭天下地上有血肉有气息的活物，无一不死。”“此事发生在2月17日。洪水泛滥在地上。大渊的泉源都裂开了，天上的窗户也敞开了。水势在地上极其浩大，天下的高山都淹没了。”除义人诺亚一家以外，亚当和夏娃的其他后代都被洪水吞没了，连世界上最高的山峰都低于水面7米。诺亚和他的妻子乘坐方舟，在大洪水中漂流了40天以后，搁浅在高山上。为了探知大洪水是否退去，诺亚连续放了三次鸽子，等第三次鸽子衔回橄榄枝后，说明洪水已经退去。后世的人们就用鸽子和橄榄枝来象征和平。

诺亚方舟（Noah's Ark）的故事在《旧约圣经》和《希伯来圣经》以及伊斯兰教的《古兰经》中都有类似记载。2010年，一支科考队按《圣经》记载，在土耳其亚拉腊山海拔4000米处发现了诺亚方舟遗迹。通过碳元素鉴定，这个遗迹可远溯至4800年前，这与《圣经》和《古兰经》中所说的诺亚方舟年代完全吻合。方舟搁浅在海拔4000米处，可见洪水的可怕。

在世界现存史料中，古巴比伦的《季尔加米士史诗》对大洪水的记载最完整，它由从大洪水中幸免于难的人口述而成。在它的记载中，洪水伴随着风暴，几乎在一夜之间淹没了大陆上所有的高山，只有居住在山上和逃到山上的人才得以生存。苏美尔泥版书中记载："那情形非常恐怖，风在空中可怕地呼啸，大家都在拼命地逃跑，向山上逃去，什么都不顾了。每个人都以为战争开始了……"

在与欧亚大陆隔绝的美洲，也有同样的历史。玛雅圣书记载："这是毁灭性的大破坏……一场大洪灾……人们都淹死在从天而降的黏糊糊的大雨中。"一个古代墨西哥文献中有这样的文字："天接近了地，一天之内，所有的人都灭绝了，山也隐没在了洪水之中……"印第安基奇埃族传说："大洪水来了，天地变得一片漆黑，还有黑色的雨，不停地下，人们拼命地跑……但还是被灭绝了。"加拿大东部阿萨巴斯克人也有一个类似诺亚方舟的大洪水传说——

覆盖大地的雪毯融化了，变成滚滚洪水，洪水不断上涨，最后连最高的山地也被淹没了。一个印第安老人预见到了这场灾难，在雪刚开始融化时就对部落中的人说："我们造一个大独木舟来拯救自己吧。"人们都觉得好笑："假如真的洪水来了，我们可以跑到山上去，洪水是不会淹没山顶的。"但他们错了，水真的淹没了山顶，他们都被淹死了，一个人都没有活下来。洪水也毁灭了所有动物。这场洪水的到来就是世界的末日。只有那个预见了洪水的白发老人艾特西活了下来，他不仅造好了船，而且将每种动物各选一对带上船。他们在船上呆了很长时间，到处漂泊，食物越来越少，但一直没有看到陆地，洪水毫无消退的迹象……

中国关于这场史前大洪水的记载更加数不胜数，比如《淮南子·览冥训》说："往古之时，四极废，九州裂，天不兼覆，地不周载，火爁炎而不灭，水浩洋而不息。"《洪兴注》曰："凡洪水渊薮自三百仞以上。"《尚书·尧典》记载："汤汤洪水方割，荡荡怀山襄陵，浩浩滔天。"《孟子·滕文公上》中有更详细的记述：

当尧之时，天下犹未平，洪水横流，泛滥于天下。草木畅茂，禽兽繁殖，五谷不登，禽兽逼人。兽蹄鸟迹之道，交于中国。尧独忧之，举舜而敷治焉。舜使益掌火，益烈山泽而焚之，禽兽逃匿。禹疏九河，瀹济漯，而注诸海；决汝汉，排淮泗，而注之江，然后中国可得而食也……当尧之时，水逆行，泛滥于中国，蛇龙居之，民无所定，下者为巢，上者为营窟。书曰：洚水警余。洚水者，洪水也。使禹治之。禹掘地而注之海，驱蛇龙而放之菹，水由地中行，江、淮、河、汉是也。险阻既远，鸟兽之害人者消，然后人得平土而居之。

"天地玄黄，宇宙洪荒"，发生在人类文明史以前的那次毁灭性的大洪水，实际是一场亘古未有的大海啸，其洪峰的高度大约为1000多米。世界最发达、人口最密集的地区基本上都被洪水淹没。人类遭受了一次真正的灭顶之灾，绝大多数人丧生在洪水中。现在中国最发达的，也就是海拔在1100米以下的地区，当时全部被洪水淹没。孟子说的"水逆行"，就是说海水倒灌；后来洪水消退，就是《淮南子》所说的"地不满东南，故水潦尘埃归焉"。

藏匿着历史密码的甲骨文中，"昔"字的下面用三条曲线代表水，上面的圆圈代表太阳，在太阳底下是大洪水。中国也称神州，《说文解字》说："水中可居者曰州。"作为象形字，"州"字由一个"川"字和三个小点组成。"川"字代表水；三个小点代表高出水面的土地。中国汉语是非常古老的，“沧海桑田”四字就包含了中国人关于历史的无数想象，而大洪水就是它的出处。

在大洪水时代，地球上的远古文明，包括尼罗河流域、美索不达米亚、印度次大陆和中国长江流域、黄河下游、东南沿海、东北三江平原、成都平原，以及南美洲墨西哥湾等地的文明古国，全部遭到灭顶之灾。印度史诗《玛哈帕腊达》中，有逃脱洪水灭顶之灾的佩斯巴斯巴达；哥伦比亚神话中，有在地球上挖洞才免遭被淹死的波希加；古希腊传说中，亚特兰蒂斯国沉入海底。有人推测，位于四川盆地的三星堆文明就毁灭于这场大洪水。位于关中盆地的古中华人在大洪水中得以幸存，他们最后成为东方文明的火种。在《山海经》中，有一个“精卫填海”的传说，这其实是一个隐喻，它提醒人们海洋曾经带给人类的巨大灾难。宋代沈括在太行山上发现大量的螺蚌甲壳和卵石堆积层，认为“此乃昔时之海滨”。

人们一般将文字记录的往事叫作历史，文字诞生之前的传说时代被称为史前。传统上，一般将传说时代的中国分为伏羲、神农和轩辕三个时期，历史学家董作宾将黄帝时代推定为公元前 2674 年，神农时代约为公元前 3204 年，伏羲时代为前 4754 年。

对素有历史传统的中国来说，《山海经》是一部伟大的史前史。司马迁认为《山海经》不可信：“《山海经》所有怪物，余不敢言之也。”西汉刘秀则对《山海经》坚信不疑：“其事质明有信。”他在写给皇帝的《上山海经表》中说：“《山海经》者，出于唐虞之际。昔洪水洋溢，漫衍中国，民人失据，崎岖于丘陵，巢于树木。”唐虞即尧舜时代，《山海经》对 1 万年前传说时代至 3000 年前文字时代、古中华的人类学起源有明确的记载：早先天地混沌未开，人类尚未出现；盘古开天地，接着是火时代的燧人氏；之后是无怀氏，再之后是游牧时代的伏羲氏；接下来是母系氏族的女娲；女娲之后是农耕时代的神农氏。神农氏一般指的是太阳神炎帝，传说炎帝与黄帝是同一时期，甚至说他们是兄弟，被奉为中国人的共同始祖。

《山海经》的最后指出，“中国”兴起于这场大洪水之后——

> 黄帝生骆明，骆明生白马，白马是为鲧。帝俊生禺号，禺号生淫梁，淫梁生番禺，是始为舟。番禺生奚仲，奚仲生吉光，吉光是始以木为车，少暤生般，般是始为弓矢。帝俊赐羿彤弓素，以扶下国，羿是始去恤下地之百艰。帝俊生晏龙，晏龙是为琴瑟。帝俊有子八人，是始为歌舞。帝俊生三身，三身生义均，义均是始为杇，是始作下民百杇。后稷是播百谷。稷之孙曰叔均，是始作牛耕。大比赤阴是始为国。禹、鲧是始布土，均定九州。炎帝之妻，赤水之子听生炎居。炎居生节并，节并生戏器，戏器生祝融，祝融降处于江水，生共工。共工生术器，术器首方颠，是复土壤，以处江水。共工生后土，后土生噎鸣，噎鸣生岁十有二。洪水滔天，鲧窃帝息壤以堙洪水，不待帝命。帝令祝融杀鲧于羽郊。鲧复生禹，帝乃命禹卒布土，以定九州。

虽然鲁迅将《山海经》归为“上古之巫书”，但《山海经》无疑是上古中华先民认知世界的最早记录，其范围远远超越了现在中国本土。“海内”部分东达“会稽”，北达“凶奴”和“东胡”，西达“天毒”（即天竺，今印度），东为“朝鲜”与“倭”。其《海外东经》和《大荒东经》甚至已经囊括今日美洲，即《海外东经》记载的“黑齿国”。《汉书·东夷传》载：“倭国东四千余里，有裸国，裸国东南有黑齿国，船行一年可至也。”《吕氏春秋·有始览》中说：“凡四海之内，东西二万八千里，南北二万六千里。”而《海外东经》中已经记载了当时的环球测量：“帝命竖亥步，自东极至于西极，五亿十选（万）九千八百步。”有人推测，根据夸父逐日的记载，没有国家概念的史前人类，应当已经进行了全球陆地测量。

在距今万年以前的大洪水时代，中国这块东亚大陆完全不同于今天。当时古渭河与古黄河并不相通，中间隔着豫西山地。渭河从六盘山发源，流入关中盆地。因为潼关完全围合，当时的关中盆地实际是一个巨大的关中湖。当时的黄河是一条海沟，今天的华北平原和黄淮平原大都被浸没在海水之下。黄河水从桑干河流进大海。在冰河期导致的海水低落时，山东半岛与辽东半岛是连接起来的；而在冰河结束后的海水高涨时，泰山是东部唯一一个海岛。狩猎采集时代的“古中华人”就分布在桑干河和秦岭等这几块山地中。作为中华文明的发源地，天水之名就来自于古老的“天河注水”传说。天水地处两河流域（黄河和长江），伏羲时代就从这里开始，影响直至周秦。

大洪水在欧亚大陆产生了横贯东西的“冲积平原”。大洪水结束之后，《山海经》时代的人类从山地走向肥沃的冲积平原。伴随着农耕时代的到来，人类的黎明就这样开始了。人们建起村落，用火烧熟食物、烧制陶器，并开始驯养动物。这些劫后余生的新人类，被汪洋的海水分割在不同的陆地上，有的陆地很大，形成连绵不断的大陆；有的陆地很小，形成孤零零的小岛。

普罗旺斯有句谚语：“赞美海洋吧，但还是要留在陆地上。”诺亚方舟的隐喻，只是一个关于上帝对人类的怜悯和拯救，并不表示上帝希望人们去靠近大海。冰河时代结束了，海洋时代终于到来，孤独的人类彼此孤立地生活在或大或小的陆地上或岛屿上。

从亚特兰蒂斯到复活节岛

自从最后一次冰河期在1万年前结束，世界文明范围就基本稳定下来。适合人类居住的陆地表面，主要是欧亚大陆及其所属的一些半岛和近海岛屿。

与亚洲相比，欧洲要小得多。实际上，欧洲只是亚洲大陆延伸出来的几个半岛，和阿拉伯半岛、印度半岛及印度支那半岛类似。在冰河期以前，印度支那半岛从马来亚一直延伸到澳大利亚和新西兰，绝对是一个巨大的半岛。这个“半岛”的中间部分塌陷沉没以后，澳大利亚就与亚洲大陆完全隔离，中间是无数海峡和岛屿组成的印度尼西亚迷宫。如果以亚洲为中心，非洲、南北美洲和南极洲实际构成亚洲大陆的三个近海岛屿，其中南极洲最远。非洲通过苏伊士地峡与亚洲相连，美洲通过白令陆桥与亚洲大陆相连，南美洲通过巴拿马地峡与北美洲相连。后来，苏伊士运河和巴拿马运河成为两个最大的人造海峡。在更长的海洋历史中，作为沟通欧亚大陆东西的海上通道，马六甲海峡占据着更为重要的咽喉位置，这个天然海峡连接了印度洋和太平洋，正如直布罗陀海峡连接了地中海与大西洋。

在西方世界，亚特兰蒂斯是一个关于大洪水的著名传说。在遥远的大西洋中，有一个名叫“大西洲”的岛国，其面积比北非和小亚细亚合起来还要宽广，岛上居住着有史以来最聪明、最高贵的种族——亚特兰蒂斯王国。然而大洪水将这个优秀的民族彻底毁灭了，亚特兰蒂斯王国在这场灾难中沉入海底。

在中国古代神话中，海底有一座美丽的水晶宫，水晶宫里住着海龙王。这大概是中国版的亚特兰蒂斯。

据说，《圣经·创世纪》中所描述的“伊甸园”，其实指的就是亚特兰蒂斯。古希腊思想家柏拉图在《对话录》中最早记载了大西洲：

> 地中海西方遥远的大西洋上，有一个令人惊奇的大陆。它被无数黄金与白银装饰着，出产一种闪闪发光的金属——山铜。它有设备完善的港埠及船只，还有能够载人飞翔的物体。它的势力远及非洲大陆，伴随着猛烈的地震和大洪水，一昼夜之间，亚特兰蒂斯就此沉入海中，在人们的记忆中消失。

在柏拉图的描述中，亚特兰蒂斯是一个美丽发达的史前社会，人口达到1200万，并出现了农耕和文字。他们有华丽的宫殿和神庙，并且有发达的远洋贸易。亚特兰蒂斯的统治范围不仅包括大西洋诸岛，还远达欧洲、非洲和美洲大陆。公元前590年，埃及大祭司曾对雅典立法者梭伦讲起亚特兰蒂斯，而希腊人就是这个亚特兰蒂斯人的后裔。柏拉图认为，亚特兰蒂斯应该在“赫拉克勒斯之柱”（直布罗陀）外的大西洋中，“大西洲”由此而得名。

现代考古学家在直布罗陀海峡附近确实找到了史前文明的遗迹，这似乎印证了这个古老的传说。另一方面也证明，冰河末期走出非洲的现代人，经过极其狭窄的直布罗陀海峡迁徙到欧洲。当时地中海很浅，而亚特兰蒂斯可能是从非洲到欧洲的一个重要跳板。

1722年4月5日，雅各布·罗格文率领的一支荷兰海军舰队在南太平洋中发现了一个小岛。这一天正好是基督教的复活节，罗格文就在航海图上记下“复活节岛”。

与所有的大陆和岛屿一样，这个与亚洲和美洲大陆有着万里之遥的太平洋小岛上也早已有人居住。这些波利尼西亚人简直像两栖动物一样，生活这个水世界，并在太平洋各小岛间来去自如。

事实上，早在3500年前，远古的波利尼西亚人就开始了征服海洋的冒险行动。他们凭借石器时代的技术和航海知识，扬帆徜徉在整个太平洋和印度洋。复活节岛的居民称自己居住的地方为“世界的肚脐”，还有一层意思是“大地的尽头”。欧洲人将赫拉克勒斯之柱也称作“大地的尽头”，这类似汉语中的“天涯”。

在46000年前，走出非洲的人类乘坐木筏和独木舟，从亚洲大陆途经印度尼西亚群岛，初次登上新几内亚和澳大利亚。那时新几内亚和澳大利亚还是尚未分离的同一块大陆。当时从亚洲大陆到达澳大利亚和新几内亚，中间仍然需要渡过至少8个海峡，其中最宽的一个海峡至少有50英里宽。因此，进入澳大利亚和新几内亚有一个重要前提，就是必须有水运工具。反过来，从这一点显然提供了人类使用水运工具的最早历史证据。除了这个间接证据，直到大约3万年后——也就是13000年前，才有了除地中海外使用水上运输工具的直接证据。也就是说，史前的澳大利亚人和新几内亚人是世界上最早发展水运工具的人。他们的到来，很快使澳大利亚和新几内亚的大型动物几乎全部灭绝，因为这些动物从来没有遇到过危险的“人类”。很久以后，从台湾迁移来的波利尼西亚人逐渐代换了太平洋诸岛上的早期人类，并扩散到澳大利亚和新几内亚的部分地区。

在复活节岛上的波利尼西亚人中，流传着一个古老的传说：很久很久以前，他们的首领发现大地正在慢慢地沉入海中，于是便将所有人召集起来，乘上能够远涉大洋的船。当他们航行到“大地的尽头”时，发现了一个叫毛利的小岛，而他们所在的大陆却早已沉入海底。这与亚特兰蒂斯传说有着惊人的相似。现代人类学家认为，复活节岛的波利尼西亚人大约5200年前来自东南亚，准确地说是来自台湾，或者说古代台湾人即波利尼西亚人。这支上古黄种人的澳泰语系民族，从东南亚出发，在漫长的漂流岁月中，途经伊里安岛、所罗门群岛、新喀里多尼亚岛和斐济群岛等岛屿，最后到达复活节岛。无论是语言、考古还是DNA的调查比对，都可以证明今日波利尼西亚人与古台湾人属于同一族群，他们先向南迁徙到菲律宾（吕宋），再向东扩散到太平洋岛屿。

波利尼西亚（Polynesia）由希腊文 poly（众多）及 nesoi（岛屿）组成，意思是许多岛屿。波利尼西亚人的扩张无疑是史前人类在海洋探索中最具开创性的一幕。虽然他们没有罗盘、文字和金属工具，但他们是航海的专家。仅仅利用木棍和贝壳制作的航海图，借助独木舟和木筏等，波利尼西亚人就能够快速地在太平洋岛屿之间移动，而且这几乎是人类历史上最大规模的迁徙活动。

波利尼西亚人的海上迁移，绝不是随意漂流的偶然运气，而是经过了周密地计划。在族群扩散的同时，他们也将芋头、香蕉、猪、狗、鸡等作物和家畜带到了这些岛屿。

在波利尼西亚人第一次扩张浪潮中，从南亚到达斐济、萨摩亚和汤加只需要几天航程，而从西波利尼西亚到东波利尼西亚之间则隔着更为广阔的海洋，如库克群岛、社会群岛、马克萨斯群岛、澳斯垂尔群岛、土阿莫群岛、夏威夷群岛、新西兰群岛、皮特凯恩群岛和复活节岛。最迟在公元 1200 年，波利尼西亚人就跨越 2000 英里的水路，几乎占据了太平洋上所有适合人类居住的岛屿。

在复活节岛的传说中，带领他们来此定居的祖先名叫霍图马图阿，他带着妻子和 6 个儿子及族人，乘坐着一艘大木筏来到复活节岛。霍图时代约在公元 900 年左右。在以后的 1000 年中，复活节岛的人口大约在 6000—30000 人之间。

即使以现在的眼光来看，古代波利尼西亚人高超的航海技术仍然令人叹为观止。1999 年，重新建造的名为“欢乐之星”的波利尼西亚式远洋木筏从芒阿雷瓦岛出发，经过 17 天航行，最终成功到达复活节岛。可以设想，对一个不懂航海的现代人来说，用木筏远渡重洋，去寻找一个 9 英里宽的小岛，无异于大海捞针，但实际上波利尼西亚人只需要观察在海岛筑巢的鸟群飞行的方向，即可判断岛屿的大体方位。这样即使在 200 英里之外，他们也可以发现复活节岛。

独木成舟与并木为筏

在人类到来之前，复活节岛是一个树木茂盛的亚热带森林。通过对残留花粉的分析表明，当时复活节岛最大的棕榈树可能达到 20 米高 1 米粗。除了棕榈树，其他复活节岛生长的高大树种，如麦珠子树和大果子杜英，也都非常适合制造独木舟。早期波利尼西亚人以生活在深海的真海豚为食，而捕捞深海的真海豚必须有大型独木舟。

波利尼西亚人的独木舟无疑是石器时代造船技术的最高典范，他们之所以能用小小一叶独木舟而安然渡过沧海，这得益于他们发明了"横架"，也可以叫作"复舷（outrigger）"。英国学者海顿对横架的定义是"从船身上伸出的平衡装置"。波利尼西亚人的横架通常就是另一条小独木舟，这样往往会有更好的稳定性和较大的储物空间。他们用这种双独木舟，可以将陶器贩运到千里之外，当然也可以捕猎真海豚。波利尼西亚人的独木舟甚至已经具备了桨帆功能。事实上，在哥伦布和麦哲伦之前，欧洲人在航海方面的成就并不比波利尼西亚人高明多少。

波利尼西亚人创制的带复舷的双体独木舟，无疑将独木舟发展到出神入化的境界，这种互相支撑的双独木舟从容出没于太平洋中，即使挂上风帆亦不会倾覆。当初复活节岛应当有很多大型的独木舟，这与其他大多数波利尼西亚岛民生活类似。随着对森林的开垦和过度采伐，到1500年后，复活节岛已经沦为不毛之地，所有大树都已经绝迹，独木舟随之也几乎消失了。以前作为主要食物来源的真海豚再也没有了。在鸟类和鼠类被吃尽之后，侵蚀的土地使农业更加难以为继。严重的饥荒导致了一场场社会冲突，甚至发生了人相食的惨剧。历史证明，任何民族的智慧都是有限的，与世隔绝的波利尼西亚人、毛利人和印第安人之所以大大落后于欧亚大陆人，只是因为十个脑袋胜过一个脑袋。任何伟大的文明无不以广大的人口为基础。

颇为讽刺的是，复活节岛滥砍滥伐的杀鸡取卵时期，也是他们最繁荣的盛世。在这种虚假的繁荣时期，人类社会总是存在一种将权力景观化的企图，从埃及胡夫的金字塔、罗马帝国的大角斗场到中国秦始皇的长城，乃至拿破仑的凯旋门。复活节岛上的波利尼西亚人也不例外，每个酋长都争相建造高大的石像，他们叫作“摩艾”，以标榜自己的权势。随着崩溃的来临，这些重达数十吨的巨大石像，最后都被愤怒的饥饿者推倒、砸烂，如同欧亚大陆上被砸烂的斯大林像和萨达姆像一样。

美国作家戴蒙德在《崩溃》一书中曾经这样设问：“岛民们在砍倒最后一棵棕榈树时说些什么？”没有棕榈树就没有独木舟和木筏。1774年，库克船长来到复活节岛时，发现复活节岛上的波利尼西亚人都显得“瘦小、胆怯和凄惨”。整个复活节岛只有不到4条极其简陋破败的小筏，长仅3米，最多可乘2个人。这样的小筏子只能在岸边行驶，根本不可能到深海去。

独木舟是早期人类最普遍使用的水上运输工具。这种不约而同的发明比陆地上的轮子传播更广，遍及全世界。换句话说，现代船舶的鼻祖就是独木舟。在远古的洪水时代，不会游泳的人们抱着树干得以逃生。以后人们就尝试用树干扎成木筏，或者改造大型原木，将其掏空，使之在水中更加平稳，这样就能装载更多的人和物。实际上，远古时代的人们更善于借用现成的原木在水上漂流，直到今天，在新几内亚地区的河流上，仍可见到这种古老的漂流方式。一些土著人常常骑在树干或者树根上，非常熟练地穿梭于内河与浅海。毫无疑问，简单的独木舟正是从漂流的木头渐渐演化出来的。

对早期人类来说，只要有了火和石斧，就可以制造独木舟。从澳大利亚到太平洋诸岛，从苏丹到亚欧大陆的北极地区，原始的水上旅行者几乎都在使用独木舟。这种独木舟往往是一根巨大的树干，将中间烧成中空，用来坐人和盛放物品。一般而言，独木舟需要选用直径 1 米以上、长度 5—20 米的圆木。对哥伦布之前的美洲人来说，独木舟是唯一的船；这种独木舟一般只有 20 米左右长，但勇敢的印第安人就是驾着它出海冒险的。

“纵一苇之所如，凌万顷之茫然”，对波涛汹涌的大海来说，独木舟过于微小和脆弱，因此驾驶独木舟进入风高浪急的深海是非常危险的。除了使用复舷独木舟的波利尼西亚人，其他原始部落大多只用独木舟沿着河流和海岸航行。

北美阿拉斯加印第安人擅长制作巧夺天工的独木舟，他们不用任何金属工具和铁钉，仅仅用桦树皮就可成功“缝制”一条完美的独木舟。对他们来说，河流就是拉布拉多森林的“街道”，独木舟就是他们的私家车。他们用整根杉树做成的独木舟，长达 30 米，可承载 50 个人。

实际上，“并木以渡”的筏子比独木舟更为原始简单，也更为古老。与独木舟相比，制作木筏不需要石器或金属等加工工具。当人们使用两根以上的木头在水上漂流时，筏子就出现了。北美卡米亚人的木筏由 10 多根原木制成，长 25 英尺，可搭乘 7 人。在中国江河湖泊密布的南方，人们用木头或竹子做成排筏，依靠竹篙或顺流而下，或笑傲江湖。按照《尔雅》的说法，木筏为簰，竹筏为筏。

除了原木和竹子之外，还有用动物皮囊缝制而成的皮筏，“以匏济水”。在美索不达米亚、努比亚、印度、巴比伦和中国等地的河流上，漂着许多这样的皮筏。古代亚述帝国在征服战争中常常用这种皮筏顺流而下。爱基斯摩人不仅用海豹皮做成皮筏，还用动物的肠子织成帆，这种叫作“卡雅克”的皮筏在史前欧洲也非常普遍。中国古人“缝革为囊”的皮筏历史同样极其久远，甚至用完整的动物皮做成密封性更好的“浑脱”。《水经注》记载：汉建武二十三年（公元 47 年），王遣兵乘船南下水。所谓的船即是皮筏，“以牛皮为船以渡”。

古代亚美尼亚人有一种用兽皮制成的简易皮革船。这种“圆形的，如同一面盾牌”的商船虽然行驶缓慢，但却可以装载多达 14 吨货物和一些驴子。亚美尼亚商人用这种船沿着幼发拉底河顺流而下，将葡萄酒贩运到巴比伦，然后把船拆掉，用驴子驮着兽皮回来。古希腊历史学家希罗多德解释说：

> 要将船逆流划回去不大可能，因为水流的力量太大，这也是制作船身用的是皮革而不是木头的原因。用驴子把皮革驮回亚美尼亚后，人们又可以用同样的方法造出船来。

浮舟之国

房龙说过一句很有趣的话："人类是最后出现在地球上的，但却是最先用智力征服自然力的动物。"①运输似乎是人类的一种基本需要。作为"动物"，人类总是想到处走动。

对人类来说，最适于帮助移动的媒介是空气和水域。人类可以穿越这些物质，但却无法在其中生存。在飞机发明之前，船的出现使人类最早得以在水上生存。从某种意义上来说，飞机不过是船的一种变异，最早的飞行就是充气的飞艇。

在19世纪火车出现之前，借助河流和海面进行水上运输，一直是人类的主要移动方式，水路要比陆路运输快捷且便宜得多。船的出现，不仅使河流和海洋不再对人类构成障碍，反而为人们提供了一条天然的快速通道。对船来说，海洋和河流本身就是通衢大道，根本无需筑路。由于船是浮在水上的，因而可以建造越来越大的船，而不会碰到陆地运输所遇到的支撑和摩擦问题。

一般情况下，一匹马可以承载90公斤的货物行走，如果借助轮子和良好的道

① （美）房龙：《人类的故事》，刘缘子等译，生活·读书·新知三联书店，1988。

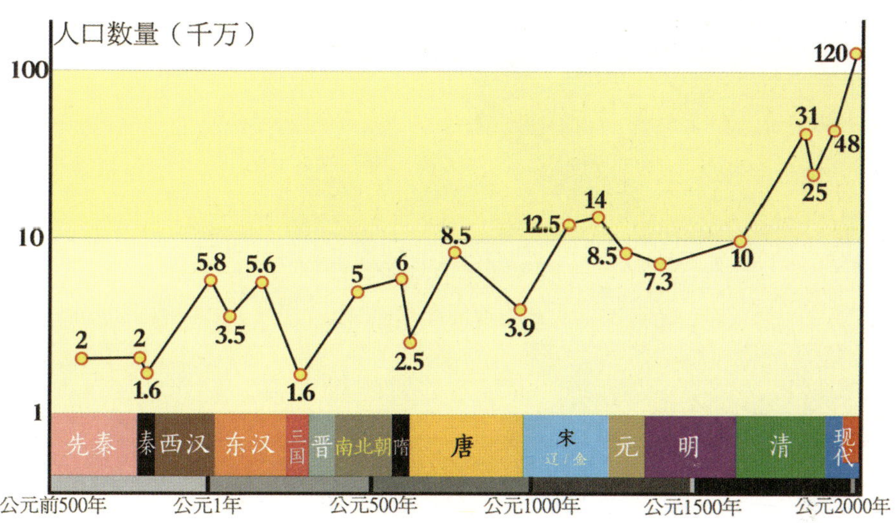

中国人口历史的发展变化曲线图

蒙古大汗蒙哥殒命之地——钓鱼城（“钓鱼城古战场”提供）

元代铜手铳
（作者摄于陕西历史博物馆）

君士坦丁堡时代的圣索菲亚大教堂（小开摄影）

中国新军（《法国小日报》1909 年 8 月 29 日）

关于美国南北内战的油画作品

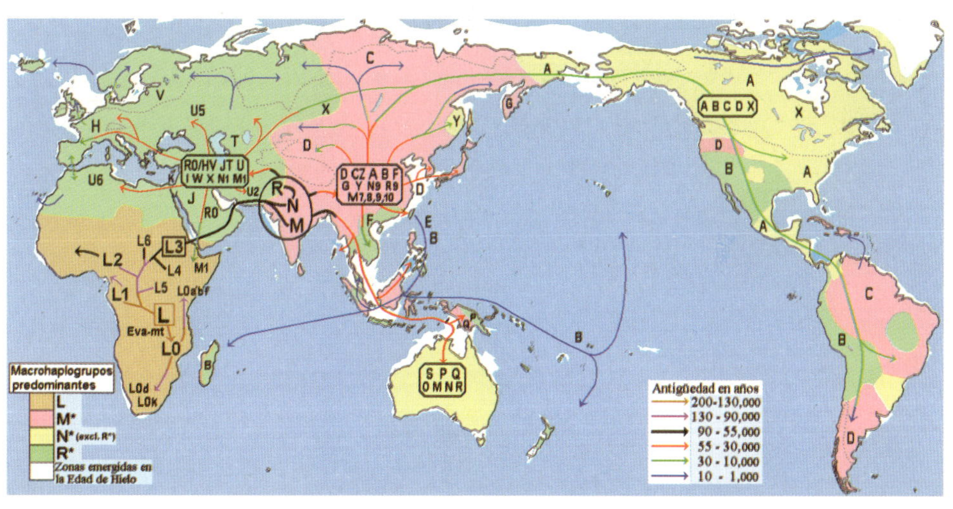

冰河期的地球及人类大迁徙（白色部分当时为陆地）

羊皮筏（作者摄于兰州黄河）

地中海地形与政区地图

现代复制的五月花号帆船

西洋画中的鸦片战争

日本插画中的“黑船来航”

路，那么它的效率可以提高20倍；也就是说，一匹马可以驱动1800公斤的载重车辆。在同等的能量消耗下，如果这匹马沿着运河纤道拉动一艘货船，那么则可以承载27000公斤；也就是说，轮子将原始的背负运输效率提高了20倍，而水运则提高了300倍。由此可见水运的优势非常明显。

亚当·斯密对陆运和水运做过一个比较：一辆宽轮马车，2人驾驭，8匹马驱动，可以装载约4吨货物，往返伦敦和爱丁堡间需要6个星期。在相同的时间内，一艘由6—8人驾驶的货船，可以装载200吨货物，往返伦敦和利斯间。如果将水运换成陆运，运送200吨货物就需要100人、400匹马和50辆四轮马车。如果再加上这些人马的路途消耗，陆运比水运的成本不知要大多少倍。就英国工业革命而言，“由于水运的方便，对各种工业就开辟了一个比单靠陆运所能开辟的更为广大的市场，所以各种工业都在海滨和通航河流沿岸开始专业的进一步划分和得到改进。”①

在水上运输时代，最理想的海上通道是海峡，最有效的内陆水路是水流平缓、可以通航的河流。比如第一瀑布以下的尼罗河，帆船既可以顺流而下，也可以扬帆上行；因为尼罗河水流向北方，却常年不断刮着北风。

从古埃及时代起，大多数的乡村和城市都围绕着通航的水路。直到近代，占据欧亚非十字路口的埃及都以其无与伦比的交通闻名全球。得天独厚的尼罗河缓缓流入地中海。在没有苏伊士运河之前，地中海就已经通过尼罗河的古运河沟通红海。实际上，地中海除了从经尼罗河通往红海的通道之外，还有一条经幼发拉底河通往波斯湾的通道。这种优越的交通条件，使埃及和西南亚成为自古以来世界的“地缘政治”中心。仅从这一点来说，埃及文明和两河文明诞生在这里绝非偶然。

以此类推，整个人类文明发展史中，世界各地几乎所有重要的城市都是傍水而建；许多城市最先都因为港口和港湾而发展起来。直到20世纪中期，所有国际贸易——无论是欧洲和亚洲间还是欧洲和美洲间——都必须依靠船来运输。可以说，海洋和江河湖泊为古代社会的文明发展提供了无以替代的基础设施。

---

① （英）亚当·斯密：《国富论》，唐日松等译，华夏出版社，2005。

从远古时代开始，人类便临水而居，人类因水而生，因水而亡。在海洋时代到来之前，河流一直是人类文明的象征。除了最古老的美索不达米亚，印度文化从印度河和恒河发源，埃及文明从尼罗河发源，而中国文化则从黄河流域发源。随着两晋之后中国文化重心南移，长江流域逐渐成为中国文明的又一圣地，沟通长江与黄河的大运河随之诞生。但与欧洲的半岛型地形不同，大陆型的中国并未出现成熟的海洋文化。在大多数时间里，海洋对中国是天堑而不是通途。

如果说早期人类制造武器的能力在于能否找到金属，那么古代族群的航海能力则在于能否得到适当的木料和工具。早期的人类还没有能力将船只建造得足够大和足够结实；与其说是因为木料，不如说是因为没有合适的工具。相比近代来说，古代森林资源无疑要更丰富，但在相当长的时期内，人们却只有斧子而没有锯子。锯子与斧子的区别在于，前者对木材的加工更加精确和细致。远古埃及人同样受制于木料的加工技术，因而无法制造出海远航的大船，只能在尼罗河及其支流上航行。

大约在公元前2700年左右，埃及人便建造了双桅海船，这种用桨驱动的船可以搭载20名乘客。埃及人的船只沿着红海，最远到达“浮舟之国”，也就是今天的也门和索马里一带。希罗多德记载了埃及人的造船技术：他们用带刺洋槐造船，这种树会渗出树胶。他们将树干“砍成”约两腕尺（相当于1米）的板材，再用无数长栓紧固板材，做成船形。船体定型后，他们压着外层船体拼缝铺一层衬里。船体两侧无龙骨，两层板之间充填莎草纸。用一支桨穿过船底为舵。桅杆也是用洋槐做成，船帆则用莎草纸。除非不停地刮风，这种船根本无法在尼罗河上逆流行驶，常常需要纤夫在岸上拉船。

早在公元前600年，埃及法老尼科就试图修建苏伊士运河，后来波斯帝国的大流士修通了沟通尼罗河和红海的运河，船只可以从地中海直达印度洋。波斯帝国和雅典帝国崩溃之后，欧洲开始了一个希腊化时代，亚历山大的马其顿帝国成为地中海的霸主。亚历山大港的兴建和繁荣，几乎使埃及成为东西方交流的唯一桥梁，中国丝绸出现在罗马，而非洲的象牙出现在中国。正如马克思所说：“完善的铁器、风箱、手捣臼、陶工辘轳、油及酒的制造，已转为艺术手工业的发达的金属加工、货车及战车、用梁及板的造船术，作为艺术的建筑术底萌芽，在齿形城墙和城堡的城市，荷马的叙事诗及全部神话——这些都是希腊人由野蛮转入文明所带过来的主要遗产。”①

人与人的关系不外乎两种：战争或者贸易。海洋曾经一度阻隔了人与人之间的联系。当船只出现之后，战争与贸易就随之变得普遍起来。

与埃及人不同，好战的希腊人对战船和商船有着严格的区分，商船比较结实和笨重，战船则非常轻便。希腊人的大型战船不仅攻守兼备，而且还可以其将士兵通过水路运往战场。荷马史诗《伊利亚特》就记录了史前希腊的海上军事力量。特洛伊之战其实就是一场争夺希腊海峡（今达达尼尔海峡）和黑海贸易的商业战争，希腊人最终把腓尼基人和迦太基人从黑海和爱琴海驱逐，垄断了地中海东部贸易。

公元前550年，希腊最先造出三层桨船。它长40—50米，排水量约200吨。在与波斯人和斯巴达人的战争中，雅典人用三层桨船组成舰队，成建制地大量运送部队，每批次多达6000人。希腊人的三层桨船有170枝桨，划桨时航速可达6节②，顺风时可以使用风帆。

限于当时的工艺水平，这种桨船从结构上仍然不够结实，而且不易操控，再加上缺乏可靠的海图，尽管它在风平浪静的地中海如鱼得水，一旦进入外海就岌岌可危。即使如此，古希腊神话中还是不乏勇于冒险的英雄，比如远赴海外寻找金羊毛的亚尔英雄贾森和阿尔戈南兹。

最早的桨帆战船都是单层桨，前面装上青铜铸造的船艏冲角，用来在海战中撞击对方战船。希腊人在两层桨战船的基础上发展出了三层桨战船，主要武器仍然是舰艏冲角。虽然希腊战船是桨帆并用，但仍以桨为主；每只战船配备无武装桨手170人，携带矛、剑、弓、标枪和盾牌的作战人员仅有18—50名。

---

① （德）马克思、恩格斯：《马克思恩格斯选集》，中央编译局译，人民出版社，1995。

② 古代以绳索打结的方式来计算船的航速，一般每小时行驶1海里为1节，6节就是1小时航行6海里，1海里=1852米。

在公元前480年的萨拉米海战中，雅典共和国的新式三层桨帆战舰体积小、吃水浅、速度快、机动性强；而波斯帝国的老式桨帆战船正好相反，体积大、速度慢、机动性差、吃水深。雅典人利用一根约5米长的船头包铜横杆，先将敌人的长桨撞断，然后又用镶有铜套的舰首狠狠冲撞波斯战舰的腹部。失去机动能力的波斯战舰就这样一艘接着一艘被撞沉。

桨帆时代

在古希腊神话中，有一个经典的野蛮人形象——独眼巨人基克洛普斯，他吃掉了奥德修斯全体船员。愚蠢的野蛮人对航海一无所知，所以他从未离开过他所居住的陆地。可以说，地中海孕育了古希腊和腓尼基。

腓尼基人是犹太人的近邻，同属于闪米特人。勇敢的腓尼基人不仅带给欧洲文字，而且他们还是最早的航海者。古老的腓尼基人生活在地中海东端，也就是如今的以色列和黎巴嫩一带。他们砍伐高大的雪松，来建造硕大而结实的快船，这种快船由数十个桨手划动。公元前700年，腓尼基人已经掌握了严丝合缝地拼接长板材和封堵拼缝的方法，因此可以从地中海远航到不列颠岛。公元前450年，一个名叫希米尔科的迦太基人驾船驶入大西洋，并从北欧的矿山运回珍贵的锡。这是至今最为古老的航海记录。腓尼基人不仅去波罗的海换取琥珀，还用西非的奴隶和象牙去换印度的香料、黄金和宝石。到公元前400年左右，西欧和非洲的绝大多数海岸线都已经被腓尼基人走遍。他们甚至早于达·伽马2000年到达好望角。

公元前5世纪，“历史之父”希罗多德通过海路，游历了希腊人所认知的世界。他到了埃及、利比亚和巴比伦等地，也到了腓尼基人的海港城市泰尔，甚至到了俄罗斯南部。在著名的《历史》中，希罗多德记述了腓尼基人的航海壮举：

> 腓尼基人从阿拉伯湾航行进入南印度洋，每年秋天在非洲海岸线上某一个适合的地点停下来，在一片地上播下种子，然后等待第二年的收获。在收获粮食之后，他们重新回到海上，在整整两年后绕过赫拉克勒斯之柱，于第三年回到埃及。这些人宣称由于一直在向西航行而绕过非洲的最南端，他们发现太阳出现在了他们的右手边——他们的北面。

因为善于航海和经商，腓尼基人的各个城邦都非常富有。最著名的城邦国家当属毗邻地中海的推罗。在希腊神话中，推罗国王有个女儿叫欧罗巴，后来欧罗巴成为欧洲大陆的名字。西班牙的名字来自迦太基语中的“野兔”。大约当时伊比利亚半岛还是一块荒蛮落后、兔走鹰飞的处女地。传说中，黛朵建起了迦太基城，并成为迦太基第一位女王。逃亡迦太基的特洛伊王子埃涅阿斯对黛朵始乱终弃，最后在台伯河一带建立了罗马，而悲伤的黛朵却殉情而亡。一对情侣创建了两个敌对的帝国，历史学家将这一年定为公元前 814 年。

500 多年后，地中海这两大霸权打了 118 年的布匿战争（罗马人称迦太基为“布匿”）。迦太基人曾宣称：“没有我们的允许，罗马人休想用地中海的水洗手。”刚开始，从来没有离开过亚平宁半岛的罗马人，在海上毫无悬念地被迦太基人打败。但罗马有古代最优秀的工程师，他们以一艘搁浅的迦太基战舰为样板，在希腊人的帮助下建立了一支庞大的舰队。罗马战船也是桨式战船，但罗马人制造了一种搭有尖钩的活动吊桥，将它钩到对方战舰的甲板上，这样不习水战的“海军陆战队”就可通过吊桥跳上敌船，在甲板上打一场陆地战，充分发挥罗马人擅长陆上搏杀的战术优势。罗马海军的接舷战成为战术史上的杰作，对欧洲海战产生了深远的影响。

这场布匿战争从公元前 264 持续到公元前 146 年，迦太基最终国破。两年后，自由而分裂的希腊城邦（马其顿）覆灭，罗马共和国占领了整个地中海地区，开始了向欧亚大陆扩张的拉丁化时代。西方史学家常常会设想："布匿战争如果迦太基获胜，欧洲的历史肯定会改写。"英国思想家培根将罗马的胜利归结为制度和文明——

> 历史上最乐意向世界开放的城邦无过于罗马。他们愿意把公民权授予一切愿意归顺和定居于罗马城的人，而根本不考虑他们过去出生在什么国度。不仅如此，他们还允许这些外籍公民享有与罗马人完全相同的权利——不但享有贸易权、婚嫁权、继承权，而且享有选举权和担任公职的权利。罗马人不仅将这种权利授予个人，也可以授予家族、城邦，甚至一个国家。同时，罗马人把自身看作世界的公民，他们不断向外扩张、拓展和移民。于是罗马的制度就随着罗马的发展而世界化了——一方面是罗马走向世界，另一方面是世界走进了罗马。这也正是罗马以一个初期的蕞尔小邦，能够迅速成长为称霸一方的世界强国的原因。[①]

从希腊—罗马时代开始，在此后的十几个世纪，三层桨战船一直是地中海沿岸各国海军舰队的主要战船。当时的桨帆战船主要用来运载着"海军"。所谓战争，就是双方的战船连接到一起，然后双方在这块漂浮的"陆地"上，展开贴身白刃战。在罗马帝国鼎盛时期，海战法包括撞船、跳帮、徒手格斗等传统甲板作战方法，后来又出现"飞叉"和"抛叉"战法，甲板仍然是双方唯一的作战平台。

桨帆时代的战争实际上都是陆战，船只更多时候只担负着运输人员和物资的作用。在古罗马鼎盛时期，罗马海军至少拥有500艘战船。在大部分时间里，这些战船的主要任务是向帝国版图内的新领地运送人员和物资。

在火炮出现之前的冷兵器时代，地中海地区各国的海战在2000多年中基本没有多少变化，除了拜占庭帝国将"希腊火"用于海战。

---

① （英）弗朗西斯·培根：《培根人生随笔·论强国之术》，何新译，人民日报出版社，2007。

1340年夏天，百年战争的第一场战役发生在佛兰德尔的斯鲁斯港口外，法军集结了200余艘桨战船，准备入侵英国；英国长弓手以比热那亚十字弓手更密集的箭雨压制住法军，然后靠近法国舰队后登船展开肉搏。战斗结束，大部分法国船只被俘，英国从此控制了英吉利海峡，他们可以将军队运至法国沿海的任意地方，而不受抵抗。

即使在热兵器时代的勒颁多战役（1571年）中，天主教联军与奥斯曼土耳其仍然以甲板肉搏来战斗，这似乎是最后一场桨帆时代战争。事实上，200年后的路易十四仍然拥有许多这样的战船。

因为自然地理的关系，自古以来，欧洲人对航海就有着浓厚的兴趣。共和城邦时代的古希腊和古罗马虽然由“公民”组成，但更多的是没有公民权的奴隶，再加上毗邻南北通衢的地中海，因此非常偏爱桨船，他们将这些用奴隶和苦役犯之力驱动的船只称为“有桨长船”。

桨帆时代是人类进入海洋时代之前的童年时期，船只制造技术仍然比较原始，船只体量较小。除非顺风，一般只能依靠人体肌肉提供可怜的一点动力；如果真的在大海中航行，来自人力的划桨根本毫无用武之地。从物理理论上来说，一位桨手只能提供0.125马力的动力，而他们所需消耗占用的空间却非常庞大。更要命的是，桨手驱动的船只一般吃水很浅，这对江河湖泊和近海海湾来说倒没什么，但在波涛汹涌的大海上，这样低的船几乎经不起任何风吹浪打。

除了动力限制之外，还有控制的问题。面对浩瀚的汪洋大海，舵对于船来讲非常重要，但却出现得很晚。自古以来，欧洲人沿袭埃及船的传统，利用尾部的联动桨对船进行操控，再加上欧洲船的尾部上翘，更无安装尾舵的条件。罗马的船仍然没有舵，只是在船尾多出来两个大桨，基本上全靠桨手协调来控制船的方向。直到中世纪后期，操纵桨手的形象仍然出现于画家和雕塑家的作品中。12世纪以后，在欧洲尼兰德低地地区才出现了可靠的船舵。当时舵已在阿拉伯船上广泛使用，舵是由阿拉伯人从中国传到欧洲的。

跟许多文明一样，早在1000年，早熟的中国人就已经发明了船舵。中国人在划桨的基础上，还发明了可不出水面作连续划水、兼具推进和操纵两种功能的橹，这极大地提高了人力推进效率，因此有“轻橹健于马”和“一橹三桨”之说。橹的原理或许是来自鱼尾的摆动。从某种意义上来说，橹的发明是极其伟大的，它创造了包括潜水艇在内的所有现代舰船的推进原理。

天生一个地中海

当人们不再把江河、湖泊和海洋视为障碍，而是像对待道路一样去利用它们时，人类文明就翻开了新的一页。

船的出现构成了遍布世界的水上航路，这不仅增强了人类的生存范围，也给人们的劳动与技术提供了更广阔的市场。战争与贸易自始至终对人类思想的发展提供着无尽的动力和源泉。水路的开拓，使船的拥有者率先得到了财富和文明。水域沿岸的人们能够最快捷、最容易地与他人进行产品贸易和技术交流，即使对方距离很远；而思想与知识的交流，总比船舱里的货物更加珍贵，从而推动整个社会的发展。房龙就将欧洲中心论归结为发达的水路交通——

> 欧洲大陆几乎所有的地方都与海水相连，河流将内陆的每个地方都与大海连结起来……如果在马德里和莫斯科之间画一条直线，你会看到，欧洲所有的河流不是向北流就是向南流，内陆的每个地方都能直接通往大海。文明是水的产物而不是陆地的产物。这种河水流向极大地帮助了欧洲，使

之成为全球最富有的地方，并且成了统治的中心。[①]

海洋贸易的出现，引起了贸易对手间的海上掠夺和冲突。为了保护自己的海上贸易，并封锁和切断对手的海上交通，战争就产生了。人类与海洋的历史主要是贸易以及因贸易利益而引发的战争。如果说促进人类进化的最主要动力是战争和贸易，那么促进战争和贸易的，在陆上是轮子，在水上则是船。布罗代尔说："只是到了公元前 3000 年甚至更晚，航海技术才真正为人类所用；公元前 2000 年，贸易才真正出现；公元前 1000 年，航海活动才走出地中海，到达直布罗陀海峡以外。"

航海技术的进步，使战争与贸易的规模随之扩大。欧洲的近代崛起，在某种意义上几乎完全建立在航海技术之上，而这种航海技术就从得天独厚的地中海起步。可以说，没有地中海，就没有希腊—罗马文明；没有地中海，也不会有威尼斯和文艺复兴。地中海无疑是上帝对欧罗巴的恩赐。如果说中国的母亲是黄河，那么欧洲的母亲就是地中海。欧洲文明在地中海孕育，在大西洋成长，最后成为统治海洋的蓝色文化。亚当·斯密便敏锐地发现了这一点——

根据最可靠的历史记载，最早开化的国家就是地中海沿岸各国。地中海是闻名世界的最大的内陆海，没有潮汐，除了大风引起的海浪之外，没有任何波涛，水面一平如镜，岛屿星罗棋布，而且都离岸很近，所以极其有利于世界最初的航运事业。那时，由于指南针尚未发明，人们都不敢远离海岸，因为造船术尚不完善，也不敢置身于惊涛骇浪之中。对古代欧洲人来说，驶过世界的尽头，也就是穿过赫拉克勒斯之柱（直布罗陀海峡），再向西航行，一直被视为最勇敢、也最危险的举动。就连当时以造船航海事业著名的腓尼基人和迦太基人，也是过了许久才敢去尝试；而在一定时期内，他们也是唯一做这种尝试的人。[②]

① （美）房龙：《地球的故事》，马骁晗等译，中国民族摄影艺术出版社，2003。

② （英）亚当·斯密：《国富论》，唐日松等译，华夏出版社，2005。

地中海形成于冰河期后的大洪水时期，海平面的上升，使这块位于欧、亚、非大陆中心的盆地成为一片汪洋。西班牙的马罗基角和摩洛哥的西雷斯角之间，仅有13公里宽的直布罗陀海峡，保持着地中海与大西洋的沟通。地中海东面同样有海峡连接着黑海和亚速海。东西长达4000公里的地中海，由犬牙交错的半岛和岛屿分割为互相沟通的利古里亚海、爱琴海、亚得里亚海、伊奥尼亚海和第勒尼安海。

很早以前，地中海就已经成为宇宙的生命中心之一。1万年前，人类文明起源于地中海东海岸的“肥沃新月”，即亚洲西南部的一个弯月形地区，从约旦北部到土耳其东南部，往东至伊朗，希腊人称之为美索不达米亚。这个人类摇篮大概囊括了今天的伊拉克。人类早期文明中的作物、家禽、牲畜和轮子等都最早诞生在这里，青铜、铁器、城市、宗教、政治也从这里滥觞。

从公元前7000年，农业从安纳托利亚跨越爱琴海来到希腊。文明的种子沿着地中海由西向东，从希腊半岛的雅典到亚平宁半岛的罗马；随着西班牙在近代崛起，伊比利亚半岛将人类带入一个现代的全球化时代。从这一过程来说，地中海不仅改变了欧洲社会，也成为现代文明的出发点。或者说，地中海的历史就是一部人类史。西方经济史学家布罗代尔在著名的《地中海史》中写道：

> 地中海命运的最主要特征就是嵌入世界上最广大的陆地：雄伟的单一的欧亚非大陆，它本身就是整个地球，这里的一切都显得早熟。通过这三块互相粘连的大陆，人类找到了上演世界史的大舞台，并在那里完成了重大交流。

地中海北接欧洲大陆，南临人类摇篮的非洲大陆，东面是最早步入文明的亚洲大陆。地中海在全世界都是独一无二的。它被8英里宽的直布罗陀海峡封锁，从而免受外洋狂暴的风浪。地中海的意义不仅在于其地处南北通衢、东西交融的十字路口，更为珍稀的，是它几乎封闭的水域总是风平浪静，非常适宜早期的人类尝试海航技术。

在指南针之前的海岸时代，所谓航行就是摸着海岸过海，“像螃蟹一样，从一块岩礁爬到另一块岩礁”。地中海中，星罗棋布的半岛和岛屿不仅不构成航行的阻碍，反倒成为前指南针时代航行的方向参照和中转站，使没有指南针的人们可以进行远距离的航行，而不远离陆地。很多年后，当欧洲人来到新大陆时，他们最大的失望是没有发现另一个“地中海”。

早在4000多年以前，地中海最东边的爱琴海就已经创造了灿烂的迈锡尼文明。爱琴海人把古亚细亚的文化传入欧洲荒原。公元前12世纪，迈锡尼与希腊各城邦组成联军，渡过小亚细亚半岛西端的赫勒斯滂海峡（即达达尼尔海峡），远征特洛伊，留下了一个关于海伦和特洛伊木马的传说。在荷马时代后期，古希腊文明渐入佳境，希腊城邦创造了民主政治，并向国家方向迈进。这种政治文明的伟大意义，令所有古老文明都难以望其项背，及至数千年后，民主政治成为一种普世伦理。

人类文明从尼罗河到美索不达米亚，从克里特岛、希腊到罗马，地中海这个人类摇篮孕育了最古老的商业、艺术、科学、哲学和学术等的文明。从迦太基帝国、罗马帝国、拜占庭帝国、阿拉伯帝国、西班牙帝国、威尼斯帝国到奥斯曼帝国，地中海成为征服和统治的通衢大道。希腊的城邦就稳定地横跨了整个地中海区域，直到公元前580年左右。同样，罗马帝国基本上也是围绕地中海建立起来的，地中海就是帝国的大动脉。除了高卢（法兰西）、不列颠和莱茵兰外，从地中海到帝国每个区域的距离都不超过300公里。

拯救欧洲的海战

不得不承认，欧洲的历史开始于两场战争，古希腊历史学家希罗多德和修昔底德分别记载了希波战争和伯罗奔尼撒战争。这两场最早文字记载的海战成为人类编年史上的一个伟大的转折点。希波战争被后世视为亚洲对欧洲的一次冲击，假如亚洲游牧民族征服了希腊这个西方文明最早的发祥地和摇篮，那么毫无疑问，以后的世界历史必然会完全改变。

从公元前 7 世纪开始，东地中海的希腊人与西地中海的迦太基人平分秋色，希腊人向西发展的步伐被迦太基人阻止。与此同时，来自亚洲的一支印欧语系游牧部落波斯帝国逐渐崛起，他们从伊朗高原向西扩张，灭掉称霸两河流域的亚述军事帝国和巴比伦帝国后，锋芒直指希腊城邦，这就是持续 50 年的希波战争。虽然希腊人在马拉松战役中险胜，但温泉关一役却全军覆没。公元前 480 年，面临灭顶之灾的希腊民主城邦只得进行最后一搏，这就是希波战争中的决定性战役——著名的萨拉米海战。

海洋战争与陆地战争的不同之处在于，海洋没有边界，因此战争的目标都是夺取制海权，谁拥有制海权，谁就是强者，可以随时抵御侵略、封锁敌人或实施跨海攻击。萨拉米海战同样是希波双方争夺爱琴海制海权的决定性战争。

根据希罗多德的记载，参战的希腊三层桨船总共378艘，而波斯海军至少有800艘三层桨船。当时强大的波斯帝国拥有50桨战船近千艘，横扫世界，所向无敌。波斯桨帆战船完全按照跳帮战术设计，不够灵活；希腊战船按撞击战术设计，其最主要武器是船艏水线下用青铜包裹的撞角，速度快而且灵巧。

在战争开始前，由公民志愿者组建的希腊海军一起唱起悲壮的颂歌，最后一句是“你们此刻是在为自己的一切而努力战斗”，这后来成为一句成语。

9月20日，百舸争流，千舟竞发，世界第一次大规模桨船之间的海战开始。波斯舰队被希腊人引诱到狭窄的海峡中，无法发挥自己数量上的优势，而希腊人的撞船战术使波斯人的跳帮战术完全失效。波斯帝国皇帝薛西斯（大流士的儿子）派他的弟弟阿里亚比格涅担任这次海战的统帅，结果在战争刚开始就阵亡，群龙无首的波斯海军陷入一片混乱。

亲身参加过这场海战的波斯人埃斯库罗斯记载了海战的经过：

> 那铜饰的船首互相撞击起来，有一艘希腊船向一艘腓尼基的船身进袭，击破了我们的船艄。每一艘船都撞向对手。起初我们波斯的长蛇舰队还能抵抗，等到这许多船只集中在那狭小的港内时，非但不能彼此顾及，反而用那包铜的船头对着自己的船身撞去，撞坏了全船的桡桨。敌方的战舰不肯失去良机，围着我们攻打，把我们的船弄翻了。海面上看不见水，尽是破船片和被杀的尸体；海滩上和礁石上也满堆着尸体。其余的波斯船都在纷乱中逃遁。我们的士兵就像是金枪鱼或是一网小鱼，任由对方用断桨和船片打击宰杀。

萨拉米海战是希波战争的转折点，此后希腊由守转攻，最终把波斯人赶出了希腊本土。驻扎地中海沿岸各国的波斯陆军被希腊舰队断绝了辎重供给，最后只得撤军。这就是军事学家马汉说的“交通决定战争”。希腊从此步入所谓的“黄金时代”。

古希腊文明作为欧洲文明最重要和最直接的出处，而萨拉米是希腊文明历史的顶峰，可以说是为希腊人赢得了一切。英国军事历史学家富勒在《西洋世界军事史》中将萨拉米海战作为全书的开篇。他认为，此战不仅保全了希腊，也奠定了希腊代表的西方文明兴起的根基。美国历史学家巴里·斯特劳斯称萨拉米海战是“拯救希腊以及西方文明的海战”。

有一个历史细节，萨拉米海战结束后，指挥希腊取得这场胜利的著名将领米斯托克利却遭到放逐。希腊人认为民主大于一切，他们担心米斯托克利因为战争带来的巨大个人影响，会转化为走向专制的权势，因此通过当时法律允许的投票程序放逐了他。用罗马初盛时代的希腊人普鲁塔克的话说：“对本民族的伟大人物忘恩负义，是伟大民族成熟的标志。”面对这场无罪惩罚，可怜的米斯托克利只好逃亡到波斯，曾被他打败的宿敌竟然十分宽容地收留了他。

古希腊时代的地中海并不是统一的，而是四分五裂。对希腊人来说，“越过马累亚角的人必须忘记祖国”。萨拉米海战过去了2000多年，桨帆海战仍然没有太大的进步，大多还是通过互相钩缠和跳帮等形式进行白刃格斗。在能源革命和火药革命之前，桨帆战船一直是海战的主要力量。虽然维京人也使用桨帆船作战，但在很大程度上，桨帆战船并未发展到大西洋。这种吃水较浅、船形细长的桨帆战舰仅适合在风向多变的地中海纵横驰骋；一旦驶出直布罗陀海峡，在大西洋的狂风巨浪中极易倾覆。

随着航海技术的进步，中世纪以后地中海趋向统一。地中海周边国家密集，海上势力不断发生碰撞。在14世纪之前的200多年中，威尼斯与热那亚这两个城市国家在东地中海上打得不可开交。在1298年的库佐拉岛大海战中，热那亚海军俘获了一名威尼斯舰长，他在监狱中口述了一本书，这本书就是被誉为“近代文明之曙光”的《马可·波罗游记》。

1571年，在距离萨拉米海战发生地西边仅仅200千米处，又发生了一场桨帆大海战，这就是著名的勒颁多海战。世易时移，十字架与新月旗取代了希腊人和波斯人，但剧本的结构几乎没有什么改变。勒颁多海战几乎是萨拉米海战的重演，除了作战地点和作战模式相似外，勒颁多海战与萨拉米海战一样，都是欧洲反对亚洲的入侵，也可以说都是欧洲走向振兴的重要开端。

君士坦丁堡于1453年陷落之后，土耳其继承了哈里发和恺撒的双重遗产，君临四分五裂的欧洲。此后的一个多世纪中，阿拉伯势力向海上发展，从黑海渗透到地中海：1499年，在伯罗奔尼撒近海击败威尼斯；1517年占领埃及；1525年进入红海和阿拉伯海，并控制了波斯湾；1529占领北非漫长的海岸线；1537年攻占南意大利和达尔马提亚；1570年攻占塞浦路斯。这个最初由游牧部落建立的奥斯曼帝国，一时称雄欧亚，几乎将地中海变成帝国的内湖，其疆域之广甚至超过了颠峰期的东罗马帝国。

在奥斯曼帝国苏里曼二世的节节进逼下，虽然威尼斯共和国与东罗马帝国一样都受到欧洲人的冷遇，但威尼斯似乎要比拜占庭幸运得多。同样面对求援，欧洲人曾经失去了一个君士坦丁堡，但却不愿再失去一个威尼斯。1571年，经过罗马教皇庇护五世成功的游说和联络，威尼斯、热那亚、西班牙、德国和马耳他组成欧洲联合舰队，在地中海东部的勒颁多海峡与奥斯曼土耳其展开一场大决战，史称勒颁多海战。

奥斯曼苏丹依靠海盗和叛教徒建立海军，表面上比西班牙人或威尼斯人强大得多，他们用陆战的方式打海战，沿着海岸线步步为营地推进，逐一拔除威尼斯人的港口据点。虽然地中海四分之三的海岸线已经落入苏丹手中，但大部分岛屿仍然在基督教欧洲各国掌握之下。从装备和兵力来说，交战双方相差不远：奥斯曼舰船264艘，士兵8万；西班牙国王腓力二世的兄弟唐·约翰率领的联合舰队有战舰300余艘，3万名士兵、5万名水手及大量划桨奴隶。联合舰队的主力是地中海上使用最广的单层桨帆战舰，长40—60米，宽6米，航速6.5节。联合舰队的最大优势是强悍的火力，船首装有5门火炮，两舷还有轻炮，这几乎是对手的2倍。

战争开始后，双方的舰载火炮就开始对射，破船“漂满了八英里以上的海面，海上不仅布满残桁、断桨、碎木，还有数不清的尸体，水面被染成了一片火海”，场面甚为酷烈。随着越打越近，最后双方战舰贴在一起，炮火完全失效，双方士兵在甲板上展开肉搏。虽然土耳其人常常依靠人数优势取胜，但这一次却不走运。欧洲联合舰队向划桨奴隶许愿说："所有的奴隶在战争胜利之后都可获得自由，而且还能得到一份土地。"而土耳其军舰上从各地抓来的划桨奴隶却没有得到土耳其人的任何承诺。在白刃肉搏的接舷战开始后，联合舰队的划桨奴隶都参加战斗，土耳其舰队的划桨奴隶却纷纷逃跑。惨烈的激战自上午10时打到了下午1时，双方战舰的甲板上死尸累累，海面上殷红一片，飘浮着数以万计的尸体和落水挣扎的士兵，一切都与萨拉米海战惊人的相似。

随着土耳其旗舰上的海军司令阿里巴沙战死，土耳其舰队迅速崩溃。10月17日，一艘叫作"天使"的战舰开入威尼斯，报告了胜利的捷报。自从第一次十字军之后，从来未曾引起如此的宗教狂热。这场决战使奥斯曼帝国损失战舰达150多艘，而联合舰队仅损失了15艘战舰。这场告别中世纪的战争使奥斯曼帝国丧失了地中海霸主的地位，也使一个西班牙青年失去了一条胳膊，很多年后他被称为"独臂文学大师"，他就是写出《堂吉诃德》的塞万提斯。

从公元前450年萨拉米海战到公元1571年的勒颁多海战，欧洲海军战船和战术在这2000年间变化很小，都是以撞毁或攻占敌人的战船为目标。勒颁多海战时不太坚固的战船跟布匿战争时的战船相比，也并无太大的差异。这些战船又长又窄，只有一层甲板，由54支桨推进，每边各27支，每支桨配有4—6名划手（通常是奴隶）。船上还装有2—3个三角帆，顺风时可加快船行的速度，或者让划手得到休息。在勒颁多海战中，担任联军主力舰的威尼斯巨型桨船有三层楼高，80多米长，仅桨手就有200人以上，同时3个高大的桅杆上还悬挂着6面三角帆。

勒颁多大海战既是最后一场桨帆时代的接舷战，也是第一场火炮时代的海洋战争。土耳其在这次海战中的失败，不仅使奥斯曼帝国在欧洲的海陆扩张势头被遏止，也成为其由盛转衰的标志。

随着大西洋航线的开辟，新教的西欧迅速崛起，地中海作为人类文明的故乡之海渐渐暗淡，地中海周边的一些国家和城邦也渐趋没落，意大利昔日的荣光已不复存在。[①]对走出中世纪的欧洲来说，新的舞台就是更为广阔的大西洋，一个风帆时代已经到来。实际上，大帆船在勒颁多海战中已经登场，作为战列舰的前身，它有两层火炮甲板，火力异常猛烈，宛如海上要塞；因为完全用风帆替代了划桨，这使它在风力微弱的地中海显得极其迟笨，结果未能及时赶到战场。

① 地中海的再次复兴得益于苏伊士运河。1869 年，苏伊士运河开凿通航，地中海得以经苏伊士运河与红海直接相通，经红海出印度洋。此后，从西欧到印度洋，通过直布罗陀海峡－地中海－苏伊士运河－红海这条捷径，要比绕非洲南部好望角节省超过 1 万公里的路程，这使地中海不仅重新繁荣起来，而且成为世界上运输最繁忙的海路。每天至少有 2000 多艘各种船只在地中海航行。可以说，即使在这个航空时代，地中海仍然是欧洲的生命线，支持西欧经济引擎转动的石油基本都是通过地中海运送的。

中国之舟

战国时代的阴阳家邹衍以“金木水火土”的“五行相胜”来解释历史的演变，这种“五德”思想最终成为中国皇权传统中“奉天承运”的一部分。邹衍认为，中国是世界的八十一分之一，叫作赤县神州，它是九州之一。就是《禹贡》描绘的那样。中国四周有“裨海”环绕。九州之外还有大九州，同样被“大瀛海”环绕。这是中国古人对世界的最早猜测。直到指南针出现之后的宋代，中国人仍然认为世界上只有一个大海。

> 海一而已，地之势西北高而东南下，所谓东、北、南三海，其实一也。北至于青、沧，则云北海，南至于交、广，则云南海，东渐吴、越，则云东海，无有所谓西海者。《诗》《书》《礼经》所载四海，盖引类而言之。《汉·西域传》所云蒲昌海，疑亦渟居一泽尔。班超遣甘英往条支，临大海，盖即南海之西云。（洪迈《容斋随笔》）

正像20多年前的一部电视片所说，虽然中国有着18000公里的海岸线，但中国文化的核心却是大陆性的黄河文化，以“大陆”或“海内”自诩。与蓝海文化所代表的商业精神不同，黄河文化是一种典型的农耕传统。这种说法最早出自黑格尔，他曾说：“西方文明是蓝色的海洋文化，而东方文明是土黄色的内陆文化。”他还说：“中国缺乏欧洲人开拓海洋的巨大勇气，而在自己广袤土地上，自我陶醉于农业社会的节律。对亚细亚国家而言，海只不过是大地的尽头、中断，他们与海没有积极的关系。”①

如果抛弃欧洲中心论之傲慢与偏见，中国作为一个古老文明，在航海方面的贡献同样可圈可点。英国历史学家罗伯特·坦普尔甚至无限溢美地称赞“天才般的中国”——

> 中国人在历史上是最伟大的航海者，因为在近两千年的时间里，他们拥有远比世界其他地区先进的船只和航海技术，比较的结果是让人窘迫的。当西方最终赶上他们的时候，也仅仅是以一种或另外一种方式改良了他们的发明。历史上大部分时期，在能想象到的每个方面，欧洲人使用的船只与中国相比都相形见绌，甚至晚至1800年。②

应当承认，任何文化最终都是自然地理的产物，而中国造船业就从河流以及河流形成的湖泊中起步。刘向在《世本》中说：“古者观落叶因以为舟”；《淮南子》中说：“古人见窾木浮而知为舟”，“燧人氏以匏济水，伏羲氏始乘桴”。可见最早中国在燧人氏时代就已经开始木筏时代，稍晚的伏羲氏时代开始“挖木作舟”的独木舟时代。黄帝时代出现了金属精加工的木板舟，“舟谓集板，如今船，空大木为之曰虚，总名皆曰舟”。《说文解字》中说：“舟，船也。古者共鼓货狄，刳木为舟，剡木为楫，以济不通。”传说赤将或者共鼓和夷狄发明了舟楫，颛顼发明了桨篙，帝喾发明了舵和橹，致远以利天下，“见行之甚缓，复又以木作舵”，他们都是黄帝时代的人。

距今4000多年前，黄河入海口从苏北平原改道华北平原，中原地区洪水泛滥。

---

① （德）黑格尔：《历史哲学》，王造时译，上海书店出版社，2001。

② （英）约翰·霍布森：《西方文明的东方起源》，孙建党译，山东画报出版社，2009。

大禹依靠治水而成为中国人先祖夏族的部落首领，这一过程实际上是在船上完成的，“陆行乘车，水行乘舟”。在距今5000年前的河姆渡文化遗迹中，人们发现了最早的独木舟实物，这也验证了关于黄帝时代的史前传说和记载。

“泛泛杨舟，绋缅维之；泛泛杨舟，载沉载浮，既见君子，我心则休。”《诗经·小雅》中对船充满浪漫的想象。早先的越人“水行而山处，以船为车，以楫为马，往若飘风，去则难从”。划桨时代的中国发展出了不同的划水工具，浅水为篙，短桨为楫，长桨为棹，最值得称道的就是一器多用的橹。

战争作为文明的最高形式，中国战船的历史与地中海战船同样古老。早在公元前16世纪，城邦时代的商国就已用舟船来运送军队。牧野之战中，周武王的军队由47艘大船在孟津渡过黄河，只是这些临时征集的船并非战船。在群雄争霸的春秋时期，江河湖海很快成为陆地的延伸，当时较大的水战已不下10余次。南方的吴国、越国、楚国和北方面临东海的齐国，都先后开始了战船计划。鲁哀公十年（公元前484年），吴国徐承且率师舟自海道伐齐，这或许是中国最古老的水军。在吴越战争中，水军几乎是战场的主角。据《越绝书》记载，吴国战船分为“大翼”“小翼”“突冒”“楼船”“桥舡”等，伍子胥以步兵（陵军）的“车战法”训练水军。吴国还发明了用于跳帮战的水战器具“钩拒”。

与欧洲早期战船类似，春秋和战国时期的所谓战船，主要承担运送士兵和辎重粮草的任务。张仪游说楚王时就说：“秦西有巴蜀，方船积粟，起于汶山。循江而下，至郢三千余里。舫船载卒，一舫载五十人，与三月之粮，下水而浮，一日行三百余里；里数虽多，不费马汗之劳。”[①]后来，“秦遣司马错率巴蜀众十万、大舶船万艘、米六百万斛，浮江伐楚”[②]。

在古代技术环境下，水路运输的优越性是陆路无可比拟的。在长达3年的长平之战中，秦军依靠渭河和黄河运输，赵军只能依靠崎岖的陆路运输。当时陆路运输成本之高绝非现代人可以想象。即使近代美国在南北战争之前，谷物的运送距离只

① （西汉）司马迁：《史记·张仪列传》。

② （晋）常璩：《华阳国志·蜀志》。

要超过40公里，运费就超过货价。这场旷日持久的运输战的最终结果是，水运的秦国打败了陆运的赵国。

《左传》载，僖公十三年（公元前647年），晋饥，乞粜于秦，秦输之粟，自雍及绛相继，命之曰“泛舟之役”。在秦始皇征服南岭的战事中，为了解决军粮运送困难，不得不兴师动众修建了著名的灵渠，以沟通湘江和漓江。这样就将长江水系与珠江水系连接起来，秦帝国通过水路，将统治第一次扩展到岭南乃至南海。

公元前206—公元25年的西汉时期，中国战船得到了进一步发展，一次战役甚至出动战船2000多艘，水军达20万。元丰二年（公元前109年），好战的汉武帝派楼船将军杨仆率海军5万，从山东渡渤海占领朝鲜，朝鲜开始中国化。

在汉武帝时代，中国的扩张运动不仅北及大漠西通西域，同时在太平洋和印度洋也开辟了3条重要的海上航线，最著名的就是海上丝绸之路。东汉建武中远二年（公元57年），“东夷倭奴国王遣使奉献”，“光武赐以印绶”，这枚金印后来在日本被发现，上刻阴文“汉倭奴国王”。

应当承认，制铁业的鼎盛对汉帝国造船技术的发展起到了决定性的作用，《后汉书》中甚至有“造十层赤楼帛栏船”的记载。三国时期曾有许多著名水战，最著名的如赤壁之战。南方的吴国水军最为强盛，曾拥有5000艘战船，其中大型楼船设楼五层，可运载士兵多达3000名。黄龙二年（公元230年），孙权派将军卫温、诸葛直将甲士万人出海，寻找海外的夷洲和亶州，卫温诸葛直只找到夷洲，“得数千人还”①。魏晋南北朝拉开了中华文明南迁的历史大幕，南方不仅临近大海，而且江河湖泊密布。南梁侯景军的战船装有160支长桨，航行如飞。祖冲之“造千里船，于新亭江试之，日行百余里”②。“王浚楼船下益州，金陵王气黯然收”③，据《晋书》记

① （西晋）陈寿：《三国志·吴书·孙权传》。

② （南朝）萧子显：《南齐书·祖冲之传》。

③ 出自唐朝诗人刘禹锡诗《西塞山怀古》，全诗为：“王濬楼船下益州，金陵王气黯然收。千寻铁锁沉江底，一片降幡出石头。人世几回伤往事，山形依旧枕寒流。从今四海为家日，故垒萧萧芦荻秋。”

载："武帝谋伐吴，诏修舟舰。濬乃作大船，连舫，方百二十步，受二千余人。以木为城，起楼橹，开四出门，其上皆得驰马来往。"

以橹桨驱动的楼船为代表，中国战船的性能已逐步赶上和超过了当时的地中海国家，并一直保持到15世纪中期。与桨帆时代的欧洲战船相比，中国战船是当时世界上最大、最牢固、适航性最好的船舶。

海上丝绸之路

一些学者根据甲骨文中的“凡”字推断，认为殷商时代中国就已经出现了风帆。东汉时期一部专门探求事物名源的《释名》中记载：“随风张幔曰帆。帆，汎也，使舟疾汎汎然也。”可见中国最迟在两汉时期就已经引入风力作为船的驱动力，甚至出现了7帆的大型帆船，而且当时的帆船已有桨、橹、锚、舵、帆、水密隔壁等设施，可以在海上远航。李约瑟说：“中国远在欧洲之前懂得用前后帆的系统御风而行，或许就是这个原因，在中国航海史上从未用过多桨奴隶船。”值得一提的是，舵和水密隔壁都是中国最先发明的。

广州造船业始于秦始皇时代，到汉代时已相当发达，可造3000人的巨船，“南越王造大舟，溺人三千”[①]。依靠先进的航海技术，汉武帝时代的中国商人在南中国海开辟了海上丝绸之路。这些帆船从广州或北海出发，最远到达罗马帝国区域，主要运送丝绸、珠宝、香料、矿物等大宗货品。魏晋南北朝时期，中国航海帆船已可以到达阿拉伯半岛西南部的亚丁港。

---

① （晋）沈怀远：《南越志》。

自日南障塞、徐闻、合浦船行可五月，有都元国；又船行可四月，有邑卢没国；又船行可二十余日，有谌离国；步行可十余日，有夫甘都卢国。自夫甘都卢国船行二月余，有黄支国，民俗略与珠崖相类，其州广大，户口多，多异物，自武帝以来皆来献见。有译长，属黄门，与应募者俱入海市明珠、璧流离、奇石异物，赍黄金杂缯而往……黄支之南，有已程不国，汉之译使自此还矣。(《汉书·地理志》)

经过多年考证，这份关于“海上丝绸之路”最早的文字中，都元国、邑卢没国、谌离国、夫甘都卢国、黄支、已程不国，分别指现在的马来西亚、缅甸、印度和斯里兰卡等国家的一些城市。通过海上丝绸之路，西方的罗马帝国皇帝穿上了来自东方中国的丝绸。公元160年左右，罗马帝国占领两河流域和波斯湾，打通了通往东方的海上道路。罗马商人从海上取道安南到达中国，并以罗马帝国官方使节的名义拜见汉朝的皇帝。《后汉书·西域传》记载：“桓帝延熹九年（166年），大秦王安敦遣使自日南徼外献象牙、犀角、玳瑁，始乃一通焉。其所表贡，并无珍异，疑传者过焉。”安敦即罗马皇帝安敦尼，这被很多历史学家认为是罗马与中国首次直接发生官方接触。

必须说明的是，中国帆船都是平底船，而不是尖底船，在远海大风浪中航行时，稳定性极差；再加上船只规模不大，其续航能力也极其有限；其三，秦汉时期指南针尚未发明，在航行中辨别方向比较困难，黑夜可以利用天体，白天则以沿岸标志确定航向，“乘航而惑者，不知东西，见斗极则寤矣”[①]。因此当时的中国帆船仍只能沿着海岸线航行。

永嘉之后，中国经济文化的重心从黄河流域逐渐南移至长江流域，“苏湖熟，天下足”。水网密布的南方成为中国经济的引擎，造船技术获得极大的发展和提升。唐

① （西汉）刘安：《淮南子·齐俗训》。

时“凡东南都邑，无不通水。故天下货利，舟楫居多。舟船之盛，尽于江西。编蒲为帆，大者八十余幅。江湖语曰：水不载万。言大船不过八九千石。”[①]在江南地区，几乎家家都有木船，人人都会驾船——

> 人们在小时候就学会了划船。只要一学会这门技术，一个人就可以不停地划几个小时。划船所耗的力量并不与船的载重量成正比，而是与水流、风向等情况密切有关。所以，载重增加时，此类运输的费用就降低。如果船夫能够利用风向，距离只是一个时间问题，而不是花力气的问题，这样，费用就可进一步减少。这是水运的一个重要特点。这就有可能使一个地区的住房集中在靠河边的位置。它也使分散的农田占有制成为可能。此外，水运在市场贸易中的作用也影响了流通系统。[②]

公元6世纪，隋朝用武力结束了中国长达400年的分裂状态。在攻击南陈京都建康（南京）的战争中，隋军所使用的“五牙”大型战舰配备士兵800人，装备有6具“拍竿”。拍竿利用杠杆原理，高悬巨石，类似陆战的弩炮，是一种威力很大的冷兵器，可以发射巨石，打击对方水手，甚至击沉敌船。拍竿是撞船战术和跳帮战术之外的中国独创。

① （宋）王谠：《唐语林校证》。

② 费孝通：《江村经济：一个农民的生活》，商务印书馆，2001。

运河上的帝国

隋朝是中国皇权历史长河的一个中点，如同秦朝是一个开始。隋与秦都极其短暂，人们也常常将修运河的隋炀帝与修建长城的秦始皇相提并论。“凿通济渠，役丁死十四五。”壮志凌云的隋炀帝以隋朝政治经济的崩溃为代价，奠定了隋唐第二帝国的庞大格局。经过隋朝的铺垫，唐朝“将中国扩展成一个充满活力的世界性帝国。国家的统一、南北大运河的开通、两座宏伟京城的修建和国内贸易的扩大，均刺激了经济的发展。唐朝京城长安发展成为世界上最大的城市，有居民百万，吸引着来自亚洲各地的商贾、留学生和朝拜者”[①]。

从登基开始，隋炀帝就在关中运河“广通渠”的基础上，启动了以洛阳为中心的“大运河”工程。从开皇四年（公元 584 年）到大业六年（公元 610 年），历时 26 年，征用数百万民工，终于开凿了西起长安、北达涿郡（今北京）、南抵余杭的大运河，全长 2000 多公里，沟通了海河、黄河、淮河、长江和钱塘江等五大水系。借助这个“人”字形运河，“商旅往返，船乘不绝”，“自是天下利于转输”[②]。运河与江河

① （美）伊佩霞：《剑桥插图中国史》，赵世瑜等译，山东画报出版社，2001。

② （唐）杜佑：《通典》。

湖泊构成的水路交通，使中国大一统的文化格局更加稳固。唐朝刘晏说："天下诸津，舟航所聚，旁通巴汉，前提闽越，七泽十薮，三江五湖，控制河洛，兼包淮海。弘舸巨舰，千轴万艘，交贸往返，昧旦永日。"[①]

中国大运河实际是古代交通技术制约下的一种无奈。与地中海文明相比，中国无疑面临着严峻的地理制约。与长城作为一种对外封锁的产物一样，运河是一种对内统治的产物。从某种意义上来说，运河就是中国的地中海。"水性使人通，山性使人塞"，李白曾经感叹陆路入蜀"蜀道难难于上青天"，然而水路出川却是"朝辞白帝彩云间，千里江陵一日还。两岸猿声啼不住，轻舟已过万重山"。

虽然中国属于典型的大陆文化，但轮子文化并没有取得多大的成就，相反船文化却达到登峰造极的程度。"到唐时，全倚之江淮之粟"[②]，初唐太宗时期，每年通过通济渠输送至关中的粮食仅10—20万石，武则天以后增至200—400万石。晚唐时的韩愈说："当今赋出于天下，江南居十九。"经济史学家全汉昇在《唐宋帝国与运河》中指出，南粮北运构成帝国生存的大动脉。实际上，纵观两千年历史，中华帝国始终建立在一个依靠舟船漕运维系的经济体制之上，如果没有发达的舟船技术和规模，也就不存在如此庞大的帝国统治。"今日之势，国依兵而立，兵以食为命，食以漕为本，漕运以河渠为主。"[③]从秦汉开始，帝国京都无一不是选择在运河的终点。因为三门峡瓶颈，舟船从洛阳到长安极其艰难，唐时朝廷不得不去"洛阳就食"，甚至常常有半路饿死的事件发生，东都洛阳逐渐兴起。

唐末乱世使广通渠完全淤塞，"东京华夷辐辏，水陆会通"，宋朝只好暂以通济渠终点开封为都。赵匡胤计划等广通渠疏浚后，迁都洛阳甚至长安："迁河南未已，久当迁长安……吾将西迁者，非它，欲据山河之险而去冗兵，循周、汉故事以安天下也。"[④]关中之所以从周至唐一直为中国的政治中心，正是出于水运之便。张良劝

---

① （后晋）刘昫等：《旧唐书·崔融传》。

② （宋）吕祖谦：《历代制度详说》。

③ （宋）张方平：《乐全集》。

④ （宋）司马光：《资治通鉴》。

刘邦定都关中时说："诸侯安定，河、渭漕挽天下，西给京师；诸侯有变，顺流而下，足以委输。"[①]虽然明知无险可守的开封作为帝都极为冒险，但舟船之利压过了军事权重，"东京有汴渠之漕，岁致江淮米数百万斛，都下兵数十万人咸仰给焉"[②]。最终，号称"在德而不在险"的北宋倏忽间即告覆灭。

南宋以通济渠的始发点杭州为临时京都[③]，政治中心与经济中心完成整合，仅仅浙江的机杼耕稼，已经是"衣食半天下"。宋朝时期，工商业繁荣，自由经济发达，5个人口超过100万的城市（汴京、临安、长安，洛阳和南京），无一不是建立在舟船交通之上，而"富庶甲天下"的扬州更是运河制造出来的一个梦想之城。从《清明上河图》上，后人依然可以看见一片舟楫连绵的昔日繁华。在5米多长的画卷里，共有20多艘大小船只。画中有一艘即将通过虹桥的单桅货船，因无法张帆，货物过于沉重，全赖船夫卖力的撑篙，岸上十几个人使命地拉纤，才让船只得以航行。为了防止船身撞上桥梁，桥墩的护栏边还有人持篙，准备把船支开。

从中国历史来说，经济一直在南移，但统治始终来自北方，这实际上是暴力原则决定的。蒙古人征服中国后，建大都于汗八里（今北京），几乎所有物品必须由1600公里外的南方运来。华北松软的黄土层决定了要想维持一条陆上官道，几乎是不可能的，因此水路运输仍然是唯一的解决办法。这条与海岸线几乎平行的京杭大运河，就成为"帝国命脉"。漕船从富庶的江南出发，经过三千里跋涉，最后到达北京的"海子"[④]。按照马可·波罗的说法，当时的大运河"犹如一条大河，能够行驶大型帆船"。

大运河的建设最早可追溯至公元前7世纪，早在公元10世纪时便已应用船闸系统及诸如多拱宝带桥这样匠心独运的桥梁，在明朝永乐（1402—

① （西汉）司马迁：《史记·留侯世家》。

② （宋）司马光：《资治通鉴》。

③ 南宋时，杭州被称为"临安"或"行在"。明初朱棣正式迁都北京之前，也称北京为"行在"。

④ 今天的什刹海、北海、积水潭和已经消失的太平湖，在数百年前都连成一片，烟波浩淼，成为京杭大运河的终点——"海子"码头。

> 1424）年间，大运河重建、大修，得到进一步改善。当其水利专家白英完成筑坝和黄河引水工程时，接近12000艘运粮驳船沿运河南北航行已经成为可能。雇来维护该运河的人力接近50000人。毫无疑问，西方最宏大的运河系统非威尼斯的水运系统莫属。当坚忍不拔的威尼斯旅行者马可·波罗于13世纪70年代到达中国后，连他也为长江上的交通运输量所叹服："覆盖这条伟大河流的船只如此之多，对于读到或听闻这种描述的任何人来说都不会相信。经由此河南北运送的货物如此之多，这是任何人都不敢想象的。事实上，其交通之繁荣，以至于看来这根本就不像河，而是大海。"中国的大运河不仅发挥着国内贸易大动脉的作用。它还使帝国政府通过五大粮仓，以丰收后购进粮食、物价过高时售出粮食为手段，起到平抑粮食价格的作用。①

在传统帝国时代，漕运首先是一种政治行为。明代每年要从南方漕运400万石粮食到京城，最高时达到670万石，但从北方返回南方的船却常常放空；有些船到达北方后，甚至被凿沉抛弃。专门研究明代漕运的黄仁宇先生指出，从南方运到北京的白粮，常常会以低于南方的价格进行抛售，而且运输的费用往往是粮食价格的数倍。这多少有些令人不可思议。说白了，就是富庶的南方通过漕运，源源不断地向北方统治者输血，这就是帝国的真相。②

与地中海相比，中国运河要脆弱得多。与其政治意义相比，它的实际运输能力

---

① （英）尼尔·弗格森：《文明》，曾贤明、唐颖华译，中信出版社，2012。

② 有历史学者认为，中国长期处于某种可称为"黄中国"对"蓝中国"的紧张关系之中。前者代表黄河、长城、农业优先、大陆至上、命令式经济体制、儒家文官制度、漠视海洋世界。后者则意谓长江下游、市场经济、自给自足、文化互动、长距离贸易、迎向海洋。13世纪后期，马可·波罗将中国南北两地几乎视同异国，南称"蛮子"，北为"震旦"。如果大运河工程从未发生，一个持久的蓝色属性中国或许可能在南方出现，成为独立存在，甚至向外扩张，纳入越南海岸地带以及东南亚部分岛屿——变成一个因为同有海洋导向定位、投入长距离贸易交流而结合的区域。可是中国精英阶级始终坚持大陆观点，将视线固守在北方发号施令。〔（美）罗伯特·芬雷：《青花瓷的故事：中国瓷的时代》，郑明萱译，海南出版社，2015。〕

极其有限。首先，对于长达数千公里的人工运河来说，帆桨（橹）派不上用场时，不得不依靠人力拉纤。一艘普通官船就需要50名纤夫，而纤夫的境况大都很悲惨。隋炀帝经运河南巡，纤夫沿两岸牵引“龙船”；淤浅处由民夫推船，许多民夫甚至泡到腰身以下溃烂。其次，运河的航速极低。唐代江淮漕运从二月发扬州，四月自淮入汴，八九月才到达洛阳，运送一趟竟然需要半年。第三，运河各段因为水位落差巨大，不得不设船闸分次运送，“自天井闸至塌场口，不满百里，建闸十一座”；每艘船需要500人协助过闸，每次均需装货卸货，极其繁琐，更不用说拥堵了。第四，北方降水极少，冬季结冰封河，加上黄河频频泛滥，导致北运河经常缺水、淤塞和断航。

重重困难之下，以北京为帝国京都的元、明、清三代，不得不在河运之外尝试海运。早在唐咸通年间，用兵交趾，湖南、江西运输甚苦，润州人陈磻石创议海运，从扬子江经闽广到交趾，大船一艘可运千石，军需赖以无缺。元朝长期以大规模的海运，将江浙一带的米粮运到“汗八里”，“终元世海运不废”。黄仁宇也认为，整个元朝时期，海路在交通运输中所起的作用要大些。海运一方面使沿海的灯塔航标等设施得以完善，另一方面也推动了海船的发展。早期海运沙船最大不过千石，“延佑（1314年）以来，如造海船，大者八九千，小者二千余石，岁运粮三百六十万石”[①]；30年时间，就发展到300—1200吨的大型海船。同时也开辟了海上新航线，“殷明略航线”从长江口直达天津，仅需要10天，“当舟行风信有时，自浙西至京师，不过旬日而已”[②]，这与漕运动辄数月半载形成鲜明的对比。

与河运相比，海运所用大船具有极大的容积，海上较大的风力也强于人畜肌力，故而海运成本要低很多。但帝国政治常常与经济原理无关，甚至完全相反。明清时期，河运一直占据主流地位。对一个农业帝国来说，货币体制的落后仅仅是一种表象；直到1901年，天朝帝国才以钱币支付方式代替了实物缴纳方式。

与实物进贡式漕运的浪费低效相始终的，是明清两代的海禁政策。特别是在明

---

① （明）危素：《元海运志》。

② （明）宋濂、赵埙、王祎：《元史·食货志》。

后期，更是严格地禁止一切海洋活动，甚至只要制造双桅以上帆船，就是谋逆，罪可致死。从很大程度上，历代统治者的海禁传统，塑造了中国重农轻商的大陆性格，这与西方世界热衷于海洋贸易截然相反。

> 西方古代的城邦，无论其依附于土地贵族的程度有多强烈，基本上是从海外贸易发展起来的，而中国主要是个内陆地区。纯就航海方面而言，中国平底帆船的续航力之大，有时可以航行到很远的地方，而航海技术（指南针）也高度发展。但与幅员广大的内陆本体相较之下，海上贸易就微不足道了。况且中国数百年来已放弃争取海上强权，这是对外贸易不可或缺的基础。最后，众所周知，中国为了维护其传统，对外接触仅限制在唯一的一个港口和商行，即广州十二行。这样做其来有自。即使修筑大运河，也是极力避免由海路从南方向北方调运粮食，这可能是因为海上交通容易受到台风和海盗影响。直到近年的官方报告中还指出，经由海路运输所损失的钱财足可抵销重修运河所需的巨额费用。[①]

① （德）马克斯·韦伯：《中国的宗教》，康乐、简惠美译，广西师范大学出版社，2004。

万斛神舟

在水上运输成为帝国生命线的背景下，中国造船水平从隋唐以后达到一个前所未有高度。

根据宋人的记载，隋炀帝的龙船“高四十五尺，阔五十尺，长二百尺”[①]。隋炀帝倚仗舟船之利，穷兵黩武，三征高丽，三伐琉球。作为天下帝国，唐代的帆船技术更加成熟和普遍，海船已经发展到长达 20 余丈。李皋甚至发明了轮桨船，堪称机械明轮船的先驱；欧洲出现明轮船晚至 1543 年。唐朝李处人开辟的中日航线对日本产生了深远的影响，从中国宁波港到达日本嘉值岛那留浦，全程沿着海岸线航行，仅需 3 天。日本由此出现了一场“中国化”的文化浪潮。

在怛罗斯战役之前，大唐帝国在西域的势力一度远及阿拉伯沿海，“四夷之与中国通者甚众”；海上交通远及印度洋、波斯湾和东非海岸，唐朝宰相贾耽在《广州通海夷道》中，就记载了从广州到东非的航线。当时整个南亚区域，几乎都是与唐朝有“朝贡”关系及贸易交往的海外“蕃国”。

---

① （南朝·宋）刘义庆：《世说新语·大业杂记》。

但事实上，当时的阿拉伯人在航海方面似乎更胜一筹。“靠着中国的两项发明，即三角形船帆和船尾舵，阿拉伯人把自己的商业触角延伸到了非洲和远东地区。”[①]阿拉伯帝国的崛起，使阿拉伯商人沿着印度洋和地中海，扩散到许多沿海城市，由此开辟了从中国到地中海的全球贸易，巴格达成为“通往世界的码头”。阿拔斯王朝的创建者曼苏尔宣称：“我们与中国之间畅通无阻，海洋能让我们应有尽有。”

在那一时期，广州成为阿拉伯商人重要的商业中转站和聚居点。“南海舶，外国船也，每岁至安南、广州。”[②]唐肃宗乾元元年（758 年），阿拉伯人和波斯人在广州发动骚乱，“大食、波斯围州城，刺史韦利见逾城走，二国兵掠仓库，焚庐舍，浮海而去”。唐代宗宝应元年（762 年），在怛罗斯战役中被俘的杜环，由海路回到大唐；他最远到过摩洛哥，然后经由地中海、红海和印度洋到达广州。百余年后，即唐僖宗乾符四年（公元 877 年），黄巢军围攻广州，据说被杀的阿拉伯人、波斯人、犹太人和欧洲人达 12 万人，甚至说 20 万人。此说虽有所夸大，但由此可以想象当时发达的海运，所带来的广州外侨是多么庞大。同时，借助国际海运，中国对外移民运动也由此发轫，以至于遍布世界各地的中国移民聚居点都被称为“唐人街”。王维有一首《读史》诗写道：

南海商船来大食，
西京祆寺建波斯。
远人尽有如归乐，
知是唐家全盛时。

唐与宋在文化气质上有显著差异——唐代是中世的结束，而宋代则是近世的开始。进入宋朝，特别是南宋之后，中国将战略重点逐步转移到了海上，与 50 多个国

① （美）马特·里德利：《理性的乐观派：一部人类经济进步史》，闾佳译，机械工业出版社，2011。

② （唐）李肇、赵璘：《唐国史补·因话录》。

家有贸易往来。作为海关机构的市舶司，每年创造的关税竟达岁入的 20% 还多，成为帝国的重要收入。

中国造船技术在宋朝时就已经处于世界顶尖水平。当时欧洲桨帆船还在中世纪的地中海里流连，中国商船依靠指南针，已经率先跨入了全风帆时代，南亚的海上航运也从阿拉伯人那里易手。中国大型海船如"木兰舟"，其"舟如巨室，帆若垂天之云，柂长数丈，一舟数百人，中积一年粮，豢豕、酿酒其中"①。在印度洋上，传统的阿拉伯单桅三角帆船根本无法望中国四桅帆船之项背。一位欧洲乘客对中国海船留下了极高的评价：

> 非常之大，船上的舱室就超过 100 间。在顺风时他们可以鼓起 10 具帆前进；而且它的体量非常庞大，由厚厚的木板分为 3 层：第一层与我们的船只大小相当，第二层是横向的，而第三层又回到纵向。说实话，这是非常伟大的海船。②

因为龙骨和水密仓等创新技术，从而极大地提高了海上航行的安全性，中国海船一直享有极高的美誉度。当时的阿拉伯人中，有一句著名的谚语：为人做事，要像中国船航海一样。中国最大的远洋商船可载 1000 多人，这即使对数百年后的哥伦布来说，也是不可思议的。与欧洲后来的风帆船不同，早期的中国远洋帆船仍然保留了中国橹，每船有 8—10 支橹，每橹配备 4 人。

当时的中国海船被称为"客舟"。"客舟长十余丈，深三丈，阔二丈五尺，可载二千斛粟，以整木巨枋制成。甲板宽平，底尖如刀……每船十橹，大桅高十丈，头桅高八丈。后有正柂，大小二等。矴石用绞车升降。每船有水手六十人左右。"③官方海船被称为"神舟"，其体量往往是"客舟"的数倍。宋神宗元丰元年（1078

① （宋）周去非：《岭外代答》。

② （美）威廉·伯恩斯坦：《贸易改变世界》，李晖译，海南出版社，2010。

③ （宋）徐兢：《宣和奉使高丽图经》。

年），为了供安焘出使高丽，特意在明州（今浙江宁波）制造了两艘万斛级的“神舟”，以彰显帝国威仪。到了好大喜功的宋徽宗时代，帝国的“神舟”更是一蟹胜过一蟹，形制更大。根据对现代仿古重建的“万斛神舟”测量，其载重量超过200吨。1987年在广东阳江海域发现的“南海一号”宋代海船，排水量可达600吨，载重近800吨。

虽然中国航海技术非常先进，但中国帆船在马六甲以西一直比较低调，印度洋仍然保持着繁荣与和平。据西方历史学家的研究，两宋的对外年贸易量超过世界上其他国家同期的总和，中国商人基本控制着从中国沿海到非洲东海岸、红海沿岸的主要港口。郑震的贸易船队每年乘季风往返于印度洋航线，从泉州到斯里兰卡仅需要3个月时间。

最后的中国

在战乱频仍的背景下，宋朝战船也达到相当高的水平，船型推陈出新，多达数百种。船工出身的杨么伐木为船，垒土成寨，在洞庭湖起事，所造轮桨战船，最大的长约 110 米，装有 24 个桨轮和 6 具拍竿，载士兵 1000 余人，“以轮激水，其行如飞”。据著名科技史专家李约瑟分析，中国桨轮船估计有 50 马力，航速约为每小时 3.5—4.0 海里。水军统制官冯湛制造的桨帆战船有 42 支桨，搭载士兵 200 名，对江河湖海均有极佳的适航性。

宋朝冶铁业极其发达，随着廉价生铁的普及，嘉泰三年（1203 年），秦世辅设计制造载重约 60 吨的“铁壁铧嘴平面海鹘”战船，以铁板做成舱壁，成为装甲战船的始作俑者。在撞击战术时代，这种铁甲战船船艏装有形似铧嘴的犀利铁尖，在水战中所向披靡，任何木船都难以抵挡其巨大的冲击破坏。

技术进步的基础，是巨大的产量规模。造船厂遍布全国，每年新造船只数量达 3000 艘之多（元朝更发展到 5000 艘）。北宋时期，温州一年就要造出 600 多艘大船。当时仅官府的漕船就达到 6000 多艘，稍晚的马可・波罗认为，武昌地区的大小船只就不少于 20 万艘。

宋朝甚至建立起一支永久性的海军，这在当时无疑是开创性的。宋朝海军拥有的战舰一度超过 2 万艘，堪称当时世界之最。海军成为宋朝对抗北方马上民族的致命武器，文天祥曾说："夫东南之长技莫如舟师，我之胜兀术于金山者以此，我之毙逆亮于采石者以此。"[①]宋金战争和宋蒙战争中，宋军出动战舰常达数千艘甚至上万艘。最值得一提的，是绍兴三十一年（1161 年）的胶州湾海战，120 艘战船和 3000 人组成的南宋舰队，大败 700 余艘战船和 7 万人组成金国舰队，金军全军覆没。这是世界史上火药和火器首次被用于海战。紧接着，宋金又发生采石矶之战。宋军依靠水军优势，以 1.8 万人大败 17 万金军。在此战中，宋军的神臂弓和霹雳火炮发挥了重要作用。此战的失利，造成金主完颜亮被杀，侵宋战争宣告彻底失败。

大宋帝国无疑代表着当时世界最先进、最发达的文明和生产力。作为管理国际贸易的官方机构，市舶司曾经支撑了帝国财政的半壁江山，但到最后，帝国还是亡于市舶司。一个颇可惊异的史实是，色目人蒲寿庚居然把持帝国市舶司长达 30 年，他的叛变成为对帝国的致命一击。

宋景炎二年（元至元十四年，1277 年），"保南宋沿海财政与军事大权于一身"的蒲寿庚拒绝宋少帝和张世杰进入泉州，闭城三日，将宋宗室及淮军尽数屠杀。蒲寿庚叛降后，所有海船均交于元军，他又为蒙古人制造了 600 艘战舰，使蒙古军实力大增。日本历史学家桑原骘藏说："蒲寿庚弃宋降元之事，影响于宋、元势力之消长实大。盖蒙古虽长于陆战舟师实不敌宋。寿庚老于海事，拥海舶甚多。一旦降元，定为元南征之助。于元为莫大之利，于宋直致命之伤。"客家历史学家罗香林也认为，"元师席卷而南，蒲氏乃以泉州降。宋室流离琐尾，既失市舶财利，复丧舟师实力，凭藉既虚，虽有张世杰、陆秀夫、文天祥诸贤臣奔走勤王，亦无补于国运之侵移矣！其影响于宋元时局之递变者，至巨且大。"

福州沦陷之后，宋帝国流亡政府逃到广东珠江出海口的崖山，由左丞相陆秀夫和太傅张世杰护卫着 8 岁的皇帝赵昺。此时宋军兵力虽号称 20 多万，实则多半为官

① （南宋）文天祥：《御试策》。

吏仆臣等非战斗人员，有各类船只2000余艘；元军兵力达30万，战船数百艘，这些元朝水师基本都是“识时务”的宋军降兵。

祥兴二年（1279年），著名的崖山海战拉开战幕。张世杰尽焚沿岸宫殿建筑，试图在海中发起一场绝地反击。100多艘宋船以“连环船”的形式横亘海湾，赵昺的“王舟”居中。元朝水师火攻不成，遂封锁海湾，断绝宋军供给。宋军吃干粮十余日，甚至取饮海水。待宋军疲惫，元朝水师大举进攻。元人编写的《宋史》记载：

> 二月戊寅朔……南北受敌，兵士皆疲不能战……诸军溃……陆秀夫走卫王舟，王舟大，且诸舟环结，度不得出走，乃负昺投海中，后宫及诸臣多从死者，七日，浮尸出于海十余万人……宋遂亡。

崖山海战是空前惨烈悲壮的一场战役。尽管大势已去，为了不使战舰落入敌手，宋军毅然将数百艘战舰自行凿沉，这不可谓不惨烈；10余万南宋军民，包括官吏、军人、平民、妇女，不愿被野蛮的蒙古人奴役，决绝地蹈海自尽，这不可谓不悲壮。“浮尸出于海十余万人”，在了无生趣的中国正史中，只留下这么一行冷冰冰的字句，但它背后的骨气与血性，足以令后人震撼、叹息、汗颜。在生命与尊严的纠结和拷问中，从皇帝到官吏、军人、平民甚至妇女，每个人都做出了一种艰难而伟大的选择。为尊严而死还是为活着而活？这个哈姆雷特疑问永远是对一个文明人最严肃的质问。

崖山海战前，被俘的南宋宰相文天祥被威逼致书劝降，文天祥留下一句“人生自古谁无死，留取丹心照汗青”。崖山之后，他被押赴汗八里囚禁，“臣心一片磁针石，不指南方不肯休”，4年后不屈被杀。文天祥曾预言，“虏运从来无百年”。百年后的明洪武九年（1376年），赶走蒙古人的朱元璋将当年囚禁文天祥的牢房，改建成“文丞相祠”。

崖山海战是中国历史的重要的转折点。中国领先世界、开放自由的发展进程被突然打断，已经高度发达的经济、文化、科技和政治成就遭到摧残瓦解。中国在历史上第一次完全沦陷于外族。蒙古征服与五胡乱华最大的不同，在于彻底颠覆了中华传统文明面对蛮族的文化优越感，礼义廉耻被暴力和奴性所消解。元朝的建立，与其说是胡人被汉人同化的继续，不如说是汉人被胡人同化的逆转。在传统时代，文天祥是英雄；但在暴力时代，成吉思汗得到最多的顶礼膜拜。

“哀恫中国，具赘卒荒。靡有旅力，以念穹苍。”如果说夏、商、周三代是中华文明雄起发轫的黄金时代，那么元、明、清三代则是中华文明惨遭阉割的黑暗时代。不少外国的史学家将宋朝灭亡视为古典中国的结束，所谓“崖山之后，已无中国”。王夫之在《宋论》中说：“汉，唐之亡，皆自亡也。宋亡，则举黄帝、尧、舜以来道法相传之天下而亡也。”[①]“历代亡国，无足轻重，唯南宋之亡，则衣冠文物，亦与之俱亡了！”即汉唐是亡国，而宋乃亡天下。

崖山之后，“曾渊子等诸文武臣流离海外，或仕占城，或婿交趾，或别流远国。”[②]宰相陈宜中曾到占城求救兵，企图复国，后老死于暹国。依靠中国传统的航海优势，宋王朝陨落之后，“政治避难”的移民一度遍及海外，从南洋到日本，无处不有。

---

① （明末清初）王夫之：《宋论》。

② （宋末）郑思肖：《心史》。

朝贡贸易

布罗代尔曾说，中国历史上有两个出口，一个是草原，另一个是海洋。“西域”和“南海”，自古就是中国对外沟通的两个主方向。

中国在汉朝时，就已经拥有了今日的海岸线，2000多年基本没有太大改变。相比陆地关系，海洋更为开放和流动，更具有多样性和多重性。从日本海、南中国海到印度洋，这片海洋其实并不太大，最多一个月之内，就能利用季风来往各国；因此各国之间既互相独立，又可以互相影响，而中华帝国无疑是区域内无可争议的主导者，但“主导”并不意味着统治。在东方传统中，海洋是共有的，所有人都有权使用。将海洋看成陆地的延伸，并将海洋像陆地那样划分，这完全是西方殖民运动的结果。

为了征服一些海洋民族，蒙元帝国初期的海军战舰曾经达到极其庞大的18000艘。在中国被蒙古人征服的过程中，日本、越南、朝鲜和爪哇等这些人口只有中国人口几十分之一的小民族，也同时遭到蒙古海军的蹂躏。这些勇敢的民族小国展开不屈不挠的反抗，安南人甚至将“杀鞑”二字刺在自己身上。三军可夺帅，匹夫不可夺志。在一种宁死不屈的精神激励下，这些被中国自古鄙视的蕞尔小国竟然赶走了凶残可怕的蒙古侵略者，使忽必烈可汗建立大东亚帝国的梦想折戟沉沙。在一定程度上，这些小民族的成功反抗无疑增加了大汉民族主义者的屈辱感。

历史如同一个飞去来器。百年轮回，报应回到了蒙古人头上，还有与蒙古人同样优越的色目人。朱沐英攻陷云南后，对蒙古人展开同样血腥的大屠杀，甚至更加羞辱地一次性阉割了 3 万多色目人。这些被阉者有的成为新帝国皇室的太监，其中有一个后来名满天下，他就是马三保。朱棣认为马姓不能登三保殿，因此赐姓“郑”，并改名为和，居四品，钦封“三保太监”。

如果说蒙元帝国是马上得天下，那么明帝国就是船上得天下。朱元璋军事集团从鄱阳湖水战中崛起，然后以舟船之利的南京为基地，发起北伐，最终完成统一。明初洪武时期，因张士诚、方国珍等军阀势力与朱元璋争夺天下失败后，“强豪者悉航海，纠岛倭入寇”。“洪武二十七年正月命严禁私下诸番互市者”，是为明代锁海之始。《明史》记载：“初，明祖定制，片板不许入海。”朱棣登基后，针对“缘海军民人等近年以来往往私自下番交通外国”，下令所司“一遵洪武事例禁治”。永乐二年（1404 年），“下令禁民间海船，原有海船者，悉改为平头船。所在有司，防其出入”。

几乎占据整个亚洲的蒙古帝国崩溃以后，连接欧亚东西的水陆贸易遭到严重打击，陆路贸易完全中断。明帝国的反商业海禁政策，使得宋元以来发达的海外贸易迅速衰落，更令“天朝上国”感到颜面无光的是，传统的朝贡贸易也近乎断绝。

朱元璋所创的“奉天承运皇帝”，将华夏帝王定义为上天的代表。中国统治者相信自己承担着天下秩序的神圣责任。与这种地缘政治格局相适应的，就是所谓“万邦来朝”的华夷秩序。在孤立封闭的东方世界体系中，中华帝国是唯一没有竞争的政治、经济和文化中心。朱元璋认为：“自古帝王临御天下，中国属内以制夷狄，夷狄属外以奉中国。”中央帝国对藩属的承认，反过来也是藩属对中央权力的承认。朝贡制度的主要目的，在于保证帝国漫长的边疆和平与秩序。“中国传统的世界观是儒家严谨而清晰地表达的等级社会观的反映。外国的君主和蕃邦应当向中央帝国朝贡：‘天无二日，国无二主’”。[①]从政治角度来说，朝贡体系与其是一种变相的贸易体系，

---

① （美）塞缪尔·亨廷顿：《文明的冲突与世界秩序的重建》，周琪等译，新华出版社，2002。

不如说是一种变相的扩张和统治，正如布罗代尔所说："进行传播、扩散、赠与，这就是进行统治。"[①]说白了，朝贡就是通过"传播、扩散和赠与"的方式来进行统治。实际上，"中国的政治家们几乎没有用经济学家的眼光来看待贸易和朝贡"[②]。

洪武末年，只有琉球、真腊和暹罗三国来朝。在维持海禁的前提下，帝国加大了对贡舶贸易的激励："凡外夷贡者，我朝皆设市舶司以领之……许带方物，官设牙行与民贸易，谓之互市。是有贡船，既有互市，非入贡即不许其互市。"[③]这种赔钱赚吆喝的"贡舶贸易"，成为"万国来朝"和"四夷威服"的形象工程，以"厚往而薄来"对友邦进行利诱和收买。比如一把日本倭刀，走私价仅为1000文，明朝官府的官方交易价却是1万文，相差足足10倍，日本在朝贡中获利良多。嘉靖四年（1525年），日本贡使楠叶西忍收到明帝国的厚礼后，无限感激地说："大明乃空前绝后之大善政国家。"[④]利玛窦指出，朝贡完全是中国中心论妄自尊大的外在需要——

> 中国人知道整个事情是一场骗局，但他们不在乎欺骗。倒不如说，他们恭维他们皇帝的办法就是让他相信全世界都在向中国朝贡，而事实上则是中国确实在向其他国家朝贡。[⑤]

作为历史上维持东亚秩序的重要方式，朝贡模式是以宗主权为核心的区域性关系，是一种政治、经济、文化的混合体系。甚至可以说，这是东方特色的，西方世界似乎并没有类似的模式。马戛尔尼发现："帝国与外国的任何一项贸易都不是为了

---

① （法）费尔南·布罗代尔：《地中海史》，唐家龙译，台湾商务印书馆，2002。

② （美）牟复礼、（英）崔瑞德：《剑桥中国明代史》，张书生译，中国社会科学出版社，1992。

③ （清）乾隆官修：《续文献通考》。

④ 因为脆弱的外交关系，中日之间的朝贡贸易比较畸形。一旦贸易失败，常常滋生武力纷争。所谓"倭寇"，有相当一部分即源于此。甚至曾因争抢朝贡而发生战争。嘉靖二年（1523年），两拨日本贡使发生争斗，其中一个日本使臣被杀，并与浙江地方发生冲突，史称"争贡之役"。明朝因此裁撤浙江和福建的管理海上贸易的市舶司，仅留广州一处。

⑤ （意）利玛窦等：《利玛窦中国札记》，何高济等译，中华书局，1983。

互惠互利，而是源自前者对后者的仁慈与恩赐。”应当承认，慷慨的朝贡贸易并非一种经济行为，它看重的是政治意义和文化意义。“慷慨显然就是一种强加的债务”，人类学家马歇尔·萨林斯就指出，很多原始部落酋长也非常慷慨，这种慷慨对他人往往构成一种约束和权力。[①]比起战争威胁来，金钱利诱同样有效。

在“请进来”的同时，还嫌不满足的中央帝国进一步“走出去”，去邀请更多的友邦，来朝贡我天朝上邦。对于很多没有路费，没有交通条件的友邦，帝国就主动派出使臣“赏赐”友邦。这就是郑和的政治使命。他的官方身份是帝国四品高级使节——“三保太监”。

① （美）马歇尔·萨林斯：《石器时代经济学》，张经纬、郑少雄、张帆译，生活·读书·新知三联书店，2009。

三保太监

作为中国历史上两次著名的航海事件，郑和下西洋与1600年前的徐福下东海颇有相似之处。

公元前210年，刚刚完成大一统伟业的秦始皇，派遣齐人徐福数次下海，以求长生不老药。最后一次，徐福率3000名童男童女，装载谷种、连弩及匠人百工出东海，一去不回。历史学家认为，徐福下东海应是沿岸航行，航线可能是从山东半岛出发，通过渤海口，绕过辽东半岛，再沿朝鲜半岛海岸，经对马岛入日本北九州，穿过濑户内海抵达纪伊半岛。当时日本尚处于史前社会，对这段历史没有任何记载，但现今日本和歌山县新宫町有徐福墓和徐福神社，每年11月28日是祭祀日。据说为感谢徐福带来了童男童女、百工、谷种、农具、药物及生产技术和医术，日本人尊徐福为“司农耕神”和“司药神”。或许是接受了徐福下海的鸡飞蛋打教训，朱棣才特意选了一位太监，以绝其滞留海外甚至独立称王的不归念头。

早在两宋时期，中国商船就往返于印度洋。之后，蒙古化的中亚世界与元帝国之间的海上贸易更加频繁，通商国家达到140多个，中国海船成为阿拉伯海的常客。

对郑和而言，他的目的地很明确，所谓“西洋”，实则是以南中国海为中心的南洋。这片海域在某种程度上来说就是东方的地中海。与风平浪静的地中海相似，南洋风力适中且容易预测、风暴较少、水域恒温；且沿岸有丰富的木材资源，非常适合造船（这与阿拉伯半岛及北非一带形成鲜明对比）。南洋地区岛国林立，包括交趾、占城、暹罗、下港、柬埔寨、大泥、旧港、马六甲、哑齐、彭亨、柔佛、丁机宜、思吉港、文郎马神、池闷等国。

郑和的任务也很明确，就是作为帝国的散财童子，传播中央帝国的恩德与威严，体现道德与权力的优越感。按照黄仁宇的说法，朱棣"好大喜功而又刚愎自用"，这个"暴君"通过"靖难之役"的军事政变夺得皇位，又进行血腥的屠杀清洗运动，并创造了"灭十族"的人类纪录。马基雅维利认为，对成功的权力者来说，与其让人们爱戴，不如让人们恐惧。这个依靠杀戮寻找自信的帝国寡人已经从臣民那里得到了无数恐惧，他唯一感到饥渴和欠缺的，是来自远方友邦的爱戴和感恩。中国自古有远交近攻的传统，"四夷顺则中国宁"；为了"宣德化而柔远人"，必须"锐意通四夷"。"天子"朱棣派郑和敕谕各国王："祗顺天道，恪守朕言，循理安分，勿得违越；不可欺寡，不可凌弱，庶几共享太平之福。"中国官方正史一般认为，郑和此行的目的是全球通缉失败的建文皇帝朱允炆。

> 郑和，云南人，世所谓三保太监者也。初事燕王于藩邸，从起兵有功。累擢太监。成祖疑惠帝亡海外，欲踪迹之，且欲耀兵异域，示中国富强。永乐三年六月，命和及其侪王景弘等通使西洋。宣天子诏，因给赐其君长，不服则以武慑之。(《明史·郑和传》)

从技术上来说，郑和耀武扬威的航海工程，集中了中国造船和航海技术的最高成就，包括罗盘、计程法、测深器、牵星板、针路和海图等。这种官方承办的盛大炫富行为也达到了中国海洋时代的巅峰，可谓是空前绝后。郑和的出现恰逢其时，天时、地利、人和，成就了这次古代航海史中视觉效果最壮观的海上游行。郑和船队体现了中国古代航海技术的顶点，也让人们看到一个文化瓶颈，这就如同冷兵器发展到顶点，接下来就是热兵器时代。

中国帆船的主流是江苏的沙船和福建的福船。沙船为平底、多桅、方头、方艄，吃水较福船浅。一般认为郑和船队的主力船型是典型的方形中国福船。福船也是明朝海军的主流战船。这种尖底海船很早就行驶于南洋和远海。福船高大如楼，底尖上阔，首尾高昂，两侧有护板，吃水约为4米。全船分4层，下层装土石压舱，二层住兵士，三层是主要操作场所，上层是作战场所。遇到敌船时，福船居高临下，弓箭火炮向下发射，往往能克敌制胜；再加上其首部高昂，又有坚强的冲击装置，乘风以船力下压，还可轻易地犁沉敌船。

英国人李约瑟对中国科技发展的历史有着无人能及的研究，他给予郑和时代的中国造船水平以极高的评价——

> 在它的黄金时代，约公元1420年，明代的水师在历史上可能比任何其他亚洲国家的任何时代都出色，甚至较同时代的任何欧洲国家，乃至所有欧洲国家联合起来，都可说不是他的对手。在永乐皇朝时代，它有3800艘船，其中包括1350艘巡船，1350艘属于卫、所或寨的战船，以南京附近新江口为基地的主力船队的400艘大船，以及400艘运粮的漕船。此外，还有250艘远洋宝船，每艘宝船上的人数，平均由公元1403年的450人，增到公元1431年的690人以上。在最大的大船上，必然超过了1000人。另外还有300艘商船作为辅助队，及一大堆小船作为传令船及警船。①

尽管15世纪早期的威尼斯战舰在欧洲是最先进的，但与同一时期的中国战舰相比，则黯然失色。最大的威尼斯战舰长45米、宽6米，最大的中国战船则长150米、宽50米；威尼斯战舰由弓箭手护卫，而中国船只则已经装备了火药火器、铜制铁制的大炮、投射器和火箭。中国造船技术很早开始就自成体系，与地中海风格完全不

① （英）李约瑟：《中国科学技术史》，汪受琪等译，科学出版社，2008。

同。中国帆船没有采用阿拉伯人的三角帆，以多桅多帆自成一家，具有良好的适航性，顺风逆风都可以航行。逆风顶水时采用“之”字形的斜行路线前进。在船的结构上，西方木帆船纵向支撑主要依靠龙骨；中国木帆船（如尖底海船）不仅有龙骨支撑，更依靠两舷大欀的夹持，与龙骨一样，大欀也由整株的巨木做成。

在11世纪以前，西方柯克船的船壳板大多采用搭接式连接，而中国很早就采用更优越的平接式。北欧直到15世纪后半期才采用平接法，这主要是北欧人长期用斧子劈木板；要使木板平接，必须用锯子这种更精细的木材加工工具。同样，指南针和船尾舵技术也最早起源于中国，后传至西方。在近代以前，中国帆船在结构上和风力利用效率上都值得称道。专门做过比较研究的历史学家罗荣渠先生说：“中国在造船和航海技术的许多方面都远远领先于欧洲，其中有关船体推进的各种工艺应用，领先于欧洲1000多年。”[1]

---

① 罗荣渠：《15世纪中西航海发展取向的对比与思索》，《历史研究》，1992年第1期。

指南针

虽然都是水上航行，但河船与海船完全是两码事，在内河航行与在大海航行有着天壤之别。海洋首先风浪要大得多，这就要求海船更加结实和稳定；其次海洋没有陆地作为参照物，导航绝不是一件简单的事情；其他还有诸如供给、海图、季风等很多复杂的问题。

锯子出现了以后，造船技术得到极大的提高；但海图与指南针出现之前，远洋航行始终是一件极其危险的事情。当时在海上几乎没有直航，只能靠岸航行，这与内河航行区别其实并不是很大。即使在岛屿众多的地中海，也始终是沿岸航行。西北欧的船只穿过直布罗陀海峡后，沿着西班牙、法国和意大利的地中海海岸，作迂回航行，没有一个人敢冒险到望不见陆地的洋面上去。虽然近岸礁石极多，但人们认为，即使撞到暗礁和浅滩，也没有沉没在大海深处那样危险可怕。

在指南针出现之前，灯塔基本上扮演着指南针的作用。沿岸航行者一路观察岸上的灯塔，就可以很容易地识别自己所在的位置和方向。

世界上第一座灯塔位于号称“世界的十字路口”的亚历山大城，由埃及托勒密二世建于公元前300年。这座高106米的庞大建筑，既可为进入亚历山大港的船只指引方向，又可炫耀埃及法老的显赫声名。在灯塔接近顶部的地方燃火，从海上 30 英里以外就可以看到火光。这座被誉为世界奇迹的灯塔一直屹立到 13 世纪，最终毁于一场地震。其时，指南针时代已经到来。

远在独木舟时代，航海者们就已经懂得观察日月星斗来确定方向，所谓“乘航而惑者，不知东西，见斗极则寤矣”[①]。北欧的维京人通过观察如鸟类、鱼类、水流、浮木、海草、水色、冰原反光、云层、风势等来为自己定位。据说，地中海人的航行，全靠观察最近的陆上教堂屋顶，甚至通过沿岸的狗吠声来识别方向，腓尼基人和希腊人故此有“教堂屋顶水手”之称。

指南针出现以前，几乎全欧洲的航海者都认为“方向”就是“风向”，连圣母都成了“顺风圣母”。如果遇到恶劣天气，这些原始的定向方法都变得毫无用处。所以秋冬季和早春的阴天，所有的海船都要停在港口，这样每年只有半年可以出海。如果在大海中迷失方向，人们唯一的办法就是确定哪个方向上的陆地最近。这时他们会放出一只鸽子，然后向着鸽子飞行的方向航行，直到遇见陆地。一旦看不见陆地，四望都是天海一色的汪洋，“沧溟万里，死生莫测”[②]，任何人都会变得非常恐慌，这就如同一个学步期的儿童离开了可以扶持的东西一样。

早在玄奘之前 200 多年，东晋时期的高僧法显就去天竺（印度）取经，14 年后从海路成功返回中国。他在著名的《佛国记》中回忆可怕的海上旅程：

> 大海弥漫无边，不识东西，唯望日月星宿而进。若阴雨时，为逐风去，亦无准。当夜暗时，但见大浪相搏，晃若火色，鼋鼍水性怪异之属，商人荒遽，不知那向。海深无底，又无下石住处。至天晴已，乃知东西，还复望正而进，若值伏石，则无活路。

法显从斯里兰卡出发，在海上漂泊了半年，几度船破进水，断水断粮，最后达

① （西汉）刘安：《淮南子 · 齐俗训》。

② （日）真人元开：《唐大和上东征传》，汪向荣校注，中华书局，1979。

到一块陆地，一问才知已到中国崂山。禅宗始祖达摩从天竺驾一叶扁舟，用了 3 年时间，才来到中国（震旦），并留下一苇渡江的传说。唐僧鉴真东渡日本的故事更令人唏嘘难忘，一旦下海，就不知所终。鉴真用了 12 年时间，6 次下海东渡，最后一次终于成功到达奈良；可惜他因为双目失明，已经看不见脚下的土地了。

对人类航海史来说，指南针无疑是一个划时代的标志。早在战国时期，中国人就发明了司南。脱胎于司南的指南针首次被用于航海的记载，出自宋徽宗宣和元年（1119 年）朱彧所著的《萍洲可谈》：“舟师识地理，夜则观星，昼则观日，阴晦则观指南针。”稍晚的徐兢在《宣和奉使高丽图经》中也有“惟视星斗前行，若晦冥则用指南浮针以揆南北”的记载。[①]宋代以后，指南针（罗盘）已经成为中国海船必不可少的导航工具。

中国罗盘以天干地支和四维所代表的 24 个方向表示 360°，这种古老的传统富有东方式的哲学意味。作为一个伟大的细节，指南针近乎一个神秘的隐喻——一切历史都是世界史。大约在中国人将指南针带上船的同一时期，指南针也已经出现在地中海。巴黎大学学者亚历山大·内克姆在 1180 年写道：“在阴沉的天气或晚上，当水手们看不清太阳，也不知道船首驶向何方时，他们就把针放在磁石上，针便旋转到指向北方而停住。”[②]

小小的指南针完全改变了海洋图景，将人类带入一个航海时代，或者说海洋时代。在指南针出现之前，所谓的海洋时代，其实只是海岸时代。指南针使人类获得了自信，从而得到了海上自由。指南针带来的新航线，更加快捷、方便，贸易成本大大降低，地球突然之间被缩小了。

对海上航行来说，风帆时代唯一的动力来源就是季风（信风）。可以说，没有季

① 类似的记载还有，南宋嘉定七年（1214 年），吴自牧在《梦粱录·江海船舰》中说：“舶商之船，自入海门，便是海洋……风雨晦冥时，惟凭针盘而行，乃火长掌之。”稍晚的赵汝适在《诸蕃志》中也说：“舟舶往来，惟以指南针为则，昼夜守视惟谨，毫厘之差，生死系矣。”

② （美）丹尼尔·J. 布尔斯廷：《发现者：人类探索世界和自我的历史》，吕佩英等译，上海译文出版社，1992。

风就没有风帆时代，季风决定了帆船航行的路线和日程。“北风航海南风回，远物来输商贾乐。”[①]在东南亚海面，冬春季刮东北向的季风，而夏秋刮西南向季风，季风平均风速为每小时 13 公里左右，最高可达每小时 200 公里。早在“海上丝绸之路”时代，中国人就掌握了印度洋的季风规律，一般每年的 11 月从中国出发，扬帆航行 5 个月至都元国，次年 4 月穿越马六甲海峡，沿孟加拉国湾东岸北上，趁夏季南风前进。从邑卢没国至谌离国的 20 多天，依然一路顺风。及至秋冬降临，利用印度洋东北季风，沿孟加拉国湾西岸向西南航行两个月，而达黄支国。法显的《佛国记》中称：“载商人大舶，汎海西南行，得冬初信风，昼夜十四日，到师子国。”郑和船队除了第一次夏季启航秋季返回外，其余 6 次都是在下半年的东北季风期间出发，在西南季风期间归航。

郑和之前，中国人的海上足迹就已经遍及整个印度洋。近代以来，在索马里和坦桑尼亚等地考古发现的大量宋朝钱币和瓷器就可以证明。元代航海家汪大渊从泉州出发，经南海和印度洋，远达阿拉伯半岛及东非沿海地区。他写于 1349 年的《岛夷志略》中，记载的国家达 96 个。按照马可·波罗的说法，忽必烈曾经派遣使者访问过马达加斯加。至元二十八年（1291 年），马可·波罗奉忽必烈之命，率领一支由 13 艘四桅大帆船组成的中国舰队，从泉州启航，护送阔阔真公主去波斯成婚。

应当说，借助大量的历史资料，郑和在出发之前，就已经对印度洋的地理状况了然于心。一位退休的英国船长经过长达 15 年的研究，得出结论称，郑和所用的“世界地图”上，已经出现了美洲和欧洲；他因此认定郑和早于哥伦布数十年就发现了新大陆，他还认为郑和是环球航行的第一人。[②]

① （宋）王十朋：《提舶生日诗》。

② （英）加文·孟席斯：《1421 年：中国发现了世界》，师研群译，京华出版社，2005。

帝国的宝船

据《明史》中记载，郑和的宝船“修四十四丈，广十八丈者六十二”。曾跟随郑和一同航海的马欢在《瀛涯胜览》中说：“宝舡六十三号，大者长四十四丈四尺，阔一十八丈，中者长三十七丈，阔一十五丈。”按明代营造尺折算，宝船长约136米，宽约56米，比一个足球场还大；装备有16—20支橹，排水量超过8000吨，甚至极有可能是世界上第一艘万吨巨轮。

郑和船队作为泱泱大国的流动展示中心，每次编队航行都超过260余艘，其中大型宝船就有60余艘。整个船队除作为主力舰的宝船之外，还包括马船、粮船、坐船、战船以及水船等补给辅助船；这种强大的补给储备，可以使船队在海上航行一年也不用登陆。以此推测，即使把当时欧洲所有的大型船只加起来，也赶不上郑和船队的规模与远洋航海能力。27000人的庞大船队，包括官校、旗军、勇士、通事、民稍、买办、书手等各种职业，仅医生就有180名。尽管郑和是个太监，但随船还是带了不少妓女。

当然，郑和船队绝不是一支普通的商船组团，说它是军舰编队似乎更贴切。所有宝船都配备了当时世界最先进的火器装备。如此庞大的规模，相当于如今美国海军最强大的10万吨级尼米兹级核动力航母编队。毫无疑问，这是一支真正的无敌舰队。

永乐三年，即公元1405年7月11日，郑和船队从南京出发，在江苏太仓刘家港集结后，沿海南下，在福建长乐太平港暂时停泊，等候太平洋西北季风。11月，季风很有信用地到来，船队便扬帆再度启航，穿过台湾海峡和南海，第一站到达占城，再到东南亚各国，进入印度洋。由此开始了亘古未有的豪华远航。这种远航前后总共进行了7次，持续了28年。“三保太监”的足迹遍及马六甲海峡、阿拉伯海、波斯湾、红海及非洲东海岸，并友好访问了亚非30多个国家和地区，堪称和平国际外交的先驱。江苏太仓的娄东天妃宫碑文记载：

> 和等自永乐初奉使诸番，今经七次。每次统领官兵数万人，海船百余艘，自太仓开洋，由占城国、暹罗国、爪哇国、柯枝国、古里国抵于西域忽鲁谟斯等三十余国，涉沧溟十余万里。观夫鲸波接天，浩浩无涯，或烟雾之溟蒙，或风浪之崔嵬，海洋之状，变态无时，而我之云帆高张，昼夜星驰，涉彼狂澜，若履通衢……

郑和船队出发时，满载金银珠宝和中国器物，归来时满船全是从世界各地给自己的主子搜集的奇珍异兽——“明月之珠，鸦鹘之石，沉南速龙之香，麟狮孔翠之奇，楼脑薇露之珍，珊瑚瑶琨之美”等。当然每次也都带回一大群不用买票的四夷贡使，他们其实也是一种“礼物”。

非洲东海岸的索马里如今以海盗闻名，当时称“麻林国”。永乐十三年（1415年），麻林国使者随郑和的船队，为永乐皇帝带来一只“麒麟”。麒麟是神话中的动物，中国人把它与龙、凤、龟并称为四神兽。传说中的麒麟从不食肉，走路也避免踩到任何有生命的东西，甚至连草叶也不例外；只有在清明之地或圣人出现时，它才显露真身。如此“祥瑞”，无疑给皇帝带来“新装”般的惊喜。其实，这只“麒麟”只是一头长颈鹿。经过1600年皇恩浩荡的熏陶，帝国精英仅有的进化，是从指鹿为马变为将鹿说成“麒麟”。

与其政治意义相比，郑和船队依靠指南针，从西太平洋穿越印度洋，而直达东非，这种航海探索倒算不得什么。如果仅从经济角度来考量，那简直是荒诞透顶的破产举动。据明人王士性记载：“国初，府库充溢，三保郑太监下西洋，赍银七百余万，费十载，尚剩百余万归。”[①]据此可知，郑和航海运动直接亏损白银600万两，这也是帝国形象工程的代价。“郑和所到之处，丝和瓷都是最抢手的商品，单单为了其中某次出航，朝廷就吩咐景德镇烧造443500件瓷器。”[②]明代罗懋登的神魔小说《三保太监西洋记》中说，宝船造价之高，“须支动天下一十三省的钱粮来方才够用”。看来也不是没有根据的小说家言。

永乐十九年（1421年），郑和第六次下西洋，朱棣将帝国首都从南京正式迁往游牧文化区的北京。[③]这项浩大的迁都计划几致帝国财政破产，“劳民伤财”的郑和舰队更成为众矢之的。数年之后，官方保存的郑和航海档案不翼而飞。有记载说：“三保下西洋，费银粮数十万，军民死者且万计，纵得其宝而归，于国家何益？……旧案虽有，亦当毁之，以拔其根。”[④]对此，黄仁宇先生也极为认可，即缺乏利润支撑是郑和悲剧的主要根源——

> 海船的往返，找不到一种不可缺少的商品作大规模的载运，因之其劳师动众，更为人指摘。这些船舶所载出口商品为绸缎、铜钱、瓷器和樟脑，

---

① （明）王士性：《广志绎》。

② （美）罗伯特·芬雷：《青花瓷的故事：中国瓷的时代》，郑明萱译，海南出版社，2015。

③ 布罗代尔在《15至18世纪的物质文明、经济和资本主义》一书中写道：明朝于1421年决定迁都，放弃了因有长江之利而对航海开放的南京，为应付满族和蒙古族入侵边界而定鼎北京；作为一个经济世界，庞大的中国无可挽回地实现了中心的转移。在某种意义上，它背离了利用大海之便发展经济和扩大影响的方针。北京扎根在陆地的中心，是个沉闷、闭塞和十分内向的城市。不论这一选择出于有意或者无意，它肯定具有决定性作用。正是在这时候，中国在争夺世界权杖的比赛中输了一局。

④ （明）严从简：《殊域周咨录》。

> 回程的入口商品有香料、珍宝、刀剪、油膏、药料及奇禽异兽，此类物品可以增加宫廷生活之色彩，却不适用于大众化市场。即使胡椒与苏木被政府使用当作文武官员薪俸的一部分，其价格仍不值得建造和维持如此巨大舰队。郑和所率领的军队虽在海陆战役里获胜，可是一次战役也可能死伤数千。另外南京之龙江船厂曾造大小船只数千，所有人力和物料全系向民间征用，此更招民怨。[①]

对一个皇权统治下的帝国来说，宫廷的历史就是国家的历史。随着狂人朱棣和他的奴才郑和相继死去，郑和时代注定从此断了香火。郑和舰队“最后一次出航，宣德皇帝下令将滞留在天朝的十几国供使送回他们各自的国家”[②]，这场盛大辉煌的帝国焰火就这样烟消云散。“16 世纪初期，中西欧诸国能否在世界民族之林脱颖而出，显然未见端倪，东方帝国尽管显得不可一世，组织得法，却深受中央集权制之害。”[③]在郑和时代，“中国在海外的影响力达到巅峰，印度洋和中国周边海洋沿岸，从韩国和日本到马来群岛和印度，以及非洲东岸，所有重要商业据点在名义上都处于中国势力之下，并承认中华帝国的宗主地位。在如此完美的历史时刻，中国本来可以巩固统治地位，从而成为塑造现代世界的支配性力量。当时欧洲仍在极力摆脱黑暗时代，郑和巨大的海军舰队完全可以使中国成为 16 世纪的殖民强权，取用全球各地的财富，可惜这种鼎盛时代只维系了 5 年的时间”[④]。

---

① （美）黄仁宇：《中国大历史》，生活·读书·新知三联书店，2007。

② （美）罗伯特·芬雷：《青花瓷的故事：中国瓷的时代》，郑明萱译，海南出版社，2015。

③ （英）保罗·肯尼迪：《大国的兴衰》，王保存、王章辉、余昌楷译，中信出版社，2013。

④ （美）李露晔：《当中国称霸海上》，邱钟麟译，广西师范大学出版社，2004。

郑和之后无郑和

虽然“在中国和世界历史上，郑和船队都是一支举世无双的舰队，直到第一次世界大战之前，是没有可以与之相匹敌的”，然而，这支豪华的舰队却连眼皮底下偌大的夷洲都没有详细的勘察和记录。很多年后，回首这段吊诡的历史，郑和下西洋的最大遗产，或许是一场持续几个世纪的移民运动——而不是殖民运动。历史不能假设，“如果当时的中国也像欧洲一样对外开拓的话，今天中国人占世界人口的比例就不是1/6，而是1/2”[①]。

在郑和之前，中国人向包括台湾的南洋移民寥若晨星，在郑和之后如过江之鲫。200年后，发生马尼拉大屠杀的明万历三十一年（1603年），马尼拉作为西班牙殖民地已经建城32年，当地的中国居民超过2万，而西班牙人不足1000人。当时整个南洋几乎成为华人的世界，他们就像永嘉南迁后的客家人一样，成为这些海洋岛国最谦卑的“华侨”。所谓“侨”，就是寄居在外国的人，他们既不是南洋人，也不是中国人；这就如同“桥”，既不是陆地，也不是水面。

---

① （美）斯塔夫里阿诺斯：《全球通史：从史前史到21世纪》，董书慧等译，北京大学出版社，2005。

帝国体制下，这种民间自发的移民行为不仅从未受到官方的支持和鼓励，相反被视为离心叛国行为，而遭到明清两代官府的严厉限制和迫害。新加坡学者王赓武将南洋华人社会网络的发展称之为“没有帝国的贸易”，它的反面是，欧洲大规模的移民运动都是一种有组织的、兵商结合的、在国家保护下的活动。郑和以后漫长的岁月里，无数杀戮和屈辱，也不能换来帝国对这些弃民的同情和谅解，“中国四民，商贾最贱，岂以贱民兴动兵革；又商贾中弃家游海、压冬不回，父兄亲戚共所不齿，弃之无所可惜。”①

很少有人知道，在美国诞生的同一年，即1776年（清乾隆四十一年），数万华人和几十万土著在世界第三大岛——婆罗洲（今加里曼丹）共同建立了一个共和体制的国家——兰芳大总制共和国。作为首领的“大总制”传承不是中国传统的家族世袭制，而是类似于民主选举和禅让，“国之大事，皆咨决众议而行”。罗芳伯系广东省梅县石扇堡的客家人，经公推为首任“大唐总长”，罗之后推江戊伯继任，先后五传，最后至刘台二。历史学家罗香林称：“兰芳大总制与美洲合众国，虽有疆域大小之不同，人口多寡之各异，然其为民主国体，则无二也。”②

作为当时世界一支最强大的海军远洋舰队，郑和舰队拥有5000吨排水量的宝船达30艘以上。据记载，这支代表帝国统治的威武之师曾经四次海外用兵：第一次，在锡兰（斯里兰卡）遭遇5万国王军的围攻，郑和船队被迫自卫反击，一举擒获锡兰国王阿烈苦奈儿，朱棣“悯其愚无知”，又礼送其回国；第二次，苏门答腊王子苏干剌试图谋夺王位，郑和擒获苏干剌送京伏法；第三次，爪哇西王都马板杀害郑和船队170名官兵后，朱棣要他赔款黄金6万两，遭到拒绝，经郑和严正交涉，最后以1万两成交；第四次，也是唯一一次真正的战争，是遭遇流落海外的中国海盗陈祖义，郑和船队毫不留情，予以全歼，陈祖义等3名海盗首领被押回帝国正法。

或许可以说，越洋追剿和剪灭那些背国逃逸的帝国流民，才是郑和舰队的真正

① 转引自（明）陈子龙：《明经世文编》之《报取回吕宋囚商疏》（徐学聚）。

② 罗香林：《西婆罗洲罗芳伯等所建共和国考》，中国学社，1961。

使命——虽远必诛；从这一点来说，追杀建文帝绝非官方妄语。这种航海其实是对海禁的延伸，此举不仅斩断了陈祖义们的颈项，也斩断了一个海洋中国的梦想。正如许倬云先生所说："郑和多次远征，却没有为明廷开拓海上帝国，中国沿海及百姓的海上活动相当频繁，移居东南亚的人口也不少。中国官方常将这些外移人口视为叛逃的弃民，抓回来惩罚，却没凭借这些民间活动建立太平洋霸权。"①

郑和远航舰队对海外中国社区的攻击，使这些海外华人只能走向非法的帮会和海盗。在后郑和时代，海外华人并没有获得相应的合法性，但至少得到了喘息之机，因此移民活动进一步扩大。中国人甚至乘坐马尼拉大帆船，跨越太平洋抵达墨西哥。"尽管创造了财富，但海外的中国人，不管是移民还是侨民，都不受欢迎。"②

"欲国家富强，不可置海洋于不顾。财富取之海，危险亦来自海上……一旦他国之君夺得南洋，华夏危矣。我国船队战无不胜，可用之扩大经商，制服异域，使其不敢觊觎南洋也。"据说这是郑和最后向明仁宗朱高炽说的一段话。遗憾的是，明清两代中国政府的收入主要来自土地赋税而非商业税收。郑和下西洋如同一场梦，很快就被帝国遗忘，在以后的几个世纪中，海洋一直成为帝国的禁区，以至于大多数中国人对外部世界几乎一无所知。他们认为中国就是世界的全部。

万历十一年（1583 年），当帝国的官员看到第一幅世界地图时，他们惊讶地发现，中央帝国竟然不在世界的中央。《明史·外国传》中这样记载："万历时，利玛窦至京师，为万国全图，言天下有五大洲：第一曰亚细亚洲，中凡百余国，而中国居其一；第二曰欧罗巴洲，中凡七十余国，而意大利亚居其一；第三曰利米亚洲，亦百余国；第四曰亚墨利加洲，地更大，以境地相连，分为南北两洲，最后得墨瓦腊尼加洲。"利玛窦绘制的这张《万国图》曾经广为流传，仅万历年间即曾翻刻达 12 次之多，然而一直到清朝时期，绝大多数知识精英还认为那些"乱七八糟的国名"是洋人胡编的："西班有牙，葡萄有牙，牙而成国，史所未闻，籍所未载，荒诞不经，

① 许倬云：《我者与他者：中国历史上的内外分际》，生活·读书·新知三联书店，2010。

② （英）艾兹赫德：《世界历史中的中国》，姜智芹译，上海人民出版社，2009。

无过于此！”[1]乾隆钦定的《四库全书》中也认为利玛窦谎话连篇：“其所称五大洲无非是荒谬奇谈。”[2]实际上，郑和虽然七下西洋，却没有到过大西洋，也没有接触到什么意大利、葡萄牙或欧罗巴，中国对西方的无知并没有多少改变。

郑和时代的印度洋是和平的海洋，这种和平随着达·伽马的到来而结束。对达·伽马来说，郑和是不可思议的。梁启超先生曾经无限感慨地说：“何以哥氏（哥伦布）、维氏（达·伽马）之绩，能使全世界划然一新纪元，而郑君（郑和）之烈，随郑君之没以俱逝？”[3]对中国文化有着深刻体验和理解的利玛窦则颇为欣赏地说：

> 在一个几乎可以说其疆域广阔无边、人口不计其数、物产多种多样且极其丰富的王国里，尽管他们拥有装备精良、可轻而易举地征服邻近国家的陆军和海军，但不论国王还是他的人民，竟然都从未想到去进行一场侵略战争。他们完全满足于自己所拥有的东西，并不热望着征服。在这方面，他们截然不同于欧洲人；欧洲人常常对自己的政府不满，垂涎其他人所享有的东西。现在，西方诸国家似乎已被称霸世界的念头消磨得精疲力竭，它们甚至不能像中国人在长达数千年的时期里所做的那样，保持其祖先留下的遗产。[4]

---

① 刘成禺：《世载堂杂忆》，辽宁教育出版社，1997。

② 转引自（美）费正清：《美国与中国》，张理京译，世界知识出版社，1999。

③ 梁启超：《祖国大航海家郑和》，《新民丛报》第3年（1904年），第21号。

④ （意）利玛窦等：《利玛窦中国札记》，何高济等译，中华书局，1983。

海禁时代

或许人们难以理解，郑和下西洋竟然是海禁政策的产物。“取财于地而取法于天，富国之本在于农桑”[1]，帝国试图以官方的贡舶贸易来垄断或者杜绝海上贸易。

大明王朝作为“世界上最大的农村集团”，朱棣根本不把贸易放在眼里：“商税者，抑逐末之民，岂以为利。今夷人慕义远来，乃侵其利，所得几何，而亏辱大体多矣。”[2]这种反动的贸易封堵，最后演变成为一场帝国悲剧，反官方的走私贸易从蔓延到失控，最后酿成海洋的灾难。走私的暴利使人们铤而走险，“其去也，以一倍而博百倍之息；其来也，又以一倍而博百倍之息”。走私集团逐渐与暴力集团合流，从而演变为“海寇商人”；“寇与商同是人也，市通则寇转而为商，市禁则商转而为寇。始之禁禁寇，后之禁禁商”[3]。

“海寇商人”汪直（王直）在中国无立足之地，乃“造巨舟方一百二十步，木为之城，楼、橹四门备具，上可驰马，容二千人，踞（日本）萨摩洲之松浦僭称徽

①② （清）张廷玉等：《明史·食货志》。

③ （明）谢杰：《虔台倭纂》。

王”[①]。汪直鼎盛时代称霸东海，领众数千，船舶数百，其海上势力无人可望其项背；他甚至表示，愿意为明帝国征服日本，“事犹反掌也”。他在给嘉靖皇帝的《自明疏》中写道，汪直并非歹人，相反，从事海上贸易，与人同利，为国捍边；政府应开放海禁，民可获利，政府可收税；如皇上仁慈恩宥，赦他之罪，得效犬马微劳驰驱，他将扩大贸易，浙江定海外长涂等港，仍如粤中事例，通关纳税，又使不失贡期。

汪直对日本影响深远，正是他开创了日本和葡萄牙之间的“南蛮贸易”，掀开了日本与西洋交往的第一页，但他却被明朝作为海盗设计杀害，最后落得身首异处。一处民间纪念汪直的塑像旁有一联曰：“道不行，乘桴浮于海；人之患，束带立于朝。”

万历二年（1574 年），在明朝军队的镇压下，海盗首领林凤亲率战船 62 艘，战士 2000 人（其中有许多是农民和工匠），水手 2000 人和妇女儿童 1500 多人，装载大量的农具、种子、牲畜离开中国，逃往吕宋（菲律宾）。这无疑是中国最早的一次武装移民行动。据西方史籍记载，林凤船队于当年 11 月 29 日抵马尼拉湾。仅仅 3 年前，西班牙人才占据马尼拉，开设总督府。正当林凤军队与西班牙军队打得你死我活时，福建巡抚刘尧诲派遣把总王望高等来到吕宋，联手西班牙人共同夹击林凤。林凤此次移民活动流产，最后不知所终。当英王伊丽莎白的“海狗”们为英国开疆拓土时，中华帝国却奉行“以夷制盗”的统治策略。万历六年（1578 年），明廷兵部臣僚犹叹：“近日剧贼林道乾、林凤等浦逃岛外，尚漏天诛。”[②]

德国联邦政治教育中心编写的《政治和时间史》中说：“到 16 世纪，中国还是世界上最先进的文明。它统治海洋，主宰世界贸易。”再高的堤坝也挡不住江河奔向大海，官方严厉的海禁并不能完全阻止民间的贸易和航海活动。

明朝后期，民间自发的海上贸易和移民活动愈演愈烈。1570—1642 年，平均每年有 25 艘中国船只到达马尼拉。当时官方记载可见一斑，“近海之民走海如骛”，“贩儿视浮天巨浪如立高埠，视异域风景如履户外，视酋长戎主如挹尉。海上安澜，以

① （清）张廷玉等：《明史·汪直传》。

② 《钞本明实录》，线装书局，2005。

舟为田”。[①]仅仅10余年，马尼拉的华人移民就从万历初年的150人增加到上万人。万历二十一年（1593年），菲律宾西班牙当局强征250名华人远征南方摩鹿加，与荷兰人作战。据《明史·吕宋传》记载：“蛮人日酣卧，而令华人操舟，稍怠辄鞭挞，有至死者。”华人不堪虐待，半夜举事，杀死了西班牙总督拉维扎列斯，有郭惟太等32人逃回中国。明廷闻报，将郭惟太等32人逮捕后，送回马尼拉。帝国此举，为后来针对华人的南洋大屠杀埋下伏笔。

从很大程度上，正是海禁制造了海盗，反过来，海盗泛滥又使帝国进一步加强了海禁。弘治十三年（1500年），建造两桅以上帆船即可被处死；25年后，帝国销毁了所有海船，并逮捕船主。嘉靖二十六年（1547年），浙江巡抚朱纨以铁腕治理海禁，一次查获走私后将所有96名船夫“就地正法”。只要能维持稳定，这个古老的帝国更加青睐于息事宁人、以利于统治的孤立主义。

明朝中后期，从海上入侵的倭寇成为灾难。实际上，是走私集团雇佣日本武士，袭击帝国东南沿海；据说数万“倭寇”中，漳州和泉州人占其大半。郑和时代曾经世界一流的帝国海军，到百年之后的嘉靖年间，“十存一二，遇警以渔船充数。兵非素练，船非专业，畏敌如虎，望风逃窜”[②]。

著名汉学家费正清对后郑和时代如此评价：

> 明朝海军力量式微，一度只准兴建小船，因此为海盗横行中国南方海岸开启了大门。这些海盗表面上是日本人，实际上大多是中国人。明朝并没有反击，而是大费周章地强迫中国人撤离沿海，企图饿死海盗，却白花力气。这种国防政策还包括限制外贸，规定所有外来商贸都要装成进贡的模样……总之，反商和排外情绪占了上风，中国从世界舞台上退下。[③]

---

① （明）张燮：《东西洋考·序》。

② 娄曾泉、颜章炮：《明朝史话》，中国国际广播出版社，2009。

③ （美）费正清：*China: A New History*，Havard University Press，1992。

维京海盗

与中国传统文化不同，无论是荷马时代还是亚里士多德时代，海盗在欧洲似乎一直都是人们心目中的英雄。《荷马史诗》中的英雄阿喀琉斯说："在这美好的特洛伊平原，毁灭十一座城市，我从这些城堡得过无数美好的财物。"事实上，海盗真正成为一种海上势力，还是在罗马时代的地中海。从公元前 2 世纪开始，海盗就搞得地中海危机重重，他们甚至劫掠了炙手可热的尤里乌斯将军。公元前 67 年，庞培率领 12 万士兵和 5000 艘战船，一举消灭了地中海海盗。

回顾历史，欧洲与中国有极其相似的一点，那就是同样一直遭受北方野蛮部落的侵袭，不过这些北欧的野蛮人并不是骑在马上的草原部落，而是驾船而来的海盗。因此，北欧的斯堪的纳维亚人就变成了可怕的"维京人"——Viking 即"海盗"之意。

因为距离肥沃新月最近，欧洲文明从希腊和地中海开始，农业文明从南方传到欧洲北部的斯堪的纳维亚要晚得多。与地中海地区相比，高纬度的北欧发展迟缓，一直是欧洲最为偏远的蛮荒之地，人们多以耕种渔猎为生。公元 5 年，一支罗马舰队在日德兰半岛登陆，斯堪的纳维亚原始部族这才与欧洲主流发生了第一次接触。

此后，北欧对欧洲的影响远远超出人们的想象。

由于北欧——特别是斯堪的纳维亚——地理位置处于近海和外海，海况比地中海复杂危险得多，因此航海事业一旦起步，其进步的速度反而更快。北欧人烟稀少，到处遍布着广袤的森林，这使北欧人特别擅长木材加工，从而拥有精良的造船技艺。8 世纪以后，桅杆、船帆和龙骨等重要技术在北欧已得到广泛使用，北欧人由此成为傲视欧洲同侪的航海家。

很久之前，船就成为维京精神的重要象征。随着航海时代到来，斯堪的纳维亚人发展出吃水很浅且操纵性极佳的桨帆快船，满载毛皮、蜂蜡等奢侈品南下，与欧洲人和英国人进行贸易。这种船不仅在大海中如鱼得水，而且还能方便地停靠浅滩和驶入内河。在地中海的腓尼基人远航北欧 1000 多年后，北欧的维京人终于驾着他们的桨帆船来到地中海。与腓尼基人、希腊人和罗马人的船只相比，维京人的桨帆船更大也更结实，而且其航行速度要快得多。

维京人的海船制作极其精良，堪称艺术品。维京船制造龙骨的材料取自高大笔直的橡树。龙骨中部做成弧形，以增大承重量，而龙骨两端则逐渐变窄，形成流线型通道。船肋由结实的橡木制成，材料全部取自天然弯曲的木材。维京船分为战船和货船。战船为桨帆船，轻便而坚固。货船为风帆船，高大宽敞，10 多米高的桅杆上悬挂方形横船帆，并可以用索具调整帆的角度，灵活地利用风力，在波涛汹涌的大西洋乘风破浪，如履平地。这种帆船顺风时速度可以很快，高达 10 节[①]。

“维京人”的崛起象征着大西洋时代的来临，欧洲的中心开始从地中海北移。在未来的日子里，濒临大西洋的西欧将成为欧洲的中心。

维京人的船就好比蒙古人的马，他们来去如风，时聚时散。在好勇斗狠的维京人势力范围内，特别是海上，欧洲人根本不是他们的对手。维京人与蒙古人的不同之处在于，他们从来不反对谈判。对维京人来说，战争与贸易是同一件事；所谓贸易不过是为劫掠铺路，既然可以用暴力唾手而得，就用不着拿珍贵的毛皮去交换了。

---

① 1 节 =1 海里 / 小时 =1.852 千米 / 小时。10 节 =18.52 千米 / 小时。

这些北欧人打着贸易的名义，驾驶着船队，潜入欧洲海边和河边的城镇，大肆抢劫，积累起巨大的财富。

“维京人”现象的背后有一定的地理因素，因为北欧地区可耕地稀缺，维京人不得不向海外发展以取得财富。为防护商品免受海盗掠夺，他们成立舰队进行自卫，后来逐渐走上海盗之路，“维京人”遂成了当时欧洲“侵略”的代名词。

随着罗马帝国崩溃，罗马人修建的道路因为失修而荒废，很多临近河道海滨的城镇依靠水路迅速发展起来。维京人的桨帆战船可以从海上和河道上进行闪电式突袭。他们迅速登陆，制服反抗，然后在组织救援到来之前，运走俘虏和劫掠品。对于抢了就跑的海盗来说，海洋是最好的通道。正如孔子所说：“道不行，乘桴浮于海。”欧洲的国王力量根本无力防御这种闪电袭击，城堡的骑士阶层却因此增强了权力。

维京人的海盗历史始于公元793年6月8日，他们对富裕但不设防的英国林德斯法岛修道院进行了袭击，《盎格鲁—撒克逊人编年史》记载，维京人“惨无人道地劫掠蹂躏一切东西，挖开祭坛并将这座神圣教堂里的所有珍宝洗劫一空”。从此，英格兰、爱尔兰、葡萄牙、日耳曼、意大利和法兰西就受到不断的骚扰，300多年血雨腥风的北欧海盗时代由此来临。以后每年夏天风平浪静时，维京人就不请自来，然后在秋天满载而归。公元845年，维京人驾驶着120艘桨帆战船溯塞纳河而上，攻陷巴黎，从法兰克国王“秃头查理”手上拿到了7000磅法兰克银币的赎城费。此后，这种“丹麦金”就成为他们的家常便饭。

随着驾轻就熟，维京人干脆将劫掠变成征服，在欧洲建立了维京王国，当起了统治者。一部分维京人向东驶入波罗的海，深入伏尔加河，直达黑海和里海，建立了基辅公国，这些维京人被斯拉夫人称为“瓦良格人”（意为商人），芬兰人则叫他们“罗斯人”（意为北方人），这就是俄罗斯的起源。[①]另一批维京人在法国诺曼底建立了诺曼底公国。最远的一批维京人穿越直布罗陀海峡，进入地中海，袭击了富饶

① 据说在公元862年，诺夫格罗德的斯拉夫人推举自己国王的努力失败后，他们决定请一个外国人来做他们的国王，最后“请来”的是居住在瑞典的一支日耳曼部落，他们称之为瓦良格人。就这样，瓦良格人南下征服东斯拉夫人。

的意大利半岛，建立了西西里王国。在征服的过程中，野蛮的维京人与当地人通婚，并皈依基督教，逐渐被同化，这与蒙古人在中亚的结局非常类似。10世纪统一丹麦的国王蓝牙哈拉德成为一名基督徒后，他的孙子克努特不仅加冕为英格兰国王，而且还建立了包括今丹麦、挪威、英格兰、苏格兰大部和瑞典南部的北海大帝国，被尊称为“克努特大帝”。克努特的统治也是北欧海盗最后的辉煌。除一部《克努特法典》外，他还留下一个典故：有人为了谄媚克努特，说克努特大帝是海洋的统治者，连海洋也会听从他的命令；克努特予以斥责，称上帝才是大海的统治者，国王的权力只是很小的一点点。

在1066年的黑斯廷战役中，诺曼底征服者威廉率领舰队跨越英吉利海峡，打败了英国国王哈罗德，并征服了英格兰。威廉和他的军队都是当年的维京人后代，但他们已经完全讲法语。从此英国有了一位讲法语的国王和一个诺曼王朝。

黑斯廷战役标志着维京人劫掠时代的终结。去掉野性的维京人已经登堂入室成为欧洲人的国王。同时，随着欧洲各国国王势力的增强，维京人的入侵逐渐遭到有力的打击。这样一来，战争又变成了贸易，挪威重新又成为一个受人尊敬的贸易伙伴。野蛮的维京人又成了欧洲骑士和绅士。对中世纪的欧洲来说，或许挪威的鳕鱼比海盗更加知名。

风帆时代

人类对海洋的探索从独木舟和木筏开始，随着造船技术的发展，船越来越大，直至出现了平底单层甲板的大船。在大多数历史中，这些古老的船都使用桨作为主要动力。随着远航贸易的出现，以力量更加巨大的风帆代替肌力划桨，以封闭的巨大船舱代替狭小的单层甲板，逐渐成为一种大趋势，一个风帆时代就这样不可避免地来临了。

在铁路出现以前，人类用陆路旅行和运输的唯一动力是人畜的体力；同样，人类在水路航行中也是从人体的肌肉力量开始。在古老的巴比伦传说中，英雄吉尔加麦西在企图漂洋过海时，摆渡的人要他制作一根长篙，他将120根长篙接起来，也撑不到海底，于是吉尔加麦西便脱掉身上的衣服，举起双臂当桅杆，用衣服做帆，站在船上随风飘去。实际上，早在文明时代开始之前，人们在水面挥舞船桨竹篙驶船时，就已懂得利用风力鼓动风帆，以补充体力。在蒸汽机出现之前，水力和风力是人类所利用的最古老的自然力。

以代表最高造船技术的古代战船为例，可以大致划分为桨帆时代和风帆时代。桨帆时代的船型较瘦长，吃水较浅，干舷较低，主要靠人力划桨或摇橹推进；顺风时辅以风帆，风力仅仅起着辅助作用。桨帆时代基本与冷兵器时代重合。桨帆战船的武器装备为冷兵器，海战战术多采用撞击战和接舷战。船桨限制了船舷的高度，这种低舷船只能局限于风浪较小的内河、湖泊和近海水域内航行作战。

从公元前2世纪的克里特时代开始，地中海的单桅帆船一直没有多大改变。希腊—罗马时代，地中海帆船在埃及人和腓尼基人的基础上发展出“长船”和“圆船”两种船式。长船为桨帆战船；圆船为风帆商船，长宽比为5∶2，吃水比长船深。圆船虽然笨拙，但却主要靠风帆来推动，从早期的一桅一帆发展到后来的多桅多帆，顺风和45° 角以内的侧风都可以推动船航行。高大的圆船具有宽而深的船舱，为装载货物提供了充裕的空间，这使它有极大承载能力。如罗马运送大宗谷物的贸易商船长27米，宽9米，可运载250吨货物，或者300名乘客。这种被称为柯克船的圆船应该算是最早的帆船了。其实圆船也有桨，但与桨帆船不同的是，划桨对圆船仅仅起辅助作用。与一般划桨船相比，风帆船的“船体更大，速度更快，操纵更灵敏，同时也更经济，因为它减少了100到200个划手及其食物和装备，大大增加了存放货物的空间”[①]。

当地中海人在桨帆时代裹足不前时，维京人从8世纪开始，就已经驾着帆船驶向海洋深处。这个优秀的航海民族，风帆带着他们到远海去冒险，向南穿过英吉利海峡和直布罗陀海峡到达地中海，向东到达俄罗斯，往西到达了冰岛、格陵兰岛，甚至北美大陆。作为维京人的后代，诺曼人的尖底船给欧洲航海技术带来了一场革命——

> 他们的船是一种稳定的、坚固的海船，龙骨凸起，两端尖削；他们在这种船上大都只使用帆，并且不怕在波涛汹涌的北海上受到风暴的突然袭击……而诺曼人则乘这种船进行了海盗式的探险，东面到达了君士坦丁堡，西面到达了美洲。这种敢于横渡大西洋的船只，在航海业中引起了全面的

① （美）斯塔夫里阿诺斯：《全球通史：从史前史到21世纪》，董书慧等译，北京大学出版社，2005。

革命，因此还在中世纪结束以前，在欧洲所有沿海地区就都采用新式尖底海船了。[①]

世界战船从桨帆战船向风帆战船的过渡，整整持续了数个世纪。标准的风帆战船的船体也为木质，吃水较深，干舷较高，艏艉翘起，竖有多桅帆，以风帆为主要动力，并辅以桨橹。与桨帆战船相比，风帆战船的排水量、航海性能、远洋作战能力均有了较大的提高。

886年，地中海出现了可逆风行驶的三角帆船。与维京人的横帆不同，阿拉伯人的三角帆可以在船的横位上做幅度大得多的转向，逆风时可以像盘山公路一样沿“之”字形蜿蜒向上。三角帆的出现，使船桨迅速成为多余；装备三角帆的船可以充分利用不断变换方向的海风，既能高速航行，又能操控自如。三角帆革命对船帆结构和桅杆结构的改进，极大地提高了船只的航行速度和性能。与此同时，中国人发明的新式船尾舵完全取代了过去的舵桨，新的缆索系统也相伴而生。装备了三角帆和船尾舵的柯克船，其装载能力和续航力都比桨帆船要强得多，逐渐成为地中海的主角。

由于贸易增长，北欧的高大云杉使地中海的船只趋向大型化，从而可以容纳更多船员和武器。14世纪末期，地中海战船与维京战船开始融合，搭建了首楼和尾楼的柯克船被改造为早期的风帆战船。脱胎于柯克船的卡拉克船和卡拉维尔船成为一段时期内的主流帆船。卡拉克船从一桅一帆演变成为三桅大帆船，排水量已经达到300—500吨，最大的甚至达到1000吨。卡拉维尔船不如卡拉克船深，它更多地使用前后三角帆，使船能横风行驶。哥伦布航海船队中的“Pinta号”和“Nina号”就是轻型平底的卡拉维尔式船，而“圣玛丽亚号”（Santa Maria）则是装置完善的卡拉克船。达·伽马开辟印度新航路时的船也属于这两种船型。

15世纪开始的大航海时代，进一步促进了欧洲造船业及航海技术的革命性发展

① 出自恩格斯为1861年版《美国新百科全书》写的“海军”词条。

与变革。古老的桨帆船逐渐淡出人们的视线，经过改进的新式帆船成为大海的新宠儿。随着海洋时代的来临，早先脆弱的仅有一叶风帆的单桅船基本都被装满帆的大帆船取代；每艘船上至少有3—4根桅杆，此外船首还有一根斜桅，有5片或更多的船帆。这些配备了指南针和海图的大型帆船，能够轻松应对大西洋上的狂风巨浪，而且无须补给和维修，就能穿越宽阔无垠的大洋；也可以在海上连续航行几个月，直抵任何地方的海岸，甚至能环航整个地球。

风帆时代的到来，使西方世界的交通技术被突然提高。指南针出现以后，航海者在各种气候条件下都找到准确的方向。随着计时技术的提高，他们也学会了估算航行的速度。航速与方向的测定，使航海者可以轻易找到正确的航行路线。

与同期的中国宝船相比，中世纪欧洲船的吨位一般都不大，船体也小得多。1066年诺曼底人横渡英吉利海峡时，所乘战船的载重不过30吨。14世纪的英国船平均载重为200吨。在威尼斯，超过200吨的船就是大船。随着帆船技术的成熟，船只规模出现急剧增长。[①]1450—1550年间，葡萄牙船只的平均吨位至少翻了一番。到16世纪中叶，威尼斯的卡拉克船已经达到600吨甚至700吨。

当然，不能简单地以船的大小来判断船的航海能力。对海船来说，船只的耐波性、导航技术和续航能力更加重要。虽然哥伦布和达·伽马的旗舰都不超过150吨，但这并不妨碍他们比号称“万吨巨轮”的郑和宝船做出更大的航海成就。

---

① 中世纪后期，波罗的海、北海、地中海和黑海之间已经有蓬勃发展的海上贸易。随着贸易的发展，欧洲造船厂不得不建造坚固的大船来运载货物；为了便于操纵，欧洲人又在船上增加了更多的帆和桅柱及尾舵。1200—1500年，欧洲船舶吨位平均增加1—2倍。600—800吨的圆体帆船，代替了150—200吨的长型单层甲板帆船。

大航海

黑格尔说："大海给了我们茫茫无定、浩浩无际和渺渺无限的观念：人类在大海的无限里感到他们自己的无限的时候，他们就被激起了勇气，要去超越那有限的一切。大海邀请人类从事征服，从事掠夺，但同时也鼓励人类追求利润，从事商业。"[①] 从冰河世纪结束以来的数千年里，人类一直生活在相互隔绝而又各自独立的几块陆地上，没人知道地球是方还是圆，每个人都认为自己生活在世界的中心。"欧洲航海家们的航程原本主要限于欧洲和周边的海域。在1400年以前，欧洲的船只基本上都只是围着欧洲的海岸线航行，向东最远不会超过黑海，向南最远到达地中海，向西不会超过英吉利海峡和北海，向北则止于波罗的海。直到1492年之前，欧洲的船只仍然没能超越欧亚贸易路线的最西端。"[②]

很多历史学家将1492年视为人类历史的一个分水岭，从此刻开始，真正的世界史开始了，大航海时代的世界才真正地连为一体。在此之前，大西洋一直是一道欧

① （德）黑格尔：《历史哲学》，王造时译，上海书店出版社，2001。

② （美）杰克·戈德斯通：《为什么是欧洲：世界史视角下的西方崛起（1500—1850）》，关永强译，浙江大学出版社，2010。

洲的栅栏和终点；在此之后，它成为桥梁和起点。从那时起，往来频繁的海上贸易和征服改变了欧洲，也改变了这个世界的版图。

法国诗人瓦莱里曾经叹息道："欧洲只是欧亚大陆上一块小小的海角啊！"弗洛姆指出，从文化上讲，欧洲是人类最幼小的婴儿，却发展了财富和武器，使其几百年来一直是世界其他地区的主宰。在郑和之后的一个半世纪中，欧洲人对于人类的居住地，及其在宇宙中的位置的传统认识发生了变化。借助帆船，人类的足迹几乎踏遍了所有大洋之滨，文明世界的范围突然间扩大了，欧洲由此成为亚洲、非洲和美洲之间的中心，新世界则成为基督徒的禁脔。

与大一统的中国不同，欧洲在经济上的自由主义、在政治上和军事上的多元化以及知识自由的结合，这些因素不断互相作用，最终造就了"欧洲的奇迹"。欧洲有历史悠久的远征传统，在某种意义上，海外扩张只是这一传统的继续。"欧洲没有一个国王颁布禁令，禁止海外冒险事业；相反，各民族君主国展开了狂热的竞争。"历史学家彭慕兰在《大分流》中说："在某种程度上，海外征服本身就是欧洲内部激烈军事竞争的结果。"

在中国指南针和阿拉伯三角帆技术传入欧洲之前，没有人会打算到世界"边缘"去冒险。同时，希腊数学家和天文学家托勒密绘制的世界上第一张地图重新被发现，托勒密地圆说彻底打消了航海家从地球摔向地狱的忧虑。13 世纪开始使用的船尾舵，迅速代替了陈旧的、低效率的边舵。此外，欧洲人还发明和改造了诸如罗盘、六分仪、海图、三角帆、三桅帆船等工具或技术，发现了大气环流（季风）系统；特别是虚拟经纬度的创立和三角函数理论的发展，使得欧洲人超越东方世界，从而具备了在各种复杂气候条件下进行远航的能力，不再"靠上帝和推测航行"。

在郑和船队第一次进入印度洋时，欧洲刚刚从黑死病的灾难中慢慢恢复过来，古希腊文明的火种照亮了基督教世界的黑暗天空。在文艺复兴的大背景下，已经尘封了 1200 多年的《地理学指南》在欧洲引发了一场地理革命。以今天的眼光来看，这本由古希腊天文学家托勒密绘制的世界地图谬误百出。比如，非洲和南极紧紧相连，除欧洲、亚洲、非洲以外，世界是一片漫无边际的海洋，赤道没有动植物生存，等等；但比起那些神话传说来，它至少提供了一个可靠的地理信息——绕过非洲大陆就可以到达富饶的东方，那里有无数的黄金和香料。“为了像所有男子汉都想要做到的那样，为上帝和皇帝陛下服务，将光明带给生活在黑暗中的人们和发财致富”，欧洲征服者驾着帆船出发了。

在这场风帆时代的航海运动中，位于地中海和大西洋之交的葡萄牙先拔得头筹，换言之，是葡萄牙人率先发起了这场走向世界的海洋征途，并将探索和征服海外异域的观念扩散到整个西欧。

在郑和从索马里带回长颈鹿，并博得永乐皇帝龙颜大悦这一年，即 1415 年，欧洲边缘的葡萄牙国王若奥一世出动战船 200 艘、海军 1700 人、陆军 19000 人，突如其来地占领直布罗陀海峡南岸的休达城，控制了地中海与大西洋的交通咽喉。休达城战役成为葡萄牙崛起的标志，也使清教徒亨利王子一战成名。

终身未婚的亨利王子以十字军骑士的热情，投入到航海兴国的宏伟梦想之中。为了探索未知的非洲大陆，亨利亲自参与海船改进，并创建了航海学校。他改进了中国指南针，创造了大三角帆的卡拉维尔轻帆船。这种多桅快速圆体帆船长 20 多米，重达 80 吨，特别适合远洋航行。在未来的日子里，卡拉维尔轻帆船载着葡萄牙人驶向世界。“真正的伟人同一般的伟人之间的差别是前者从不仓促行事，亨利编绘地图就像克莱斯勒拉小提琴。”[①]亨利王子花了数十年时间，用骑士团的资金资助了一系列走向世界的航海探险，到 1460 年亨利时代结束，葡萄牙帝国的商业触角已经延伸到赤道附近非洲西海岸。随着海上贸易的发展，葡萄牙的海军力量迅速膨胀，大西洋上的马德拉群岛、亚速尔群岛和佛得角群岛陆续并入帝国版图。

1453 年君士坦丁堡沦陷以后，处于欧亚大陆边缘的西欧被不可逾越的大西洋和可怕的奥斯曼帝国夹在中间，封闭起来。欧洲人失去了通过地中海和波斯湾前往印度及中国的海上通道和陆上通道，不得不去寻找一条新的贸易路线，以获得东方的香料和黄金。与此同时，印刷术的发明使古代地圆学说得以广泛传播，促使勇敢的

① （美）房龙：《美国的故事》，刘北成等译，社科文献出版社，1999。

思想家和探险家们梦想绕过非洲，或横越神秘的大西洋，从而到达远东。

1487 年，由 3 艘小帆船组成的葡萄牙舰队终于率先绕过了非洲的最南端。舰队首领迪亚士将这个可怕的海角取名“风暴角”，若昂二世则认为这是一个“好望角”——终于看到了去东方的海路。在此之前，大多数欧洲人认为从欧洲到东方是没有海上航线可通的。

葡萄牙人一登上黑非洲海岸，立即开始把非洲黑人变成奴隶。所有后来的西欧帝国创立者们都干下了这种罪恶的勾当。葡萄牙人在非洲用玻璃珠子和镜子换取奴隶和黄金，西非海岸变成了黄金海岸、象牙海岸、花椒海岸、奴隶海岸。强大的海权带来的是滚滚的财富，东方的象牙、香料和黄金如潮水般涌入葡萄牙。仅仅数十年间，葡萄牙就依靠航海，从一个传统的农业国一跃成为欧洲最富有的国家。

“陆地在这里结束，海洋从这里开始”，葡萄牙的罗卡角作为欧洲的“天涯海角”，是无数远航者对陆地的最后记忆。很久以来，这里就是“世界的尽头”。如今这里立着一座船形的纪念碑——“献给亨利和发现海上之路的英雄”。

几乎与郑和船队 28 年的航海运动同时，亨利王子的船队也在大海中漂泊了 21 年。与中国郑和豪华的混合舰队相比，亨利王子的帆船无论体量还是数量，都不足前者的 1/10，几乎微不足道。但后者不是为了耀武扬威，而是为了冒险、探索、掠夺、征服、贸易和宗教。如果说前者代表着唯我独尊和王道传统的古代，那么后者就代表着重商主义和殖民主义的近代。就这样，大航海拉开了近代史的序幕。

哥伦布的错误

当大海被帆船征服之后，陆地反倒成为一种无法逾越的障碍。既然地球是圆的，那么完全可以向西，直接到达东方，而不必绕行遥远的非洲大陆。好望角诞生之际，热那亚人哥伦布带着这个“聪明”的航海计划来到葡萄牙。航海知识极其丰富的葡萄牙学者们认为：向西航行到达东方的距离远远超过绕行好望角。[①]毫无疑问，拥有世界最多海图资料库的葡萄牙人是正确的，但正是这个正确，使葡萄牙王国失去了一次伟大的机遇。历史竟是如此吊诡。

天文学家兼地理学家托斯康内利曾告诉哥伦布：“通过大西洋到黄金和香料王国，是一条比葡萄牙人所发现的沿非洲西海岸的道路更短的途径。”哥伦布将地球周长估为2.7万公里（地球实际周长为4万多公里），欧洲到中国的陆地距离为2万公里，

① 早在公元前205年，亚历山大时代的希腊科学家埃拉托斯特尼就准确地推算出地球的半径。事实上，从里斯本向东到马六甲的距离超过1万公里，地球的周长为4万多公里，因此从里斯本向西到马六甲的距离就将近3万公里。即使以托勒密的计算，从欧洲向西到达中国也有2万公里之遥；如果以4节的航速计算，单程就需要4个月以上，对当时欧洲那种续航能力极其有限的小型帆船来说，要活着在海上航行这么久是不可能的。

而海洋距离只有 7000 公里；马可·波罗说中国东边 1600 公里是日本，那么欧洲到日本的距离就只有 5400 公里。这只是实际距离的 1/4，如果不是发现新大陆可做补给，哥伦布船队一行必将有去无回。正如 18 世纪法国地理学家让·安维里所说：“一个极大的错误导致了一次极其伟大的发现。”

“成败取决于一念之差：当哥伦布向葡萄牙国王及其幕僚们建议他那充满幻想的旅行时，迪亚士恰好回到里斯本（1488 年），他对在大西洋和印度洋之间建立海上联系确有把握。葡萄牙人在肯定和幻想中选择了前者。”[①]在葡萄牙碰壁后，哥伦布转而来到刚刚收复格拉纳达的西班牙，与西班牙王室进行了 3 个月的游说和谈判。最终，哥伦布成功了。伊莎贝尔女王承诺，作为发现地的统帅，哥伦布可以获得发现地所得一切财富和商品的 1/10，并一概免税；对于以后驶往这一属地的船只，哥伦布可以收取其利润的 1/8。

1492 年 8 月 3 日，“海军大元帅”哥伦布率领 3 艘小帆船离开帕洛斯港口，被浩荡的东风送向大西洋深处。与财大气粗的郑和舰队相比，哥伦布岂止一个寒酸了得。其最大的旗舰“圣玛丽亚号”的排水量也不过 250 吨，而郑和宝船则近万吨。即使这样，伊莎贝尔女王为了资助这次前途未卜的航海，甚至典当了自己的首饰；而哥伦布为了证明地球是圆的，将鸡蛋立在了桌面上。

在接下来的日子里，哥伦布的帆船前所未有地一直向西，向西，开始了看不见陆地也不知道终点的航行。为了减少船员的恐惧，哥伦布用欺骗的手段，偷偷调整计程仪，故意减少航行里程。即使这样，漫漫无期，毫无所获的船队在两个月后，还是走到了近乎绝望的崩溃边缘。10 月 10 日，恐惧和愤怒的船员们以叛乱威胁，阻止船队继续向西航行。经过艰苦的谈判，哥伦布最后只得恳请再航行 3 天——3 天后如果还看不见陆地，船队就返航。

从一开始，这就是一场伟大的赌博，而哥伦布就是那种传说中的幸运儿。3 天之后，那些在 3 天前还反对他的水手就在桅杆上高喊：“陆地！陆地！”这一天是

① （法）费尔南·布罗代尔：《15 至 18 世纪的物质文明、经济和资本主义》，顾良、施康强译，生活·读书·新知三联书店，2002。

1492 年 10 月 12 日。这一天后来被定为西班牙的国庆日。

从今天的巴哈马群岛开始，哥伦布和他的船员踏上了这块已经与欧亚大陆隔绝了数千年的新大陆；从那一天开始，一个被大海割裂的世界第一次被船连接在一起。就像这次航行本身就是一场错误一样，哥伦布至死都认为他到达了日本和印度，但他并没有看见皇宫的金顶。事实上，哥伦布到达的既不是日本，也不是印度，但这块新大陆的居民仍被称为印度人（Indians，即印第安人），而这些岛屿则被称为印度群岛。

在哥伦布时代的贝海姆地球仪上，属于美洲大陆的位置始终只是一片大海，太平洋是不存在的。在更精确的钟表于 18 世纪发明之前，航海者根本无法确定经度，即东西方向的位置。

哥伦布航渡美洲在人类航海史上是划时代的，这使郑和以来的大航海发生了质的变化。这次航行历时 220 多天，单程达 4000 多海里，不见陆地的深海航行达 30 多天。此前的郑和船队和亨利船队基本都是沿着海岸的近海航行，而不是远离陆地的跨洋航行。郑和曾从斯里兰卡经马尔代夫到达索马里，横渡印度洋的单程不过 1700 多海里，离陆地最远点不过 720 海里。同时这些地区均为早先人们已知的文明地区。葡萄牙船队离开海岸最远也只有几百海里，而哥伦布远航离陆地最远达 1500 多海里，而且横渡大西洋之前，对目的地一无所知。可以说，从哥伦布开始，指南针已经将大航海推进到远离陆地的跨洋时代。这是大航海时代的真正开端。

跨洋航路改变了世界历史的进程。国际贸易由地中海转移到大西洋沿岸。西方世界走出了中世纪的黑暗，依靠风帆时代的海上战争和贸易，新兴的工业文明成为世界经济主流。

据说早在 1000 年前，中国僧人慧胜就跨越太平洋，到达了美洲的墨西哥，但只有哥伦布的出现，才彻底结束了两个世界彼此孤立的状态。

对新大陆的人们来说，哥伦布无疑是一个不祥的灾星，他的到来为欧洲白人向新大陆扩张和征服铺平了道路。被哥伦布称为印第安人的原始土著遭遇到一场地狱般的灭顶之灾，陷入殖民地的苦难深渊和被屠杀的血泊之中。哥伦布揭开了探险时代的序幕，欧洲很快就学会了以马基雅维利式的狡诈恶毒来征服和奴役原住居民。对哥伦布来说，用2只铃铛换取土著的14只金镯子纯属慈悲。哥伦布的日记让人开始怀疑所谓的“文明与野蛮”——

> 我真不敢相信天下会有这样好心好意送东西的人们，他们富于爱心，没有贪心，他们爱别人就像爱自己一样，说话和声细语。他们非常诚实慷慨，用他们珍贵的物品换取我们不值钱的东西。[①]

① （意）克里斯托瓦尔·哥伦布：《航海日记》，孙家堃译，译林出版社，2011。

地球是圆的

从 15 世纪开始，西班牙人和葡萄牙人成为大航海时代的先行者。美洲的疯狂掠夺使西班牙很快成为第一个日不落殖民帝国。在财富的诱惑下，骑士与流氓竞相扬帆远航，大西洋掀起了一场持续 300 多年的远航、探险、发现和殖民的浪潮。1494 年 6 月 7 日，葡萄牙与西班牙签定《托德西利亚斯条约》，确定通过佛得角群岛以西 2200 海里处的“教皇子午线”为界，非洲和亚洲属葡萄牙，新世界则属西班牙，就如同切西瓜一样瓜分了地球。《托德西利亚斯条约》树立了强国瓜分殖民地的榜样，一个全球扩张时代扬帆启航。

哥伦布的幸运让葡萄牙人后悔不迭，但他们开拓的非洲航线同样获得了极大成功。1498 年 5 月，经过 2 万多公里的航行，在著名的阿拉伯航海家艾哈迈镕・伊本・马吉德“引狼入室”的领航下，葡萄牙航海家达・伽马率领的船队终于抵达印度的卡利卡特港——中国称为“古里”。这是欧洲船第一次光临印度洋。70 年前，这里是郑和船队炫耀中国威仪和财富的地方。达・伽马满载香料返航，所获利润相当于整个远征队费用的 60 倍。

在西方人到来之前的 1000 年里，作为世界经济核心的印度洋贸易完全是开放的、和平的，没有任何政治势力和军事势力支配；也就是说，贸易与暴力无关。无论是非洲传统的独桅三角帆船和中国的平底帆船，还是印度和阿拉伯的商船，他们都没有军舰护航；任何一个贸易大港，比如亚丁、霍尔木兹、卡里卡特、布里、亚齐或马六甲，也都是不设防的。然而达·伽马的到来结束了这一切，印度洋从此进入“武装贸易”和“垄断贸易”时代。

打通大西洋—印度洋的非洲航线，使葡萄牙喜出望外，如同一头饿狼跳进了羊圈。1502 年 2 月，达·伽马率领 10 艘舰船再次来到印度洋。他们在坎纳诺尔抢劫了一艘去麦加朝觐的商船“米莉号”，并将船上数百名“异教徒”，包括妇女和儿童全部烧死。“在持续了长时间的战斗之后，司令以残暴和最无人性的手段烧毁了那只船，烧死了船上所有的人。”与阿拉伯海军相比，欧洲海军具有压倒性优势。达·伽马倚仗炮舰之利，在印度洋大开杀戒，将阿拉伯人彻底逐出印度洋，从而垄断了香料贸易。承平数千年的印度洋在达·伽马到来之后再无宁日。一年之后，达·伽马又一次乘着印度洋的东北季风满载而归，此次以暴力掠夺所获的纯利竟超过总航行费用的 60 倍以上。从 1504 年起，每年至少有 12 艘船只从里斯本出发前往东方。

在达·伽马这只野兽肆虐印度洋期间，卡伯拉尔率领一支 13 艘帆船的船队意外地发现了巴西，不过他们以为这只是一个小岛——“真十字架岛”。受葡萄牙国王委派，阿美利哥·维斯普西（Amerigo Vespucci）考察了南美洲东北沿海地区，发现这里不是印度，而是一块新大陆。这块被哥伦布发现的新大陆最终以阿美利哥的名字命名，是为美洲（America），后来这一名称又被美国沿用。

“到 1500 年，中国短暂的印度洋帝国已经不复存在。”[①]从 1507 年起，葡萄牙舰队陆续血洗并占领了霍尔木兹、果阿和马六甲等城市，彻底统治了印度洋。马六甲从前是中华帝国的藩属，被称为满剌加，此后成为“葡萄牙王冠上的明珠”。1511 年，葡萄牙占领香料群岛。两年之后，葡萄牙人的船第一次来到中国南海，时值明武宗正德八年。中国人将这些“不速之客”称为“佛郎机”。中国与欧洲的历史性相

① （英）艾兹赫德：《世界历史中的中国》，姜智芹译，上海人民出版社，2009。

遇以一场海战开始，而欧洲人并没有像他们在印度洋或者新大陆那样心想事成。

“在整个 14 世纪和 15 世纪期间，航海家们只是想完成一件事，就是想找到一条舒适而安全的航路通往中国、日本和香料群岛。”①从这一点来说，葡萄牙人实现了无数航海家们的梦想。擅长航海的葡萄牙人与其说是热衷于贸易，不如说是热衷于敲诈和勒索，统治从巴西到澳门的广大地区，耗尽了他们的冒险所得。事实上，16 世纪的葡萄牙始终只是一个农民勉强温饱的穷国，根本无力提供长期的海上远征。

1544 年（明嘉靖二十三年），葡萄牙船队发现了“福摩萨”（Formosa，意为美丽之岛），但就商业位置而言，它距中国太远。数年之后，葡萄牙人“暂借”了更优越的澳门半岛。在以后的日子里，耶稣会、奥斯定会、多明我会、方济各会等修会的传教士陆续来到澳门，寻机进入没有上帝的中国。历史学家张存武评价这一段历史时说：“葡人之东来才是中国数千年来未有之变局。”从利玛窦到郎世宁等，欧洲就这样发现了中国，而 300 年后，中国仍然搞不懂欧洲在哪里。

1513 年，西班牙航海家巴尔波亚从北向南，穿越巴拿马地峡，发现了太平洋。西班牙国王查理一世委任葡萄牙航海家麦哲伦去开辟通往亚洲的航道，这实际成为人类第一次环球航行。

1519 年 9 月 20 日，一支由 5 艘均为 100 吨位的帆船组成的麦哲伦船队，从西班牙塞维利亚港启航；横渡大西洋后，船队沿南美洲东岸南下。次年 3 月 31 日，到达阿根廷南部的圣胡利安港。在这里发生的一场内乱，使许多人被自己同伴杀害。8 月 24 日，经过休整的船队再次出发，通过“麦哲伦海峡”，进入风平浪静的“太平洋”。在以后的 80 天中，他们只见到两座杳无人迹的荒岛。一名船员在日记中记述了他们所经受的苦难：

> 我们所吃的饼干不能称为食物，它们只不过是些粉末和吞噬了饼干的蛆虫，而且粉末浸透了耗子尿，散发着叫人无法忍受的臭气。我们不得不

① （美）斯塔夫里阿诺斯：《全球通史：从史前史到 21 世纪》，董书慧等译，北京大学出版社，2005。

喝的水同样恶臭、令人作呕。为了不饿死，我们甚至被逼得吃一张张皮革，这些皮革是遮盖大桅下桁、防止其磨损绳索用的。它们经常受水浸、日晒、风吹，变得非常坚硬，得先在海里泡上四五天才能变软；我们将它们泡软后就煮来吃。实际上，我们经常不得不靠吃木屑过活，就连耗子这种极叫人憎恶的食物，大家都贪婪地寻找，一个耗子能卖得半个达卡金币。苦难不止于此，我们最大的不幸是正遭到“坏血病”的侵袭；得病后，牙床肿得老大，把上下颌牙齿都包藏起来，使病人无法咀嚼食物。我们有19个伙伴死于这种疾病……除已经死去的人，我们还有25至30个水手患病，他们的胳膊、腿和身体其他部位都遭受着可怕的痛苦。①

1521年3月16日，麦哲伦船队抵达吕宋。经过与当地居民的沟通，麦哲伦发现自己终于从西方绕到了东方。不幸的是，这里也成为这个环球第一人的葬身之地。在今天菲律宾马克坦岛北岸，有一座奇特的墓碑，墓碑的正反两面，分别镌刻着两位相距半个地球的人物。墓碑正面刻着：

拉普拉普，1521年4月27日，拉普拉普和他的战士们，在这里打退了西班牙入侵者，杀死了他们的首领——费尔南多·麦哲伦。由此，拉普拉普成为击退欧洲人侵略的第一位菲律宾人。

墓碑反面，则刻着另一段文字：

费尔南多·麦哲伦，1521年4月27日，费尔南多·麦哲伦死于此地。他在与马克坦岛酋长拉普拉普的战士们交战中受伤身亡。麦哲伦船队的一艘船——“维多利亚号”，在埃尔卡诺的指挥下，于1521年5月1日升帆

① （美）房龙：《人类的故事》，刘北成等译，社科文献出版社，1999。

驶离宿务港，并于1522年9月6日返抵西班牙港口停泊，第一次环球航海就这样完成了。

数十年后，麦哲伦殒命的吕宋被用西班牙国王菲利普（Philip II，即腓力二世）的名字命名为“菲律宾”。一个西方人说法是：“麦哲伦的航行导致了1521年对菲律宾的发现。”[①]

失去麦哲伦的西班牙船队，只剩下一艘“维多利亚号”帆船和幸存的18名船员，他们继续向西横渡印度洋，经好望角进入大西洋，于1522年9月返回西班牙。这次破天荒的远征，前后共用了3年时间，实现了人类历史上的第一次环球航行，从实践上证明了公元前3世纪希腊天文学家厄拉多塞的地圆学说，也诠释了“航海”的真止含义。麦哲伦之后，欧洲天主教会虽然不承认地球是圆的，但还是不得不承认“地球至少在某些地点可能稍有曲线”，而不是《旧约》中像煎饼一样的平面。

① （英）艾兹赫德：《世界历史中的中国》，姜智芹译，上海人民出版社，2009。

全球化

正如亚当·斯密所说："美洲的发现、经由好望角前往东印度群岛的航道的发现，是人类历史上所记载的最伟大、最重要的事件。"[①]仅仅几十年时间，欧洲人对世界的观念发生了颠覆性的改变，地球之岛变成了地球之海。人们原来以为地球就是连片的陆地，如今发现 2/3 的地球表面都被海洋覆盖。欧洲人成为世界的征服者和殖民者，成为陆地和海洋的主人，将他们的文明带到了地球的每个角落。

很多年后，当美洲各地举行哥伦布发现新大陆周年庆祝时，一些原住民群体表示抗议，前委内瑞拉总统查韦斯甚至称哥伦布是"人类历史上最大规模的侵略和种族大屠杀的急先锋"。

从某种意义上来说，无论哥伦布、达·伽马还是麦哲伦，他们都是惊世骇俗的海盗，"或许像当时的任何船长一样，不能不野蛮和凶残，因为他是和一群恶棍和惯犯一起环游世界，这些人是在绞刑架和水手之间选择了后者。"即使在后来的日子里，从美洲到澳洲，几乎都是欧洲罪犯的流放之地。在帝国时代，"没有任何一个政

① （英）亚当·斯密：《国富论》，唐日松等译，华夏出版社，2005。

府——无论是葡萄牙还是西班牙、法国、荷兰或英国——对在自己土地上土生土长的原始居民的权利予以尊重[①]”。

正如房龙所说：“西班牙殖民地成为阴谋和贪婪的渊薮。”从哥伦布首次登上美洲的半个世纪中，西班牙将美洲变成新拓的疆土。埃尔南多·科尔特斯征服了阿兹特克帝国，将阿兹特克首都特那屈特兰改名为墨西哥城。同样，弗朗西斯科·皮萨罗仅以区区数百人，就轻易征服了古老的印加帝国。在“枪炮、钢铁和病菌”的摧残下，美洲人“像苍蝇一样死去”。戴蒙德指出，哥伦布到来之后第一个100年里，美洲原住民减少了95%。新大陆在很短的时间内就发生了一次前所未有的种族代换，来自欧洲和非洲的外来移民取代了古老的原住民。

一直到公元1500年，人类不同种族基本上都被相互隔绝在地球的不同地区。大航海时代的西方扩张改变了人类世界“老死不相往来”的传统格局，它使西欧人控制了外洋航线，能够抵达和征服南北美洲和澳大利亚的人迹稀少的广阔地区，并移居那里。作为欧洲的创造物，美洲是欧洲借以显示自身存在的最佳杰作。美洲面积是欧洲的4倍，欧洲几乎是突然之间膨胀了5倍，从而改变了大洪水以来人类种族的传统地区分布。

对航海者来说，不管你航行多远，最终结果都必须靠岸，都必须面对当地的军事力量。中国人发明了指南针，欧洲人将它改叫“指北针”，用它找到世界；中国人发明了火药，欧洲用它来征服世界。“欧洲人是好斗的侵入者。他们夺取并保持着主动权，直到渐渐地但不可抗拒地上升为世界各地的主人。”[②]西方的海军力量不仅控制和垄断着海洋贸易路线，同时还以海上力量威吓他们所遇到的其他国家和社会。用布罗代尔的话说：今天的世界几乎都是由过去造就的，欧洲最大的业绩仅是发现了大西洋，征服了狂风巨浪，这一胜利为欧洲打开了世界七大海的大门和通道，从此，

① （德）卡尔·施米特：《陆地与海洋：古今之“法”变》，林国基、周敏译，华东师范大学出版社，2006。

② （美）斯塔夫里阿诺斯：《全球通史：从史前史到21世纪》，董书慧等译，北京大学出版社，2005。

世界的整个海洋都为白人效劳。

大航海运动开辟了从欧洲绕过非洲或者南美洲到达亚洲的两条新航路，世界第一次被连为一体。新航路的开辟使欧洲人掌控的世界贸易范围空前扩大，西欧与世界各地区各民族之间的联系加强了。从某种程度上来说，伴随大航海而来的是一种叫作“现代”的欧洲身份，边疆的向西扩张使得传统的欧洲身份发生了颠覆性的改变，即从一种边缘地位上升到世界领袖的先进文明中心，同时也引发了东欧与西欧之间的分裂。

“远洋航行最终造成了世界的不平衡和不对称。”通过海上扩张，欧洲的影响力迅速增加，逐步渗透并控制了埃及、阿拉伯、印度和中国等世界传统的古老文明，在政治上、经济上和文化上取得支配地位，使西方文化被视为全球典范，西方文化被等同于现代文明。现代印度之父尼赫鲁曾说：“外来政权即使罪恶满盈，至少有一项优点，那就是扩大人们的精神视野，迫使他们从龟缩的硬壳向外看，让他们了解这个世界比想象中的还要广阔且丰富。”

长久以来把人们隔绝开来的海洋，突然之间变成了欧洲人的通衢大道。在大航海之前，这些都是不可能出现的；一个很小的地区成功地控制世界其余地区，以前从未有过。马镫时代的匈奴和成吉思汗也仅仅是控制了一部分，而不是全部。海洋时代的影响如此深远，世界完全变成了一个平面化、同质化的统一；人类的眼界前所未有地扩大了，地理知识不再局限于一个地区、一块大陆或半球；整个地球的外形首次被确定和绘入地图，全球化时代终于来临。

葡萄牙和西班牙这两个伊比利亚半岛国家，既有地中海之便，又有大西洋之利。随着风帆时代的来临，这两个海洋国家在第一时间扬起风帆，欧洲贸易中心由地中海转移到大西洋沿岸，意大利的商业地位逐渐被西班牙和葡萄牙所代替。相对而言，西班牙人热衷于征服和掠夺，葡萄牙人则在寻找贸易机会。葡萄牙的舰队沿着达·伽马的航线，赶走了统治印度洋近千年的阿拉伯商人，建立了一个从东非一直延伸到日本的贸易帝国，保障了葡萄牙对东印度群岛丰富的香料贸易的垄断地位。西班牙征服了墨西哥和秘鲁，涸泽而渔的暴力掠夺使西班牙人“获得了一种致命的权利——

懒惰的权利”。

由于1545年发现了秘鲁的波托西银矿，西班牙终于看到了哥伦布的成果。在以后的日子里，每年有50万磅白银和1万磅黄金从美洲流入欧洲。“马尼拉大帆船”将1/3以上的白银运送到中国，然后满载中国的瓷器、丝绸和茶叶到欧洲。巨量的白银支撑了第一个全球贸易体系，这是唯一中国可以接受的商品。大西洋的开放改变了欧洲的方向。在一个海洋时代里，欧洲成为美洲、亚洲和非洲的地理中心。在这种历史背景下，大西洋沿岸的低地地区迅速崛起。

但伊比利亚人犯了一个大错误，它仍将新大陆看成旧大陆的翻版，坚持重商主义和对殖民地贸易的垄断，这注定它以后的一切努力都将以失败而告终。亚当·斯密指出，西葡两国在没有殖民地时已经是工业国了，但自它们占有世界上最富饶的殖民地以后，反倒失去了自己的工业。在重商主义的旗帜下，西方主导的世界市场开始形成，帝国主义的幽灵在海洋上游荡。马克思在《资本论》中说：“美洲金银产地的发现，土著居民的被剿灭、被奴役和被埋藏于矿井，对东印度开始进行的征服和掠夺，非洲变成商业性地猎获黑人的场所，这一切标志着资本主义生产时代的曙光。”

西班牙和葡萄牙的海上帝国跨越东西两半球，但其海军力量却根本无力保护其不受心怀妒意的荷兰、法国和英国“海盗”蚕食。事实上，这些新教国家的移民运动对新大陆的开发和经营更加成功。

1606年，英国殖民者在弗吉尼亚登陆，1620年到达新英格兰。1605年，法国在阿卡迪亚进行殖民活动，并于1608年建立了魁北克城。1612年，荷兰人建立了新阿姆斯特丹（今天的纽约）。在西班牙丧失了其幅员辽阔的“西印度帝国”（即美洲）大片土地时，人口不足百万的葡萄牙更是捉襟见肘。1641年，荷兰人从葡萄牙人手中夺走马六甲；1658年，占领锡兰。1623年，荷兰人从葡萄牙手中夺去了印度尼西亚，从西班牙手中夺去了福摩萨（台湾）。在1621—1654年间，荷兰甚至蛇吞象地企图夺取巴西。

海盗许可证

16 世纪的世界是一个垄断的世界，西班牙联合葡萄牙，完全封锁了他们的地理发现；它们不仅控制了美洲大陆，还控制了太平洋、印度洋和大西洋；严禁一切他国船只的来往，英国船甚至连太平洋都没有见过。受哥伦布发现的鼓舞，英国也试图从东北航线和西北航线找到中国。1553 年，休·威洛比爵士率领一支由三艘帆船组成的远征队，带着爱德华六世的信前往“居住在靠近强大的中华帝国的世界东北地区的国王、君主及其他统治者”，结果全部冻死在巴伦支海。

当伊比利亚人饕餮美洲金银大餐时，找不到新航线的英、法、荷只好寻求分一杯羹。西班牙人对美洲大陆的阿兹特克帝国和印加帝国展开大肆抢劫，荷兰人和英国人则抢劫西班牙人，这种“黑吃黑”的游戏就这样开始了。

荷兰的乞丐革命期间，西班牙与荷兰处于战争状态，荷兰人对西班牙珍宝船的抢劫达到最高潮；如果没有半打以上的军舰护航，西班牙商船根本不敢在公海航行。即使这样，13 年战争期间，荷兰海盗抢劫了 550 多艘西班牙商船，掳掠了将近 4000 万盾。荷兰海盗皮埃特海恩曾经一次就斩获了 1500 万美元，成为一笔重要的原始资本积累。

英国人最早只是从事奴隶贸易，就是将非洲人贩卖到新大陆的西班牙殖民地，以填补其劳动力的不足。1562 年，约翰·霍金斯从西非贩运黑人到西印度出卖，一趟即可获纯利 1 万多英镑。[①]当时一艘 90 吨的小船，常常要运载 390 名奴隶。在一个多月的海上航行中，有 1/3 到一半的奴隶死去。死亡如此之多，以至于每条贩奴船后面都跟着一群鲨鱼。根据黑人学者杜波依斯估计，从 16 世纪到 19 世纪，大约有 1500 万黑人被贩卖到美洲，而死于捕猎和贩运过程中的黑人则是其 5 倍左右。这种奴隶贸易其实就是人口走私，而且比海盗行为更加罪恶。

对于深受维京文化影响的英国人来说，从奴隶贸易到成为海盗，这完全是顺理成章的事情。如果说中世纪的维京海盗曾经改变了欧洲的话，那么近代早期的英国海盗则影响了整个世界。

很多人想不到的是，由一群“恶人”和“坏人”组成的海盗，往往是最具有民主精神的团体，这与传统王权的专制主义完全相反。美国学者彼得·里森发现，“一人一票”是海盗民主运作的基础，“船长一职的人选由大多数人的选票决定”；最新获选的海盗船长将致力于“每一件有助于为大家带来好处的事情”，作为回报，“同伴们承诺将服从他的所有‘合法’命令”。为了可以民主地监管他们的船长，海盗们要求拥有不受约束的权利，让他们能够以任何理由罢免他们的船长。有一伙海盗，在某趟航程中换了 13 个船长；还有一伙海盗罢免他们船长的原因是他“拒绝攻打和劫掠英国船只”。海盗船就像是一家“漂在海上的股份制公司”，依据“章程”，所有船员都享有平等自由的权利。当正常社会的黑人还被视为奴隶时，海盗船上的黑人却都有了自由身份，和白人海盗享有同等的权利。[②]有人说西方民主制度出自海盗规则，这不是没有道理的。作为海盗发源地的西北欧，后来也成为现代世界最民主的文明地区，这或许不是一种巧合。

---

① 当时有许多英国帆船从事霍金斯开创的欧美非三角贸易：运送欧洲的工业品到非洲，再从非洲运送黑奴到美洲，然后将美洲的金银砂糖烟草和棉花运回欧洲；一个航程周期为两个月，如此周而复始，为英国带来不可限量的利润。

② （美）彼得·里森：《海盗经济学》，傅西西译，万卷出版公司，2011。

英国是个四面环海的岛国，自古以来便倚重海军。早在 9 世纪的阿尔弗雷德大帝时期，英国就建立了正规的海军，以抵御维京海盗的入侵，但最后还是没有避免被丹麦人和诺曼人征服。海盗的基因就这样成为英国精神的一部分。

在整个伊丽莎白时期，海盗带回的赃物竟达 1200 万英镑，英国海盗每年使西班牙殖民者损失达 300 万杜卡特。海盗是如此可怕，以至于每次当来自美洲的船队平安到达西班牙时，神圣罗马帝国的皇帝查理五世（兼西班牙的查理一世）都会喜极而泣。实际上与海上风暴造成的损失相比，海盗袭击的危害要小得多。从法律和道义角度来说，西班牙越洋船满载的金银属于印第安人，是西班牙人偷窃和抢劫的赃物，英国和荷兰海盗的劫掠行为只是剥夺了本不属于西班牙人的东西而已。

海盗行为不仅使英荷两国获得了大量的财富，也同时削弱了西葡两国的实力。作为大英帝国的接生婆，东印度公司的海盗行为几乎摧毁了葡萄牙人的东方殖民体系。海盗带来的充足资金促进了造船业的发展，年轻人也因此学会了航海和战斗，这些最终都将转化为国家力量。

英国的伊丽莎白女王曾秘密资助霍金斯的贩奴贸易和海盗活动，将一艘 700 吨的“卢贝克耶稣”号大帆船折合 4000 英镑，外加 3 艘小船作为合作股份，不久又增加两艘大帆船，这使霍金斯成为英国最富的人，女王也获得了不菲的分红。当西班牙人找到伊丽莎白时，得到的回答是：“我不认识这些海盗，如果他们抢劫了你，那你应该去找他们。”

1567 年 10 月，霍金斯第三次航行，女王又借给他 2 艘皇家海军战船，结果这次贩奴贸易遭到西班牙舰队的沉重打击——

> 第三次航行的厄运标志着英、西两国关系的一个转折点——它结束了与西班牙殖民地和平地、合法地通商的希望。如果贸易不能以和平、合法的方式经营，必然要用其他手段进行。获利的机会对英国人和其他北方人来说太大了，使他们抑制不住自己，也无法忘却。在以后数十年中，新教的船长们是作为海盗和私掠船船长，而不是作为和平但违法的商人前往西

印度群岛的。[①]

作为哥伦布最早的发现地，加勒比地区也最早成为英国海盗的游猎之地。1572年，英国人德雷克偷偷横渡大西洋，又通过巴拿马地峡横穿了美洲大陆，总算第一次见到了传说中的太平洋。他在南美丛林里埋伏了一个月，从西班牙人那里成功地抢劫到了价值5万英镑的黄金和白银，还有几艘大帆船。回到英国的德雷克马上就成为民族英雄，并受到女王的召见和支持。

当时英国王权受到议会的严厉限制，既不能增税，又无钱发展海军。野心勃勃的女王由此发现前景不错的“海盗事业”。为了对西班牙实行海盗掠夺，英国成立了由国家特许的股份制海盗公司，伊丽莎白女王本人就是这些海盗公司的股东之一。她给大大小小的海盗船长们颁发了“海盗许可证”，政府授权本国民船在战争期间可以攻击和劫掠敌国商船，这些海盗船也叫“私掠船”。

1580年，德雷克绕道麦哲伦海峡，洗劫了美洲西海岸，一次就掠获了150万英镑的金银，相当于英国王室3年的总收入。9月26日，德雷克环绕地球一周返回普利思茅时，女王亲自来到港口迎接，并授予他骑士勋章和朴茨茅斯市市长。伊丽莎白当然也大大地分了一杯羹，作为回报，女王得到了劫掠所得的1/3。比黄金白银更有价值的是，德雷克为英国开辟了一条新航路，此后太平洋不再是西班牙内海。

伊丽莎白断然处死“血腥玛丽”，又拒绝西班牙国王腓力二世的求婚，再加上海盗、宗教和海上霸权等矛盾，到1587年，积怨已久的英西两国终于剑拔弩张，一场大战不可避免。

当时英国皇家海军仅有34艘风帆战舰，根本不是西葡联军的对手。危难之际，德雷克的25艘海盗船挽狂澜于既倒，他大胆地主动出击，一举击沉36艘西班牙补给舰，又在加的斯港击沉33艘西班牙战舰，其中超过1000吨的大帆船就有6艘。德雷克甚至长途突袭里斯本，攻占了圣维森特角要塞，扼住地中海的咽喉。即使在

① （美）斯塔夫里阿诺斯:《全球通史：从史前史到21世纪》，董书慧等译，北京大学出版社，2005。

返回途中，德雷克还不忘打劫西班牙国王的皇家运宝船。

德雷克的突袭使西班牙一时焦头烂额，只好将战争延后。一年后英西海战中，真正由女王支付饷钱的皇家海军战舰只占英国战舰总数的1/5，其余几乎都是海盗船、渔船、商船和各种临时改装船。随着无敌舰队折戟沉沙，西班牙从此一蹶不振，英国依靠海盗成为新的海上霸主；德雷克被封为英格兰勋爵，书写了海盗史上最荣耀的一页。

除霍金斯、德雷克，还有摩根、奇德、卡尔狄希等，海盗精神几乎成为英国的国家气质，以至于一个世纪之前，“海盗”牌香烟完全成为英国的名片，而拿破仑则干脆将英国称为“海盗国”。彭慕兰在《贸易打造的世界》一书中说：“英国水手都是从海盗角色演化出来的，没有海盗，英国水手就不可能最后成为海上霸主。”

当暴力的海盗遇见道义的王权，海盗的个人利益与英国的国家利益达成了最广泛的共识。海盗的合法化也使国家走向海盗化，英国迅速完成了原始积累。从1500年到1600年的一个世纪中，英国财富增加了3倍。“发展是硬道理”的功利主义和去道德化为资本主义时代的到来铺上了红地毯。

美貌多才的伊丽莎白终身未婚，她说：“我已经献身于一个丈夫，这就是英国。”她倾其一生，成就了一个辉煌的伊丽莎白时代（1559—1603年），使英格兰从蕞尔小国逐步发展成为海上强国。伊丽莎白如同一个高明的船长，凭借自己高超的航行技术，在惊涛骇浪、险滩暗礁之中驾驶着英格兰号，最后到达广阔的世界海域，为“日不落帝国”奠定了基础。她大胆地将海盗作为英国解决政治和经济困境的利器，一举瓦解了西班牙的商业霸权和海洋霸权，因此被称为“海盗女王”。可以说，正是被伊丽莎白称为“我的海狗”的英国海盗，造就了一个蒸蒸日上的“伊丽莎白时代”。英国传记作家斯特莱切将伊丽莎白比作一只老母鸡——

> 这只凶狠的老母鸡一动不动地蹲着，孵育着英吉利民族，这个民族初生的力量，在她的羽翼下，快速地变成熟、变统一了。她一动不动地蹲着，但每根羽毛都竖了起来。[①]

① （英）里顿·斯特拉奇：《童贞女王：伊丽莎白一世》，郑海娟译，国际文化出版公司，2005。

日不落帝国

随着火药时代的来临，火炮于1380年被首次搬上战舰。但在此之后的两个世纪中，古老的接舷战术仍然是海战的基本模式。直到16世纪中期，欧洲的风帆战船还像希腊—罗马时代的桨帆战船一样，常常作为载运士兵的浮动堡垒或战台，基本战术仍是撞船和跳帮。当对方战船进入弓箭或加农炮的射程后开始射击，然后撞击，最后攻上敌船并将其杀死或俘获。

但接下来火药革命的迅速发展，海战开始全面进入火器时代，“远距离作战”已成为可能，在海战中，再也不需要军舰靠近、撞击，进行交手战了，延续了2000多年的接舷战和桨帆时代无可挽回地步入尾声。

在欧洲，英国最先放弃了冷兵器时代的接舷战模式。16世纪的亨利时代，英国就建造了世界上第一批装备了舷侧炮的风帆战舰。最有名的“玛丽·罗斯”号，装载大小火炮60多件，舷侧配有重型舰炮，战力十分强大。亨利七世时，英国海军仅有5艘战船；亨利八世时，已经增加到40艘战舰。在伊丽莎白女王时代，英国又建造了大批盖伦式帆战船；“皇家海军”已经成为一支令人胆寒的海上力量。

与卡拉克船相比，盖伦船的船身更长，这大大降低了海水阻力，有利于迎风航行和提高航速，从而提高了机动力和适航性；船首尾楼的降低，也大大降低了船的重心。1587 年在德普福德港下水的“皇家方舟”号排水量达 800 吨，与“玛丽·罗斯”号一样，“皇家方舟”号也是一艘四桅战舰，但其适航性大大提高，火力也更加凶猛；战舰两舷的两层甲板共装备 38 门重型舰炮，这使得“皇家方舟”号看上去更接近日后标准的风帆战舰。

16 世纪的西班牙帝国坐拥地中海与大西洋之利，成为大航海时代的第一代海上霸主。它不仅对海外展开疯狂扩张和殖民，也试图对欧洲实行掠夺和专制统治。西班牙海军游弋于地中海和大西洋，西班牙步兵方阵横扫欧洲，葡萄牙和意大利南部也先后被并入西班牙版图。曾经非常繁荣的意大利北部和尼德兰的城市经济遭到严重打击，哈布斯堡王朝一时成为欧洲公敌。

在西班牙称霸欧洲和海洋的大部分年代里，不列颠诸岛正处于伊丽莎白一世的统治之下。随着羽毛渐丰，一直韬光养晦的英国开始在海洋霸权、宗教改革、美洲大陆以及荷兰“乞丐革命”等一系列问题上，与西班牙发生明争暗斗。在伊丽莎白后期，英国和西班牙的敌对状态达到了高潮，最终导致了一场争夺海上霸权的战争。

从亨利八世时代开始，英国就组建了世界上第一支完全由风帆战舰组成的，在当时算是最先进也最强大的舰队；而西班牙落后了整整 70 年，直到 1609 年才完全进入风帆时代。虽然说 1588 年爆发的英西海战，直接导致西班牙失去海上霸主地位，但其实早在战争爆发前，西班牙就已经落伍了。

从一定程度上来说，英西之战成为传统战术的豪华葬礼。此战中，西班牙的三桅风帆战船跟希腊—罗马的桨帆战船一样，在吃水线上方有一个撞角，用来冲撞敌船。虽然勒颁多海战已经过去了 17 年，但西班牙的每艘战船仍然满载步兵，准备进行一场接舷战——火炮只被看作是辅助性武器。和当时其他国家的海军一样，西班牙舰队中仍充斥着为数众多的划桨船。

16 世纪中晚期，新式的盖伦船还未完全取代老式的卡拉克船，但英国海军却是最早实现“盖伦船化”的一支海上劲旅。英军人数连西班牙的一半都没有，但装备的火炮数量却占有绝对优势。英方的作战意图很明显，他们已经由冷兵器时代的接舷格斗，转变为热兵器时代的远程炮击。英军装备的小口径长炮射程较远，这与西班牙海军的大口径短炮形成鲜明对比。当然最重要的细节是，英军的战舰大多数是盖伦船，灵活性大大强于西班牙装备的卡拉克船。

此战中，西班牙国王腓力二世投入巨资组建了一支庞大的舰队，并命名为“无敌舰队”。舰队高扬着绣有十字架船帆和圣母玛利亚的旗帜，发誓要进行一场新的勒颁多战役。该舰队包括 6 个风帆战舰分队，1 个划桨战舰分队和 1 个补给分队，共有 134 艘船和 3 万多人。其中舰队水手 8700 余名，划桨奴隶 2000 余名，士兵 22000 余名。风帆战舰的船楼上配有 2430 门大小火炮。这是有史以来世界上最庞大的一次海上兵力集结。英格兰舰队也全部都是绣着十字的风帆战船，共有 197 艘，总人数 15000 人；其中只有 5000 名士兵，不及西班牙的 1/4。但英格兰装备了 6500 门火炮，是西班牙的 2.6 倍以上。

英国采用的是灵活机动的舰队炮击战术，而西班牙则仍采用古老而传统的接舷战术。在战斗中，笨拙的西班牙卡拉克船根本无法接近英国的盖伦船，反而在英舰远程炮轰击下损失惨重。“无敌舰队”共发射了 10 万多发炮弹，竟没有损坏一艘英国舰船，最后只有幸存的 43 艘舰船和 3 万人回到西班牙。①

此役之后，桨帆船和卡拉克帆船都被现实淘汰，而盖伦船以其优异的性能最终取代卡拉克船，成为风帆船的主流。盖伦帆船的进一步发展，最终成就了一个标准风帆战舰时代。从卡拉克船到盖伦船，乃至以后 3 个世纪的标准风帆战舰，主要改进仍是不断地缩减上层建筑，以获得更好的稳定性；同时增加船的尺度，以搭载更多的舰炮。这些改进使帆船的适航性越来越好，且火力越来越猛。

英国与西班牙发生的这场英吉利海峡之战，是历史上少有的具有决定性意义的

---

① 布罗代尔在《15 至 18 世纪的物质文明、经济和资本主义》中认为，西班牙的失利与国都从沿海退居内陆有关：“腓力二世于 1580 年征服葡萄牙，把政府搬到里斯本，在那里住了将近 3 年。里斯本滨临大海，是进而控制和统治世界的理想场所，国王和政府迁来这里更使它身价倍增……1582 年离开里斯本，也就等于放弃了控制海外经济的一个哨所，从而让西班牙的力量困守马德里。这是犯了多么荒唐的错误！由此造成了 1588 年无敌舰队的覆灭。”

重要海战。它宣告了三个时代的终结，即西班牙海上霸权时代，划桨船时代和接舷战术时代的终结，同时亦宣告了三个时代的开始，即英国海上霸权时代，帆船时代和舰队炮击战术时代的开始。新式的帆船在这场战役中成为当仁不让的主角。在很大程度上，英国依靠其在帆船发展上的技术领先赢得了战争，并赢得了海上霸权。甚至可以设想，如果是无敌舰队获胜，那么今天作为“世界语”的将是西班牙语而不是英语。此役之后，西班牙的黄金时代一去不复返；而英国则以 200 多年持之以恒的海上进击战略，成为地跨五大洲的“日不落帝国”——从英伦三岛到冈比亚、纽芬兰、加拿大、新西兰、澳大利亚、马来亚、新加坡、缅甸、印度、乌干达、肯尼亚、南非、尼日利亚、马耳他以及无数岛屿，地球上的 24 个时区均有大英帝国的领土。英国皇家海军的军舰驶遍了五大洋的每一个角落，全世界 1/3 的商船挂着英国的“米”字旗帜。

技术文明从来都是日新月异，不进则退。当初西班牙正是凭借着先进的帆船技术征服了新大陆乃至整个世界，建立了令人瞩目的海上霸权；然而仅仅不到百年，它却因为同样的原因被后起的英国击败，从此走向没落。

“西班牙舰队的失败就好像一个耳语一样，把帝国的秘密送进了英国人的耳朵，那就是在一个商业的时代，赢得海洋要比赢得陆地更为有利。”[①]在整个 17 世纪，英国商船总吨位翻了两番还多，军舰数量和总吨位增长了 5 倍以上，人员超过 45000 人。正像帆船对于早期的西班牙一样，一个风帆时代几乎与英国海上霸主时代相始终。深得伊丽莎白女王芳心的“最完美的贵族”沃尔特·雷利勋爵曾说：“谁控制了海洋，谁就控制了贸易；谁控制了世界贸易，谁就控制了世界财富，最终也就控制了世界。”这与思想家培根“英雄所见略同”。

1597 年，弗朗西斯·培根将他精心写作的《随笔集》献给英格兰海军大将巴金汉公爵——

---

① （英）富勒：《西洋世界军事史》，钮先钟译，广西师范大学出版社，2004。

能否取得海上的霸权地位，是决定一个世界帝国能否建立的关键……1571 年勒颁多海战，导致了土耳其舰队的覆灭，并导致了这个骄横帝国的衰落。历史上许多次战争都是以陆战开始，而最后以海战结束。所以这是一个重要的教训：谁控制了海洋，谁就控制了世界。至于内陆的霸权，总是局面有限的。就当代而论，英格兰已经赢得了海上的优势，这就使我们不仅可以通过海岸线控制全欧洲，而且可以向富饶的东、西印度群岛进一步开拓。①

① （英）弗朗西斯·培根：《培根人生随笔·论强国之术》，何新译，人民日报出版社，2007。

海上马车夫

就像当初伊莎贝尔与费尔南德通过联姻成立西班牙王国一样，100年后，一场政治联姻使荷兰成为“西班牙神圣不可分割的一部分”。荷兰人并没有反对西班牙国王腓力二世重新划分荷兰的行政区域以及派来新总督，但当他们被要求缴税时，被西班牙人称为“乞丐”的荷兰人愤怒了。1566年，尼德兰低地地区爆发了一场反抗西班牙统治的“乞丐革命”，这场革命引发了一场长达数十年的“荷兰独立战争”。

一开始，西班牙的国王军轻而易举就粉碎了荷兰人的抵抗。仅6年的时间，就有15万荷兰人死于非命。一旦加尔文教的荷兰人联合起来，力量的天平就立刻发生了变化。可以说，整个西欧都站在荷兰一边。与西班牙作战的荷兰军队包括英国联队、法国联队、苏格兰联队和德国联队，简直就是一支“多国部队”。1581年，市民代表在海牙宣布废除西班牙国王的统治权，并成立荷兰联省共和国。这是世界上第一个“赋予商人阶层充分的政治权利的国家”，也是世界上第一个现代意义上的民主共和国。

布罗代尔指出，荷兰共和国的成立是旧城市国家的结束，预告了现代民族国家时代的来临。荷兰裔历史学家房龙赞扬道：

在为政治自由所做的巨大斗争史中，这是一件极为重要的事件，比起以签订大宪章结束的英国贵族起义来走得更远。这些自由民说："在国王与臣民之间有一种默契，双方既应履行某些责任，又应尽某些义务。若一方破坏这一合约，另一方可认为是合约的终止。"在 1776 年，英国国王乔治三世的美洲臣民也得出了类似的结论，但他们与统治者之间相隔着有 3000 英里的海洋。荷兰国民议会是在西班牙的枪声中，并且在恐惧西班牙舰队将作出报复的情况下作出决定的。[①]

为了镇压荷兰独立运动，西班牙的军费花费几乎将殖民所得花得干干净净，再加上三十年战争和无敌舰队的覆灭，西班牙帝国的太阳终于日薄西山。荷兰通过挑战和击败强大的西班牙，赶在英国之前，率先取得了世界范围内的海上霸权。

"如果说英格兰是为大海所吸引的话，荷兰却是被赶向大海的。没有大海的存在，英国或许会一蹶不振，而荷兰则会败亡。"[②]荷兰具有得天独厚的地理优势，面朝英国和大西洋，占据斯海尔德河、马斯河和莱茵河的入海口，这使荷兰拥有欧洲最好的天然良港。17 世纪上半叶，荷兰的海外投资比英国多 15 倍，舰船数量多 10 倍。如果单一国家构成世界格局的说法能够成立的话，此时的荷兰无疑已经取代了葡萄牙、西班牙，而重组了世界体系，并成为世界"第一个现代经济体"。

徐继畬在《瀛寰志略》中批评西班牙"富而无政"，对荷兰倍加赞赏："荷兰为欧罗巴泽国，与鱼鳖错处，受水患最甚，享水利亦最优。"[③]荷兰包括整个尼兰德（Nederland，意为低地）地区。与葡萄牙一样，荷兰人口不足百万，土地极其匮乏，而且 1/3 的国土位于海平面以下，1/5 的荷兰人依靠下海捕捞小小的鲱鱼为生。如果

① （美）房龙：《人类的故事》，刘缘子等译，生活 · 读书 · 新知三联书店，1997。

② （美）阿尔弗雷德 · 塞耶 · 马汉：《海权论》，一兵译，同心出版社，2012。

③ 徐继畬（1795—1873），晚清名臣、学者，《纽约时报》称其为东方伽利略，是较早"睁眼看世界"的中国政治家。

说葡萄牙和西班牙主要靠暴力掠夺获取财富，那么荷兰则更擅长通过贸易来积累财富。“上帝造海，荷兰人筑堤”，荷兰人是天生的中间人、代理人、加工者和推销商。荷兰依靠运河建立了欧洲第一个定期可靠的运输体系，这要比火车时代提前整整2个世纪。在代尔夫特和鹿特丹之间，每天有16艘船只往返。“除了在河流封冻季节，运河上的船只能够像火车一样定期开行。它不受风力影响，也不像陆路交通一样受路面状况影响。”①

荷兰资本主义以商业和水上运输业为主，商业霸权以炮舰为后盾。依靠风力和水力，荷兰造船厂高度机械化，几乎一天就能生产一条船。1637年，荷兰就制造出排水量高达1500吨、装有100门大炮的三层甲板的战舰“海上君主”号。到1644年，荷兰拥有1000多艘战舰，以保护1000多艘大型商船进行海上贸易；此外还有6000多艘小型商船和渔船，并拥有8万多名世界最为优秀的水手。到1650年，荷兰已经拥有商船16000艘，堪称全球最为庞大的船队。当时荷兰航船总吨位相当于英、法、西、葡四国之和，荷兰人不仅垄断了欧洲所有的海运贸易，还垄断了世界贸易的中介和转运，五大洲的各个角落，都少不了荷兰船的帆影，因此被称为“海上的马车夫”。

在世界历史上，1598年（万历二十六年）并不多么令人瞩目。这一年，统治着西班牙和葡萄牙的国王腓力二世下葬；他生前给自己选作棺材的不是什么珍贵的黄金水晶，而是当年葡萄牙驻印度果阿总督的座舰“基督五伤号”的柚木龙骨。这一年，邓子龙、李舜臣率领中朝联军800艘战舰，一举歼灭日本军500艘战船，史称“露梁海战”。也是这一年，霍夫曼率领一支249人的荷兰船队来到中国南海，这是荷兰船队第一次来到中国；在他们船上，带着一本畅销书《旅行日记》，作者林索登是第一个到过中国的荷兰人。

九月间，有二夷舟至香山澳，通事者亦不知何国人。人呼之为红毛鬼。

① （美）房龙:《地理的故事》，王希发译，北京出版社，2008。

其人须发皆赤，目睛圆，长丈许。其舟甚巨，外以铜叶裹之。入水二丈，香山澳夷虑其以互市争澳，以兵逐之。其舟移入大洋后为飓风飘去，不知所适。（王临亨《辛丑年记事》）

荷兰人在世界各地的出现，意味着一个新时代的开始——17世纪被叫作“荷兰世纪”。荷兰人不仅创造了“国家”，还创造了“公司”——“东印度公司”成为世界第一家股份制公司。荷兰联合东印度公司首先是一个殖民组织和军事组织，其次才是一个经济组织。东印度公司由6个荷兰的城市共同组成，他们拥有强大的船队和贸易能力。东印度公司不只拥有从好望角到麦哲伦海峡、整个印度洋和太平洋的贸易垄断权，而且拥有在这片广大地域独立地建立统治、征兵、宣战、缔结和约乃至铸造货币的权力。荷兰议会还授予了东印度公司没收其独占区域内任何外国船只的权力；也就是说，他们可以自由攻击在印度洋和太平洋航行的非荷兰藉船只，只要他们认为这些船只干扰了他们的“独占贸易权”。

荷兰东印度公司刚刚成立，就劫获了两艘葡萄牙船——“圣亚戈号”和“圣卡塔琳娜号”，他们将船上数十万件中国瓷器运抵阿姆斯特丹拍卖。几日之内，所有货物就被一抢而空，甚至吸引来了法国国王亨利四世和英国国王詹姆士一世。据简·迪维斯在《欧洲瓷器史》中记载：“拍卖这一船瓷器，商人获纯利500万盾”。因为这两艘葡萄牙商船都属于老式的卡拉克帆船，所以荷兰人乃至整个欧洲都将这种中国白瓷称为“克拉克瓷”。这一事件将欧洲的目光吸引到远东的中国，“中国热”和“瓷器热”由此滥觞。

发现台湾

从马可·波罗时代开始，东方中国就成了欧洲人心中遍地是黄金的天堂。荷兰人怀着这个梦想来了。荷兰东印度公司在它成立的第一年，仅仅依靠中国生丝贸易，就赚取了 365 万荷兰盾，这相当于公司原始资本的 56%。当然这些生丝和那些克拉克瓷一样，是他们从葡萄牙人手里抢来的。对荷兰人来说，“认为垄断是绝对必要的，这纯粹是中世纪的观念”，人人均可分一杯羹。

与天主教的葡萄牙和西班牙不同，新教的荷兰人更关心的是贸易而不是上帝，他们更像一个纯粹的商人。17 世纪初，热衷于传教的葡萄牙人被逐出日本后，荷兰人独占了日本的进出口贸易。荷兰舰队在马六甲击败西班牙和葡萄牙的利益联盟，建立了一个全新的东方殖民帝国。《明史》记载：“和兰，又名红毛番。（万历）二十九年驾大舰，携巨炮，直薄吕宋。吕宋人力拒之，则转薄香山澳。”

“为了取得对华贸易，我们有必要借上帝的帮助占领澳门，或者在最合适的地方，如广州或漳州建立一个堡垒；在那里保持一个驻地，以便在中国沿海保持一支充足的舰队。”明天启二年（1622 年），荷兰东印度公司的巴达维亚总督库恩派遣雷耶斯佐恩，率领 16 艘战舰（内有 4 艘英国船）和 1024 名士兵进攻澳门。结果荷兰人在这场登陆战中铩羽而归，136 人阵亡，126 人受伤，40 多人被俘。无奈之下，他们只好选择了更远的澎湖。1622 年 7 月 11 日，雷耶斯佐恩率荷兰舰队在澎湖登陆。在接下来的时间里，荷兰人按照一贯的殖民精神劫掠了 600 多艘中国船只，将 1500 多名中国人卖为奴隶。天启四年（1624 年），被激怒的大明帝国动用了超过 1 万名的士兵和近 200 艘战船奔赴澎湖。大明水师在澎湖遍设火船，攻击荷兰战舰。经过 8 个月的海战，大明帝国总算挽回了颜面。

22 年前，澎湖也发生过一场海战，不过那时大明水师的对手是倭寇。万历三十年（1602），澎湖水师统帅沈有容清剿倭寇，特邀陈第相助。陈第曾跟随戚继光参与平倭，戚继光死后，他解甲归田，藏书写作，自称“野史氏”。他们率领 24 艘战船，一路追逐倭寇，从澎湖到达台湾岛。因为船只被台风损坏严重，他们不得不在台湾进行修整。在此期间，陈第他们得以亲眼观察台湾原住民的生活。后来陈第以此写成 1400 字的《东番记》，“大员”即出于此。据《东番记》所载，“东番夷人不知所自始，居彭湖外洋海岛中”；这些台湾土著部落众多，各有各的名称，各有各的语言，但还没有文字，也不知道天文历法，甚至连年代也没有。他们“居岛中，不能舟；酷畏海，捕鱼则于溪涧，故老死不与他夷相往来”；因为拒绝航海，这些“东番人”距离明朝虽近，却与明朝“绝不通，亦不为寇暴”。陈第还说了一件趣事，200 年前郑和船队曾在台湾登陆，但“东番独远窜，不听约，于是家贻一铜铃，使颈之，盖狗之也，至今犹传为宝”。

“台湾岛正式进入历史，却是在 16 世纪；它进入中国历史的同时，也进入了世界历史。”[①]澎湖海战失败后，荷兰人走投无路，大概是出于同情，明军派遣一个翻译告诉荷兰人，他们可以去不远处的“大员”停泊。这个翻译名叫何斌。从某种程度上，正是他将无处落脚的荷兰人带到了台湾；很多年后，又是他带路，帮助郑成功赶走了荷兰人，真可谓成也萧何败也萧何。

荷兰人到台湾之后，从西南的安平湾一带起步，在海岸修筑了赤嵌城（热兰遮

① 许倬云：《许倬云说历史：台湾四百年》，浙江人民出版社，2013。

城）和台湾城，以作为贸易根据地。两年后，西班牙紧跟来到，占据了台湾北部的鸡笼（今基隆）和淡水。经过 15 年的战争，荷兰人赶走了西班牙人，于 1641 年（明崇祯十四年）彻底独占了台湾，从而“控制了前往中国、日本和东印度群岛的商业航线”①。除了建设大员等贸易货站，荷兰人还对台湾全岛进行了详细勘查和统计，远至淡水、宜兰，下达台东、小琉球；全岛有记录的原住民村舍达 300 多个，原住民有 10 万人，包括 17 个语言族群，但都属于马来—波利尼西亚支系。

台湾原来是欧亚大陆的一部分，在冰河期结束时，因为海平面上升而孤悬海外，而成为“亚细亚的孤儿”。台湾海峡宽度是英吉利海峡的好几倍，超过 140 公里（相对而言，琼州海峡宽度仅 30 公里左右），堪称“汪洋中的一条船”。柏杨先生在《中国人史纲》中认为：

> 台湾海峡只有南北洋流，而无东西洋流，只有南北季风，而无东西季风。帆船时代很难横断航行。即令船舶损坏，失去控制，也只会北漂到琉球，南漂到越南，不容易漂到台湾。

随着郑和下西洋引发的南洋移民浪潮兴起，来自福建和广东沿海的移民对台湾沿海平原开始了农业开发。仅明末崇祯时期，福建饥民逃往台湾者就达数万人之多。毫无意外的是，移民在与土著的暴力和文化冲突中占有绝对优势。17 世纪初，荷兰将台湾纳入东印度殖民版图；当时台湾新移民已达 10 万，与土著的波利尼西亚人几乎不差上下，而中国人远多于荷兰人。②

17 世纪的东南亚风云激荡，占有地缘优势的台湾成为东方世界的财富中心和风暴角。荷兰东印度公司倚仗无可匹敌的战舰，纵横印度洋和西太平洋，仅用了 20 年时间就从葡萄牙人手中夺走了香料群岛和斯里兰卡，建立了从日本、台湾、巴达维

---

① （美）斯塔夫里阿诺斯：《全球通史：从史前史到 21 世纪》，董书慧等译，北京大学出版社，2005。

② （美）韩书瑞、罗友枝：《十八世纪的中国社会》，陈仲丹译，江苏人民出版社，2009。

亚、斯里兰卡到阿巴斯港的远东商业链条。台湾是荷兰东印度公司对中国、日本、韩国与东南亚各据点的重要枢钮，荷兰人据此垄断了美洲白银和日本白银输往中国的货币贸易。

对大明王朝来说，正是这个“海上马车夫”，维系着帝国脆弱的生命线：他们从台湾载着砂糖、鹿皮、鹿肉和鹿角到日本[①]，从日本满载着黄金白银和铜到中国，以支持帝国的金融体系；又从中国装满茶叶、瓷器和丝绸运往印度，换成棉布后返回香料群岛；在这里经过精心挑选，将最好的丝绸、香料、黄金和瓷器，经好望角运回阿姆斯特丹。

对荷兰来说，这条用200艘帆船打造的贸易链条，如同一部永不停息的印钞机，为其创造了源源不断的财富。

① 台湾本土商品以鹿皮为主，在17世纪30年代，荷兰人每年从台湾土著猎鹿人那里收购的鹿皮就达10余万张。

东方海盗

无论在西方还是在东方，最令热衷贸易的荷兰人头疼的仍然是海盗问题。继倭寇海盗组织溃解之后，颜思齐和郑芝龙等新海盗集团又崛起于东亚海域。以“开台王”颜思齐为首的海盗集团甚至试图征服日本；在天启四年（1624 年）起兵倒幕失败后，颜思齐的旧部郑芝龙发迹于日本平户，成为海盗集团的新首领。崇祯初年的官方报告称：“郑芝龙之初起也，不过数十船耳，至丙寅（天启六年，1626 年）而有一百二十只，丁卯遂至七百。今并诸种贼计之，船且千矣。”

天启七年（1627 年），基于共同的秩序和利益，明朝水师联合昔日的对手荷兰舰队，一起围剿这个新海盗集团。令人惊奇的是，荷兰舰队和帝国水师几乎全军覆没。荷兰舰队“司令到达该处后，遭受海贼火船猛烈攻击，只好率领维蕾德号、伊拉斯莫斯号，不发一炮，逃往爪哇”。崇祯元年（1628 年），帝国只好采取招安模式，册封海盗首领郑芝龙为“海上游击”。曾几何时，郑和舰队纵横四海，天下无敌，仅仅 200 年海禁，帝国竟沦落到与海盗苟合的地步。不过话说回来，郑芝龙舰队似乎比郑和舰队更像一支真正的海军，乃至被士大夫们称为“南海长城”。

崇祯六年（1633 年），普特曼斯率领 13 艘荷兰战舰从台湾出发，对明朝的南澳和厦门长途奔袭，重创明朝水师和郑芝龙舰队。台风季节过后，郑芝龙下战书邀请荷兰海军决战。9月20日，荷兰舰队联合另一个不肯接受招安的中国海盗刘香老舰队，与明朝海军在台湾海峡的金门料罗湾展开了一场海上决战。荷兰人的《热兰遮城日记》记录了当时的战况：

（中国）官方舰队分成两队，约有140到150艘戎克船，其中约有50艘特别大的战船……他们分别向我们靠过来，有三艘同时钩住快艇Brorckerhaven号，其中一艘立刻点火燃烧起来……快艇Slooterdijck号被四艘戎克船钩住，他们跳进船来……我们率领Bredam号、Bleyswijck号、Zeeburch号、Wieringen号与Salm号费尽力气摆脱非常多的火船，向外逃去……因为这场战败，我们的力量已经衰弱到在中国沿海不能再有任何作为了。

据福建巡抚邹维琏奏报的战绩：

计生擒夷众一百一十八名，馘斩夷级二十颗，焚夷夹版（板）巨舰五只，夺夷夹版（板）巨舰一只，击破夷贼小舟五十余只，夺盔甲、刀剑、罗经、海图等物皆有籍存。而前后铳死夷尸被夷拖去，未能割级者，累累难数，亦不敢叙。闽粤自来红夷以来，数十年间，此举创闻。

这场毫无悬念的海战中，中国海军完全以多胜少：荷兰仅有9艘战舰，且大多是轻型快艇，载炮不超过10门；相比之下，郑芝龙的闽粤水师有150艘“戎克船”，从数量上几乎是荷兰舰队的10倍。最终荷兰海军被击沉5艘，被俘获1艘，只好败归台湾。6年后的崇祯十二年（1639年），朗必即里哥率9艘荷兰战舰卷土重来；郑芝龙遣人携带盛满火药的竹筒泅水攻击，一连焚毁5艘，荷兰再次完败。

海盗班底的明朝海军终于从荷兰人手中夺回了西太平洋海权。郑芝龙从此完全控制了台湾海峡的制海权，东南沿海商船“不得郑氏令旗，不能往来”；一面令旗售三千金，连“海上马车夫”的荷兰商船也不得不购买令旗，郑氏集团因此富可敌国。郑芝龙早年在日本时，曾娶妻田川松，并生下两个儿子福松和田川七左卫门。福松7岁后来到中国，恢复中文名“郑成功”。在其父郑芝龙护荫下，郑成功成为郑氏武装集团的新首领，他以厦门和金门为基地，逐渐发展成拥有18万军队和数千战舰的武装力量。

作为被永历皇帝赐姓的“国姓爷”，身负国恨家仇的郑成功（朱成功）对满清政权进行了长达15年的抵抗战争，最终以失败而告终。郑成功眼见大势已去，厦门和金门也恐将不保，不得不将眼光投向海峡那边的台湾。“本藩矢志恢复，切念中兴，恐孤岛（指厦门和金门）之难居，故冒波涛，欲辟不服之区，暂寄军旅，养晦待时，非为贪恋海外，苟延安乐。”南明永历十五年（清顺治十八年，1661年），郑成功亲率由350多艘战舰和25000名士兵组成的舰队，展开对台湾的争夺。

在整个17世纪，仅仅百万人口的荷兰勉强维持着这个横跨全球三大洋的海上帝国。1648年，荷兰结束了与西班牙的8年战争，《威斯特伐利亚和约》代表荷兰正式独立。仅过了4年，战火再起，荷兰又与共和革命后崛起的英国发生战争。为了捍卫来之不易的全球海上霸权，荷兰人为这场旷日持久的战争付出了几乎全部物力和人力。1660年以后，荷兰倾力建造大型战舰，以备战第二次英荷战争。到台湾战争爆发的1661年，虽然荷兰海军拥有70艘装备火炮50门以上的大型战舰，但这些战舰必须留在欧洲，以对付虎狼之心的英国人，根本无力支援台湾。在这种艰难的背景下，孤立无援的远东荷兰海军只能独自面对势力巨大的郑成功舰队。9年前，荷兰当局依靠火器优势，在台湾原住民的帮助下，曾成功镇压移民郭怀一领导的汉人暴动，但郑成功不是郭怀一。

郑成功舰队的主力“三桅炮船”属于大型福船，3根主桅高4丈，船长20丈，舱五层，船面设楼高如城，可容300人，装备红夷大炮8门和千斤佛郎机40门。除了三桅炮船，还有大量的“龙熕船”，前后各安置一门龙熕炮（千斤佛郎机）。海战时利用“五点梅花阵法”，将荷兰海军传统的线形队列分割成几段，然后展开局部围攻，用轻巧的快船架设重炮进行艉射。此战法比英国海军称霸全球的“纳尔逊战法”还早 100 多年。

1661 年 5 月 1 日的海战中，郑成功仍采取“多船胜寡船，以多铳胜寡铳”的狼群战术，以 60 艘各装有 2 门大炮的帆船围攻荷兰舰队。在付出 1000 多人的伤亡代价后，炮火引发荷舰火药库爆炸，击沉了荷军主舰“赫克托”号，又用火船焚毁“格拉弗兰”号；荷军平底船“白鹭”号和“马利亚”号见势不妙，分别逃往日本和巴达维亚。虽然郑成功损失了近一半战船，但最后还是以数量优势，夺得了台湾海峡的制海权。①

在海上道路已经断绝的危局之下，驻守台湾的荷兰总督揆一只好以“和谈”的方式，体面地将台湾让给郑成功。②郑成功遂成为“开台圣王”。时值南明永历十五年十二月二十日，公元 1662 年 2 月 9 日。许倬云先生在《台湾四百年》中说：

> 郑氏孤忠，得遗民人心，不是为了朱家天下，而是为了维护华夏文化的一脉香火，所以郑氏和清政府屡次谈判，可以称臣，但是坚持不剃发，不改衣冠，只是为了保留华夏文化的象征。这一立场，乃是为了文化的归属。

很早以前，阿姆斯特丹的政治家们就发现，葡萄牙在东方的衰落，是因为它将力量和资本消耗在领土征服上；为了避免重蹈覆辙，荷兰公司看重的是贸易的垄断，而不是领土的扩张。“海上马车夫”荷兰放弃已经苦心经营数十年的台湾，撤往巴达维亚，这并不是荷兰人的失败。

需要指出的是，虽然当时荷兰海军已达到了风帆时代的巅峰，但其火器技术并

---

① 从台湾海战中逃跑的“马利亚”号船于 1661 年 6 月驶抵巴达维亚，向东印度公司报告了荷军在赤嵌战城战败和台湾城被围的消息。为挽救台湾，巴达维亚总督又派海军统领科布·考乌，率领 10 艘战舰和 752 名士兵前去增援，结果仍大败于郑成功。

② 揆一（1615—1687）回到巴达维亚后，立刻因为投降而受到审判。之后被软禁于班达群岛，1674 年在威廉亲王特赦下回到荷兰，以后住在阿姆斯特丹。1675 年出版《被贻误的台湾》一书为自己辩护，谴责东印度公司高层玩忽职守，贻误时机，才使他失去台湾。

没有压倒性的优势；舰炮的射程、射击精度、杀伤力和发射频率都极为有限。当荷兰海军遭遇中国水师时，中国人仍然采用传统的火攻战术，再加上以多击寡，常常令其铩羽而归。中国水师对阵西方舰队时，常常以超过 10 倍数量的优势迫其难以应付。明将俞大猷曾说："一贼所恃者，龙头划然，贼不过一二十只，我兵用则七八十只，以多制寡，何患不取胜"，"一战贼大船，必用火攻"。与西方跳帮撞船战术不同，中国传统的水战和海战，常常是顺风漂送火船，以此焚毁敌舰。从屯门海战、澎湖海战到台湾海战，中国无一不是以火攻取胜。这种胜利往往是以巨大的人员牺牲为代价换来的，这也是技术落后的代价。

两个世界的碰撞

西方世界与中国大明王朝发生一系列海上摩擦时，正值欧洲的风帆—射击时代从诞生走向成熟。等到鸦片战争时期，面对欧洲的坚船利炮，女真人的天朝已经难以望其项背了。1788 年（乾隆五十三年），一位法国军官在写给法国海军部的信中宣称："用四艘战舰和几只补给船在吕宋岛供给，就可把中国海军击垮。"受雇于英国东印度公司，并在中国沿海作过考察的郭士德也在报告中说："全中国一千只师船，不堪一只西方兵舰一击。"

1793 年（乾隆五十八年），崛起中的英国以马戛尔尼为"大不列颠国王向中国皇帝派出的特命全权大使"，率领由"狮子"号、"印度斯坦"号和"豺狼"号等三艘大型帆船以及 100 多名专家组成的庞大舰队，跨越大西洋和印度洋，访问中国天朝。这可能是有史以来中国与欧洲的第一次官方和平对话，整个航行共用了 9 个月时间。马戛尔尼不同于哥伦布，也不同于郑和；他提出互派外交使节和签订通商条约等要求，这是一种基于契约精神的现代条约体系，"十全皇帝"乾隆以"不可更张定制"为由，便极其傲慢地将"英夷"打发走了。所谓"定制"，其实就是郑和的朝贡体系。这是条约体系和朝贡体系发生的第一次碰撞，天朝不理解平等的条约，就如同英夷不理解不平等的朝贡。

马戛尔尼距离郑和时代已近400年，距离郑成功时代已近150年。清初海禁极其严厉，到康熙年间，曾经一度取消海禁，“许江南、浙江、福建、广东沿海民人用五百石以上船只出洋贸易”，但仍然有“不得超过双桅、梁头不得超一丈八尺”的严格限制。当时苏州每年制造的海船超过1000艘，但这些海船大多都卖给外国商人。天朝的海禁政策使中国造船技术和航海技术陷于停滞，而战舰水平早已经远远落后于工业革命的西方世界。

柏拉图常常用船来作为国家的隐喻。刘鹗在《老残游记》第一回中，也借海上一艘遍体鳞伤、即将倾覆的破船，来象征危机四伏的天朝。这条船上有四种人：一种是惯于“太平洋”而遇风浪就张惶失措的船主；一种是鼓动造反而“只管自己敛钱，叫别人流血”的“英雄”；一种是不管死活仍在搜刮乘客的流氓水手；剩下的就是风雨飘摇、饥寒交迫的愚昧乘客了。老残观之焦急万分，急忙驾渔艇追上破船，向船主送上罗盘和六分仪，以拯救破船出此险境。但是满船人的回报却是“汉奸”的咒骂，还一起动手砸沉了他的小渔艇。

马戛尔尼也毫无新意地将中国比作“一艘破烂不堪的疯狂战舰”；在他看来，这艘破船“即使不会马上沉没，也是像残骸一样随流东西，最终在海岸上撞得粉碎，而且永远不可能在旧船体上修复”。

当时英国使团“惊奇地发现中国的帆船很不结实，由于船只吃水浅，无法抵御大风的袭击”，他们由此得出的判断是“中国船的构造根本不适应航海”。马戛尔尼发出过这样的感叹：“中国人首次看见欧洲的船只，至今已经有250年了，他们毫不掩饰对我们航海技术的赞赏，然而他们从未模仿过我们的造船工艺或航海技术。他们顽固地沿用他们无知祖先的笨拙方法，由于世界上没有一个国家能比中国更需要航海技术，因而中国人这种惰性更加令人难以置信。”[①]

---

① （法）佩雷菲特：《停滞的帝国：两个世界的撞击》，王国卿译，生活·读书·新知三联书店，2007。

对于工业革命为什么出现在英国而不是中国，一直是令人着迷的“李约瑟难题”。施密特认为，现代科技完全是海洋“空间革命”的产物。在陆地作为人类主要生存空间的时代，我们并不需要海洋性科技，而当人类需要将海洋作为自己的生存空间而非生存空间的边界时，一场生存空间的革命就开始了，取得这场革命胜利的国家或者说征服海洋的国家，需要具备先进的科技水平，这是空间革命引发的科技发展需要。英国率先回应了海洋的召唤，其完成了空间革命之后，便改变了欧洲政治经济格局，最终促成近代以来的东西两大阵营的差异与隔阂。①

曾跟随马戛尔尼访问天朝的“小斯通”，到鸦片战争时，已经成为举足轻重的斯通爵士。他在英国议会关于战争议案的表决中说：“中国听不懂自由贸易的语言，只听得懂炮舰的语言。”其时，30岁的达尔文刚刚结束环球旅行，正在伦敦思考他的进化论。很久以前，修昔底德在谈到雅典人征服米洛斯岛时，曾经说过一句名言：“强者做强者该做的事，弱者只有领受的份。”

道光二十二年（1842年），满清贵族耆英作为天朝的钦差大臣，在英军旗舰“康华丽”号上签署了著名的《南京条约》。4年之后，英国人花高价买到了一艘中国商船，将其命名为“耆英”号。

这艘传统的中国三桅帆船，长50米，宽10米，载重750吨。它由英国船长和30名中国水手驾驭，从香港出发，跨越太平洋，绕过好望角，先后造访了圣赫勒拿岛、纽约、波士顿，仅用21天就跨越大西洋，最后到达伦敦。这艘中国帆船每到一地，都引来万人空巷的轰动，甚至连英国女王维多利亚也慕名前来。在郑和航海过去整整440年之后，“耆英”号的天路旅程再次证明，中国传统帆船的跨洋远航及抗风暴能力，丝毫不亚于欧洲帆船。

“耆英”号和它100天的处女航成为历史细节里的惊鸿一瞥。伦敦的展览结束后不久，“耆英”号即被肢解，它的木头被制成两艘渡轮和一些纪念品出售。其时，寓

---

①（德）卡尔·施米特：《陆地与海洋：古今之“法”变》，林国基、周敏译，华东师范大学出版社，2006。

居伦敦的马克思对遥远的天朝，再一次重复了马戛尔尼的话——

> 国家是一种极其严肃的东西，要它扮演某种滑稽剧是办不到的。一只满载傻瓜的船也许能在风里行驶一段时间，但是它终究要向不可幸免的命运驶去。[①]

① 出自马克思于1843年写的一封书简《致阿·芦格》。

五月花号

英国哲学家培根在1620年写道，“遍及整个世界的迁移”，包括陆地占领与海上航行，既是“学识进步”的结果，也是一个“被天意命定”的年代。社会学与物理学风牛马不相及，但都“拒绝真空”。对农耕时代后期的旧世界来说，处于石器时代的新大陆就是一个巨大的真空，等待着人们去填满。

在哥伦布之前，大海几乎是一个不可逾越的屏障；在哥伦布之后，大海成为一条最便捷的通道。大海既是强梁的征服之路，也是异端的再生之路。苛政猛于虎，如果远方有伊甸园，即使千里迢迢，为了免受专制权力的奴役和迫害，人们也会义无反顾地前往；只要前方没有贫穷、没有腐败、没有不公，那么大海就是通向新世界的康庄大道。

人类在创造国家之前，就已经创造了社会，或者说，国家是社会的产物。就如同“天路客”在登上新大陆之前，就已经签署了《五月花号公约》。

伟大的托克维尔在《美国的民主》中说：

> 考察一个民族的成长，应当追溯它的过去，应当考察它在母亲怀抱中

的婴儿时期，应当观察外界投在他还不明亮的心智镜子上的初影，应当考虑他最初目击的事物，应当听一听唤醒他启动沉睡的思维能力的最初话语，最后，还应当看一看显示他顽强性的最初奋斗。只有这样，才能理解支配他一生的偏见、习惯和激情的来源。

从某种意义上，波澜壮阔的大航海时代为宗教改革提供了一个千载难逢的契机，新教运动席卷西北欧地区。亨利八世借口离婚在英国发起宗教改革，脱离罗马教会而成立英国国教会。随着加尔文教义的传播，“世界就是我们的修道院”，一些英国人又脱离圣公会（英国国教会），成为分离派清教徒；他们完全按照《圣经》的原则生活，精神独立，不承认英国国王的宗教领袖地位。“清教的教义不仅是一种宗教学说，而且还在许多方面掺有极为绝对的民主和共和理论。”[①]按照经济学家维尔纳·桑巴特的观点，清教与犹太教是一致的，赞赏生活的理性化。

毫不意外，这场宗教分离主义遭到伊丽莎白的严厉镇压和迫害。“凡不承认女王对教会的最高权威或不参加国教礼拜、秘密采用非法仪式者，驱逐出境”。大批清教徒由此逃亡荷兰共和国，或者转入地下活动。16 世纪 70 年代，领导荷兰独立运动的沉默者威廉一世深感战争和政治的罪恶，他建议人们离开欧洲去新大陆：“在一个遥远大陆的荒原上享受自由，比在不和睦家园的安逸中忍受奴役要强得多。”从那时起，就有无数勇敢的人们，携妻负子，背井离乡，形成被称为新英格兰的移民点。

伊丽莎白时代的英国，对内实行残酷的宗教镇压，对外展开帆船殖民扩张运动。根据西方传统，新大陆的土地所有权，谁先发现谁先得。在热那亚人哥伦布第二次从美洲返航的那一年，即 1496 年，威尼斯人卡波特率领的英国船队率先发现并探测了北美洲。16 世纪末 17 世纪初，北美许多海岸地带就这样变成了英国的新领土。伊丽莎白将这些新领土授权给某个人或某个公司经营管理。在 1607 年，英国在北美开拓了第一块殖民地，并成功度过了冬天。为了讨好“童贞女王”伊丽莎白，取名

① （法）托克维尔:《美国的民主》，董果良译，商务印书馆，1988。

叫弗吉尼亚（Virginia，意为处女）。

“不自由，毋宁死”，为了摆脱国内的宗教压迫，一些清教徒与弗吉尼亚公司签订移民合同，决定迁居北美。1620 年 9 月 16 日，35 名清教徒和一些破产者、流浪者及其他“契约奴”[①]，搭乘一条本用来捕鱼的小船，悄然离开英国普利茅斯，前往遥远的新大陆。这艘三桅盖伦船名叫“五月花”号，长 27 米，排水量仅 80 吨。

“五月花”号上的乘客共计 102 人，包括 3 位孕妇，船员不到 30 人；每人只有不到 1 平方米的容身空间，一些人甚至睡在救生艇里；船上也没有厕所，旅途生活非常不舒服和不卫生。因为错过了最佳出航时间，他们几乎是在惊涛骇浪中冒死渡洋。一位清教徒差点被吹到海里，幸亏他抓住了一条缆绳。这次航行也没有留下航海日志，大海带来的恐惧与彼岸带来的希望交织在每个清教徒心中。“海浪之高，让他们连一张帆都无法撑。被迫一起躲进底舱好几天……船上总是湿冷湿冷的——这艘船上没有一处干燥的地方。船很拥挤，通风很差，底舱没有照明，饮水也不是很充足，弥漫着呕吐的污物和船底渗水的气味……他们每天都在和自己内心深处的恐惧感和身上的疾患以及身体的不适作斗争。”或许是上帝恩赐，或许是“五月花”这个美好的名字，在危险而艰难的旅程中，“五月花”只有一个人死去，同时又有一个婴儿降生，当他们到达科德角时，船上还是 102 人。

这样风雨如晦的日子一直持续了 66 天。11 月 11 日，船长根据海水颜色的变化，以及西边云彩的大致轮廓判断，美洲大陆就在眼前了。这次航行本来是一次商业行为，但他们到达的却不是英国当局管理的弗吉尼亚，而是一个陌生的地方。这片处女地上还没有出现政治和法律，也没有国家。更为严酷的是，冬天已经来临。如果登陆后作鸟兽散，那么谁也无法在严寒贫瘠的新大陆度过这个冬天。

这些“天路客”与南美的西班牙海盗不同，这里没有黄金，他们来这里也不是为了淘金发财，而是要在一个新“理想国”里，开始一个自力更生、高尚纯洁的新

---

① 17—18 世纪在英属北美殖民地一种役使的白人劳动力，亦译契约佣工，俗称“白奴”，多为英国与欧洲大陆的劳苦大众。由于贫困或政治宗教的原因，只得前往新大陆寻找较好的机会。但由于付不起路费，而与船主或雇主订立契约，以 4—7 年无偿劳役抵偿船资。

生活。“他们之离开舒适的家园，是出于满足纯正的求知需要；他们甘愿尝尽流亡生活的种种苦难，去使一种理想获致胜利。”这些反对暴政压迫、主张自由平等的“天路客”决定共同签署一份书面约定。除了几个被雇到船上工作还不到一年的海员，和几个实在病得无力书写的人，船上的41名成年男子都参加了签署。这就是著名的《五月花号公约》——

> 为了上帝的荣耀，为了增强基督教信仰，为了提高我们国王和国家的荣誉，我们漂洋过海，在弗吉尼亚北部开发第一个殖民地。我们在上帝面前共同立誓签约，自愿结为一民众自治团体。为了使上述目的能得到更好的实施、维护和发展，将来不时依此而制定颁布的被认为是这个殖民地全体人民都最适合、最方便的法律、法规、条令、宪章和公职，我们都保证遵守和服从。

真正的历史，常常是许多不确定的叠加，而不是像“正史”那样经过数不清的精确设计和精心雕琢。阅读的乐趣在于，历史的细节之处总是充满太多的惊喜和意外。我们总是无法想象，一个伟大的美利坚民族竟是由这样一群天真的“书呆子”，用一份写在羊皮纸上的书面合同开创的；就如同我们无法想象，他们在建立国家之前先建立了大学。这批异教徒以他们先前在英国教堂里采用的社会契约为样本，确立起一种“民间团体政治”，用来设计一种“为了殖民地总体利益而须实行的公平之法，以及相关的法规、条令、宪章与公职”。

《五月花号公约》树立了一个典范，即人民可以通过自己的公意决定集体行动，从而以自治的方式管理自己的生活；行使统治必须经过民众的同意；人民可以通过公议的契约建立秩序，而不是由人民之上的暴力和权力强加。“自治”意味着一切公共事务必须征得全体自由民的意见，由此开创一个自我管理的社会，这标志着“政府需经被统治者的同意”这一文明原则得到认同和实现。可以这么说，《五月花号公约》预兆了民主政治的许多理念与理想。

早在“五月花”号之前的一个世纪，马基雅维利就用春秋笔法揭穿了君主权力的画皮；他以无情的现实主义拒绝任何道德制约，从而将政治从宗教和哲学中分离出来。“世界上有两种斗争方法：一种是运用法律，另一种是运用暴力。第一种是属于人类特有的，第二种则是属于野兽的。”①在1604年，英国国会的平民院就向国王詹姆士一世宣布：“我们的特权和自由是我们的权利和遗产，正如我们的土地和财产一样不可剥夺。”在一个前启蒙时代，王权与神权并行统治，《五月花号公约》的出现，暗示了民主政治的基本理念，它以理性主义否定了由来已久的君权神授思想，否认了统治权无须平民认可的现状。“美洲殖民始于这样一种思想，一个社会里的公民可以自由结合，并同意通过制定对大家都有益的法律来管理自己”②。《五月花号公约》是此后无数自治公约中的第一个。它所呈现出的依法管理、民众自治理念，成为许多居民点和后来殖民地竞相效仿的模式，对《独立宣言》和美国宪法都产生了巨大的影响。

可以说，《五月花号公约》不仅树立了“美国精神”，也标榜了文明尺度和国家道德，成了世界的“光与盐”。这在人类历史中是划时代的。从此之后，人与人之间除基于暴力的杀戮、征服和奴役之外，又多了一个选择，这就是基于契约的合作。马克斯·韦伯在《新教伦理与资本主义精神》中，将西方的成功与东方的失败，归结为东方世界缺乏西方成熟的理性精神，而理性是科学的基础。事实上，《五月花号公约》所体现出的理性主义和民主精神，植根于古老的新英格兰乡镇自治制度。托克维尔把乡镇自治的传统看成是人民主权和美国人在实践中确立的公民自由原则的根源。

《五月花号公约》译成中文不过一二百字，但在整个人类文明史上，它的意义几乎可以与英国的《大宪章》、美国的《独立宣言》、法国的《人权宣言》等文献相媲美。美国几百年的根基就建立在这短短的几百字之上，信仰、自愿、自治、法律、法规……这些关键词几乎涵盖了美国立国的基本原则。一个相信神圣和高尚的人

---

① （意）尼科洛·马基雅维利：《君主论》，董存山译，商务印书馆，1985。

② （美）戴安娜·拉维奇：《美国读本》，陈凯译，国际文化出版公司，2005。

怎能不令人肃然起敬，一群相信文字力量的人也会相信永恒和未来，他们总是充满希望地生活。契约是文明的标志。对每个视他人为地狱的个人来说，契约建立了约束、制衡和保护，使人类摆脱了弱肉强食的丛林世界，或者说契约是维护公众利益的利器。

清教徒们并没有试图去征服和统治“教外之人”，更没有将自己的信仰强加于对方；而是与对方进行磋商，最后达成一份共识性的公约，这就是文明与野蛮的区别。一个正义且被敬畏的制度设计，往往胜过无数善良的眼泪。只有真正的理性才闪现着智慧的光芒，所谓权术和阴谋，只能标示人类堕落的深度。一个契约社会也是文字理性的文明社会，否则就是一个依靠虚伪的道德欺骗和恐怖的暴力恫吓维系的野蛮暴力世界或流氓权力社会。

在“五月花”号过去300年后，1922年8月，刚刚诞生的苏联为了“净化俄罗斯”，以武力逮捕了数百名教授、作家和知识分子，逼迫他们签署自愿离境的文件，并且不得擅自回国，否则将遭到处决。这些人乘坐两艘德国船“哈肯船长”号和“普鲁士”号，经波罗的海前往德国。这就是著名的“哲学船事件”。①

在船离岸时，作家奥索尔金写道：智慧、信念与希望和我们在一起，但没有爱情，爱情留在了俄罗斯……

在这些被驱逐者中，有《日瓦戈医生》的作者、著名的小说家帕斯捷尔纳克，也有流放美国的社会学家索罗金，他日后成为哈佛大学第一位社会学系主任，被誉为“美国社会学之父”。历史荒谬地证明，“哲学船”竟然体现了一种仁慈与人道——无论是对驱逐者本人，还是对俄罗斯或世界文化；无论是与俄罗斯其他知识分子的后来的遭遇相比，还是同其他极权国家的知识分子遭遇相比，这些被放逐者都是“幸运的”。

① （俄）别尔嘉耶夫：《哲学船事件》，伍宇星译，花城出版社，2009。

一个理想国

从劳伦斯湾到墨西哥湾，到处都覆盖着将近20米厚的树叶地毯，除森林和毛皮外，这里没有其他更有吸引力的财富。虽然北美生活着1000多万石器时代的土著居民，但他们并没有建立起来阿兹特克人和印加人那样的城市文明。从踏上新“普利茅斯”的那一刻起，36名天路客清教徒和66名“教外之人”就面临着严峻的生存危机。在上岸不到3个月的时间里，就已经有半数人冻饿而死。

他们现已渡过宽阔的大西洋，到达他们此行的目的地。但既无亲友来迎接他们，又无房屋来供他们栖身。当时正值隆冬，而知道我们这里的气候的人都熟悉冬天是凛冽的，这里常有狂风来袭。在这样的季节，到熟悉的地方去旅行都有困难，更不用说在一无所知的海岸上安家了。他们的周围满目凄凉，一片荒芜，到处都有野兽和野人。他们不知道这些野人有多么凶狠和有多少人数。大地已经封冻，上面布有树林和灌木丛。到处都是未开化的野蛮景象。他们回头望去，只是把他们与文明世界隔开的那片一望无际的大西洋。为了能够得到一点慰藉和希望，他们只能仰首求天。[1]

食物严重缺乏，没有御寒的衣物和房屋，这是17世纪大多数新大陆移民的普遍困境，许多移民点在第一年就陷于失败和崩溃，甚至发生人相食的惨剧。特别是早期的人们只迷恋于寻找黄金和白银，这些人既无才干又无品德，酿成了数不清的悲剧。1609年，詹姆斯敦移民点的220名英国人，其中只有60人活到了第二年春天。一个幸存者在日记中写道："没有任何英国人留在外国，像我们留在新发现的弗吉尼亚那样悲惨。"沃尔特·雷利当初试图建立北美殖民地，1587年，117名移民在北卡罗来纳州罗阿诺克岛登陆；当雷利的船两年后再次来到时，却没有找见一个移民，这就是"失落的弗吉尼亚"。

相对而言，这些"五月花"号移民要幸运得多。在青黄不接的最艰难时节，他们得到了土著印第安人的热心救助。这些石器时代的古老部落非常慷慨地送给可怜的"新人类"许多生活必需品，还教授他们种植玉米、捕鱼和饲养火鸡。一年之后，新移民和原住民的餐桌上摆满了玉米、南瓜和火鸡，他们共度了一个盛大的"感恩节"——感谢原住民的救命之恩。

1621年4月7日，当"五月花"号再度起锚时，侥幸活过严冬的移民中，没有一个人愿意返回英国。20年后，清教徒终于推翻了英国专制体制，共和政府将"暴君"查理一世处死。

感恩节很快就过去了，印第安人没有圣诞节，古道热肠的患难之情经不住冷酷现实的折磨，"新英格兰人竭力消灭那些曾经欢迎过并拯救过他们先祖的土著人，同时也消灭了他们先祖的生活方式"。这一段始乱终弃的历史可以被归结为两条船：1620年9月，"五月花"号从英国普利茅斯港起程，横渡大西洋，为美洲带去102名移民，他们将新世界的落脚点同样起名为普利茅斯；55年后的9月，一艘名为"海上花"号的帆船从美洲的普利茅斯起程，乘客是178名印第安土著，目的地是加勒

① （法）托克维尔：《美国的民主》，董果良译，商务印书馆，1988。

比海种植园。虽然都是乘坐帆船远离故土，但前者的102名“天路客”是要在新土地上建立自己的人间天国，而后者却是战败后被贩卖做苦役的奴隶。[①]

“五月花”号在北美大陆的登陆是一个标志性的事件，它成为美国民主政治传统的精神来源，甚至制造了一个上帝特选国家的神话。《五月花号公约》被视为美国民主之花盛开的前奏。从《五月花号公约》到《独立宣言》，一叶扁舟漂泊而来的美利坚作为一个现代国家，其诞生的历史也是关于这两个文本的历史。180多年后，在当年“天路客”登陆的普利茅斯，美国总统约翰·昆西·亚当斯深情地说：“这份积极向上的、富有创意的社会公约在人类历史上或许是绝无仅有的。爱好思辨的哲学家认为，那是政府合法存在的唯一来源……这个社会的每个个体都一致认可这个团体，并最终发展成为一个国家。”

与比萨罗这样的西班牙殖民者不同，被称为“天路客”的美国先民远渡重洋的目的十分单纯，不是为了征服这块大陆，不是想建立一个强大的殖民地，而是为了神圣的宗教信仰，他们希望自由平等地生活在一起，在同一个教堂里敬奉上帝，共同建立一个高尚理性的文明社会。[②]

在早期移民马萨诸塞州的清教徒当中，仅牛津和剑桥的毕业生就超过100个，当时的马州可称是“世界上教育程度最高的社区”。他们到达新大陆6年之后，虽然还在为基本的生存而筚路蓝缕，就先期建立了哈佛学院。“在英国，清教徒的主力一

---

① （美）纳撒尼尔·菲尔布里克：《五月花号：关于勇气、社群和战争的故事》，李玉瑶、胡雅倩译，新星出版社，2006。

② 美国的伟大，在于其有勇气直面自己历史中的不幸、不义和不光彩的一面，有自我反省的能力，能容许揭开历史的伤疤，容忍不同观点的审视和批评。“菲利普王”战争发生在《独立宣言》诞生100年前，本杰明·丘奇，这个天路客的后代成为英雄。他身上杂糅了清教徒、水手和印第安人的性格，勇敢、宽容、智慧和悲悯；他使人们领悟，战争的噩梦终究会催生一个赋予众生自由和平等的社会。在1677年冬的一次战争中，丘奇俘虏了一位印第安老人，他的名字叫“良心”。在信仰时代，清教徒们都相信“快乐源于良心”；在财富时代，人们更欣赏一句话：“忘掉良心，你就会成功。”2010年12月1日，美国国会以256票赞成和152票反对通过议案，向印第安土著和美国黑人支付46亿美元，作为历史上种族迫害的赔偿。其中，印第安人将得到34亿美元，美国黑人将得到11.5亿美元。

直是中产阶级，而大部分移民也正是来自这个阶级。”到今天，“五月花”号已经过去将近400年，当年“天路客”的后裔已经达到3500多万，占美国总人口的1/10。

自从文字诞生以后，文明就发生了分裂，一种是对文字的信任，一种是对文字的利用。前者导致了理性，后者导致了欺骗。文字的契约性常常体现为立法权；民主与专制的区别在于立法权；由皇帝垄断立法权的王法导致专制，由广大民众掌握立法权的法治导致民主。近代革命的标志就是以契约性的法律代替皇帝式的权力；然而许多革命推翻了皇帝，却并未建立法律的权威，使整个社会陷入权力失控的流氓状态。

《五月花号公约》的意义并不在于契约本身，而在于对契约的信任和遵守，从而实现了政治的文明。“更为重要的是，这个文件奏效了；因而，西方的新理想国成立了。”离开“五月花”号之后，签署公约的“天路客”们，无论遇到怎样的困难，他们都谨守自己对公约的承诺，支持他们的“自治政府”。即使日后有越来越多的新移民来到了美洲落户，在新英格兰、德克萨斯、加利福尼亚、爱荷华和奥利根等所有新殖民地，《五月花号公约》都得到了严格遵守。没有任何人可以凌驾于公约之上，就如同没有任何人可以奴役他人，让每一个人都感受到法治所带来的安全感。

“我们将成为整个世界的山巅之城，全世界人民的眼睛都将注视着我们。如果我们在实现这一事业的过程中欺骗了上帝，如果上帝不再像今天这样帮助我们，那么我们终将成为世人的笑柄。”事实上，普利茅斯、普罗维登斯、纽黑文、康涅狄格州和罗德岛州，均是在没有得到英国的援助，甚至是没有让英国知道的情况下建立起来的。“帝力于我何有哉”，如同一个美丽的童话，一艘小船满载着梦想，最后带来的一个国家，这是奉献给一个悲惨世界的最伟大的礼物。“五月花”号开创了一次改变世界的航行，并留下一段感动人类的文字，“从某种意义上讲，他们开辟了一个新世界”。

对于喜欢思考的人来说，常常会做这样的假设：如果“五月花”号上坐的是102名中国人，那将是怎样的一种结局呢？“在中国，信任和承诺取决于私交，而不是契约或法律和其它法律文件”①。在德国法学家施米特看来，海洋和大陆分别代表两

① （美）塞缪尔·亨廷顿：《文明的冲突与世界秩序的重建》，周琪、刘绯、张立平、王圆译，新华出版社，2002。

种法理传统和政治传统，两者的差异具有人类学的根源，战争也好，科学也罢，哪怕是人类未来不可思议的进步，都不能消除这种差异。[①]

当年“五月花”号上的“天路客”面对的大陆，就如同他们面对的羊皮纸，这样的“一张白纸”正适合他们画出自己的梦想。《五月花号公约》正是这个梦的开始。在美国诞生之前，他们经过一代代地梳理，从《大宪章》以来的英国遗产中已经勾画出一个新版本的国家草图。

1638年，康涅狄格州的一位传教士告诫新移民：“对于公共官员的选择权属于人民，他们有权任命公务员和官员；同样，规定权力范围和对权力的约束也是他们的权利。”在英国“共和革命”时代，马萨诸塞殖民地已经从容地制定了自己的法律：对任何人不得任意剥夺其生命、荣誉、财产；不得任意逮捕；未经法庭审理不得任意惩罚；法律面前人人平等；除非得到依法赔偿，公家不得任意征用；法律判决前不得人身限制；不得自证其罪，等等。这些闪着自由和人性光辉的字句，在百余年后化为伟大的《独立宣言》：“人人生而平等，造物主赋予他们若干不可剥夺的权利，这些权利包括生命权、自由权和追求幸福的权利”，“为保障这些权利人们才建立政府，而政府的正当权力来自被治者的同意”。正如阿克顿勋爵所说，这是“现代史上最伟大的一个共和国”[②]。

“美国是由一个观念产生的国家；不是这个地方，而是这个观念缔造了美国政府。”[③]清教徒有一个重要的观念，就是“良心的自由”。[④]

如果说《独立宣言》是《五月花号公约》的延伸，那么《五月花号公约》就是

---

① （德）卡尔·施米特：《陆地与海洋：古今之“法”变》，林国基、周敏译，华东师范大学出版社，2006。

② （英）阿克顿：《自由的历史》，王天成等译，贵州人民出版社，2001。

③ 《美国的观念》是1986年5月西奥多·H. 怀特（白修德）去世前夕为《纽约时报杂志》撰写的纪念美国建国二百一十周年的文章。

④ 他们认为，自由首先不是身体上的，也不是智力上的，而是精神和灵性上的。这种意志的自由为思想自由、言论自由和政治自由，提供了精神上和心灵上的源动力，这种力量是不可战胜的。良心自由的观念最终以美国宪法第一修正案的形式被制度化。〔（美）约翰·范泰尔：《良心的自由：从清教徒到美国宪法第一修正案》，张大军译，贵州大学出版社，2011。〕

《大宪章》延伸。400多年前，英王约翰和贵族骑士们签署的《大宪章》:“在国家法律的合法裁决之前，任何自由人不得被逮捕、监禁和剥夺权利……”250多年后，在“五月花”号驶过的哈德逊河口，树起一尊美丽高傲的自由女神像，她左手捧着《独立宣言》，右手高擎火炬，面向着辽阔的海洋，迎接着向往自由和梦想的人类精英。延安时期的毛泽东曾在美国国庆日撰文说：美国是全世界自由民主的灯塔，每一个封建独裁的政权都会憎恨他。“自由照亮世界”，作为第一个使用电弧光的现代灯塔，这份珍贵的百岁寿礼如今已经成为美国的象征，她的下面就是美国移民博物馆。在自由女神像基座上，刻着一首埃玛·娜莎罗其的诗：

送给我你那些疲乏的和贫困的
挤在一起渴望自由呼吸的大众
你那熙熙攘攘的岸上
被遗弃的可怜的人群
你那无家可归饱经风波的人们
一齐送给我
我站在金门口
高举自由的灯火

最后的幕府

如果从地理上将亚洲与欧洲相比较，中国就如同法国，而日本则与大不列颠极其类似；英吉利海峡的宽度仅 21 海里，而隔绝日本与欧亚大陆的海面宽度达 115 海里。“日本在地理上的孤立地位使它在现代以前一直处于与亚洲大陆的政治隔绝状态，其程度远远超过了大不列颠与欧洲大陆的政治隔绝状态。”[①]中国的面积相当于整个欧洲，李鸿章称日本为“蕞尔小国”，其实日本的面积要比英国大一半。在世界史上，英国成为最早实现工业化的西方国家，而日本也成为最早实现工业化的东方国家，而且这两个分别位于欧亚大陆两端的岛国，都以和平的君主立宪方式实现了现代民主。这无疑是人类文明发展进程中一个令人拍案惊奇的巧合。

自从大洪水之后，日本就孤绝于欧亚主流世界。大约一万年前日本列岛才从欧亚大陆完全分离出来，“冰河期结束后，冰层融化，海水面上升，其结果形成了日本海，于是形成了今天的日本列岛……公元前 3 世纪左右，在中国正是秦始皇统一国

① （美）贾雷德·戴蒙德：《枪炮、钢铁与病菌：人类社会的命运》，谢延光译，上海译文出版社，2006。

家的时期，大概是长江流域哪个小国的遗民逃亡到日本列岛，带来了水稻农业”[①]。直到6世纪左右引进汉字，日本才结束了没有文字的史前时代。

对大陆型的中国人来说，日本始终是遥不可及的。在中国生活过很多年的马可·波罗，竟然以为日本人是白种人，并且离中国非常远，“拥有不计其数的黄金”。在风帆时代之前，或者说在16世纪欧洲人来到时，日本基本属于一个边缘文明区。海洋构成的天堑，既阻止了来自大陆异族对日本的征服，也使日本文明与大陆文明产生了极大的疏离和差异。

虽然日本对欧亚大陆来说无足轻重，但大陆对日本则不可或缺。对孤悬的日本来说，船运或者说海运几乎就是连接文明和世界的脐带。从早期的遣唐使开始，到了15世纪前后，日本海船的运载量已经达到了千石左右。16世纪中叶，持有幕府“朱印状”的日本商人有百名以上，其船达300余艘。一艘海船平均载重是300吨左右，而最大的已经达到了800吨。

明嘉靖三十六年（1557年），活跃于中日之间的汪直被明朝设计诛杀，日本也被逐出中华帝国的朝贡体系。此后的万历年间，中日关系日益恶化。随着国际海盗势力在西太平洋的崛起，明朝的海禁政策趋于严厉，这进一步激发了走私贸易的发展，形成了“倭寇”现象。明朝皇帝遂停止了一切与日本有关的贸易活动。这一反贸易政策一直萧规曹随地延续到晚清。[②]

在德川家康出生的那一年，即1542年，一艘失事的葡萄牙商船漂泊到日本的一个小渔村，这就是著名的“种子岛”事件。日本从葡萄牙人这里得到了枪械和火药的制造技术，使持续百年的战国时代迅速走向尾声，也使日本传统的贵族政治土崩瓦解。1592年（明神宗万历二十年），丰臣秀吉倾举国之兵，发起征服朝鲜和中国的壬辰战

① （日）吉田茂：《激荡的百年史》，李杜译，陕西师范大学出版社，2005。

② 亚当·斯密在《国富论》（1776年）中写道：中国人不重视国外贸易。当俄国公使兰杰来北京请求通商时，北京的官吏以惯常的口吻对他说：“你们乞食般的贸易！”除了对日本，中国人很少或完全没有由自己或用自己船只经营国外贸易。允许外国船只出入的海港，亦不过一两个。所以，在中国，国外贸易就被局限在狭窄的范围，要是本国船只或外国船只能比较自由地经营国外贸易，这种范围当然就会大得多。

争。在一系列海战中，日本舰队不敌李舜臣率领的朝鲜龟甲战船，从而丧失了制海权，使陆军陷入困境。毫无悬念，这场火器时代的国际战争以露梁海战而告终，日本大败。

> 在很长的时间里，东方诸国尤其是朝鲜人、日本人和中国人确实曾经经历过一个来自汉唐的传统，可以称为一个“文化共同体”。但是，从丰臣秀吉侵朝到明清易代之后，文化上的分道扬镳，已经使得几个民族、文化和国家之间渐行渐远，使得各自通过对方，看到了彼此细微却深刻的不同。[①]

德川幕府将日本带入长达200多年的闭关锁国时代。在此期间，传教士和天主教徒遭到残酷镇压和清洗，葡萄牙人和西班牙人被毫不留情地赶出日本；只有专注贸易的荷兰人和中国人得以在长崎港的出岛暂居，且受到严厉甚至屈辱的管制。这一孤立主义政策同时严禁日本人出国，也禁止制造大船和对外贸易。

按照“文明的生态史观”[②]，日本与中国江南较为相似。由于喜马拉雅山脉的自然屏障造成的季风影响，中国从西南地区沿着长江一直到江南一带，形成相似的自然生态，也形成了独特的文化生态。日本列岛实际上也受到这股季风的影响，其植被呈现类似的特点，如竹子、茶树等，其文化也不例外。

海洋的隔绝使日本的文明开化要晚于大陆的中国，因而一衣带水的日本深受中国文化影响。虽然中日同样深受儒家文化濡染，但在近世几个世纪中，中国长期处于野蛮落后的少数民族统治之下，相比之下，日本并无被异族征服的屈辱经历。[③]中

---

① 葛兆光:《想象异域：读李朝朝鲜汉文燕行文献札记》，中华书局，2014。

② （日）梅棹忠夫:《文明的生态史观》，王子今译，上海三联书店，1988。

③ 日本国学派创始人贺茂真渊指出:“中国在过去多年间一直受各个不同王朝的统治，而日本则忠实于万世一系的天皇。中国的历代王朝均构筑在反叛和弑君之上。”对后发的日本来说，从未间断的天皇神权与周期性更迭的军人统治，形成了一种统一文化下的多元政治，复杂断裂的岛国地形也加强了氏族传统下的地区自治。商人阶级和武士军人阶层构成日本社会的主流势力，他们从经济上和政治上主导了日本的发展步伐和历史轨迹。相对而言，中国商人属于被边缘化的贱民，暴力化的官僚势力将帝国打造成不可挑战的铁板一块。这种差异使中国的

国在宋朝和明朝先后覆亡于北方游牧民族的铁蹄之下，两度出现了大规模的难民潮。这些江南地区的帝国遗民跨海移民日本，使中华文化进一步融入日本文化。宋末的陆秀夫和文天祥在日本被树为武士道的英雄。“东莞李竹隐先生，当宋末，使其婿熊飞起兵勤王，而身浮海至日本，以诗书教授，日本人多被其化，称曰‘夫子’。”[①]明末黄宗羲、朱舜水等传统士人纷纷赴日“乞师”，特别是朱舜水，在15年间多次出入于日本和安南。日本为朱舜水打破“四十年不留唐人”之禁例，使其于1659年“归化”日本。在历史小说《北京法源寺》中，李敖借谭嗣同之口说：

> 宋朝末年，日本人靠中国人李竹隐和中国和尚祖元的帮忙，才有了抵抗蒙古的精神动力；明末时候，靠中国人朱舜水的帮忙，才有了以后王政复古以至明治维新的精神渊源。

在倭寇之前，中国几乎从未遭遇海上威胁，倭寇加剧了中国对海洋的恐惧和对贸易的排斥。相对而言，忽必烈时期的中国第一次跨海征服日本遭到惨败，丰臣秀吉的日本第一次跨海征服中国同样遭遇惨败，结束战国纷争的日本之所以选择自闭，含有铸剑为犁、休养生息的意味，甚至连火器也一概禁绝。天主教的盛行对天皇神权构成挑战，这成为锁国制度最根本原因。[②]中国几次锁国高潮都是为东南海盗之患所迫。与中华帝国相比，日本的闭关锁国制度要多一些主动。德川幕府为了表示闭

（接上页）封闭与日本的封闭完全不同，一个是大陆文化的封闭，一个是海洋文化的封闭。“与导致中国人成为专制暴政牺牲品的那种温顺驯良循规蹈矩的性格不同，日本民族精力充沛，有着强烈的独立精神和荣誉感。”

① （明末清初）屈大均：《过洋乐》。

② 早在利玛窦使大明帝国礼部尚书徐光启皈依基督教之前一个世纪，方济各会和耶稣会的传教士们就已经从欧洲来到日本传教，并且取得了罕见的成功。到丰臣秀吉时代，日本天主教徒已达15万。1597年，一艘西班牙商船在日本搁浅，船长拜见了丰臣秀吉，拿出一个地球仪，介绍了西班牙的海上帝国版图。第一次看见地球仪的丰臣秀吉惊讶于西班牙何至于如此庞大，得意的船长说，他们主要用基督教同化各地土著，使其归化西班牙。丰臣秀吉如梦方醒，当即处死26名天主教徒。丰臣秀吉死后，天主教迅速扩张，教徒达到70万。

关的决心，甚至将葡萄牙外交使团集体斩首，葡萄牙人只好彻底死心。在两个多世纪里，荷兰人长期被限制在长崎港口小小的出岛上，宽 82 步，长 236 步。

中国的智者老子认为，所谓理想的世界就是“小国寡民，使有什伯之器而不用，使民重死而不远徙。虽有舟舆无所乘之。虽有甲兵无所陈之。使民复结绳而用之。甘其食，美其服，安其居，乐其俗。邻国相望，鸡犬之声相闻，民至老死不相往来”[①]。然而世易时移，树欲静而风不止，中华帝国也罢，日本幕府也罢，它们的自闭并不能改变人类世界发展和开放的大趋势。

---

① （春秋）老子：《道德经》。

黑船来航

19 世纪成为欧洲的世纪，占世界人口 20% 的欧洲控制了 70% 的世界贸易。大清天朝遭遇到鸦片和战争的羞辱后不久，风帆时代就已经落幕，海洋世界进入一个工业化的蒸汽—钢铁时代，从而引发了一场全球范围内的贸易革命和军事革命。

1807 年，美国人富尔顿建造的“克莱蒙特”号轮船，在哈得逊河上逆流而上，取得了轮船航行的首次成功。“克莱蒙特”号以钢铁为新型造船材料，以蒸汽机为新的动力系统，以螺旋桨为新的推进系统，开创了造船史的新纪元。“克莱蒙特”号标志着帆船时代的结束，汽船时代的开始。1819 年，美国制造的世界第一艘蒸汽驱动的邮船“萨凡纳”号，经过 26 天，成功跨越大西洋。

蒸汽时代的来临，使人类摆脱了对季风的依赖，海洋突然间缩小了一半。工业革命造就了现代，也造就了美国。这个人类理想国在地球上茁壮成长，不到百年时光，它就已经羽翼丰满，展翅翱翔。虽然这一切对沉迷自闭的东方世界来说如同痴人说梦，但不幸的是，这个噩梦很快就变成了它们眼前的现实。曾经担任清国驻日使馆参赞的黄遵宪写有一首《樱花歌》：

承平以来二百年，不闻鞞鼓闻管弦。

呼作花王齐下拜，至夸神国尊如天。

笑蓉毒雾海漫漫，我自闭关眠不动。

一朝枪舶炮声来，惊破看花众人梦。

1839年，著名画家透纳创作了一幅“英国最伟大的油画”——《被拖去解体的战舰无畏号》。在画面中，巨大的帆船“无畏”号被一艘体量小得多、吐着浓烟的小蒸汽船拖往海斯港，进行解体。装备着98门船炮的“无畏”号在1805年的“特拉法尔加海战”①中为英国的胜利立下了汗马功劳。这幅油画历史性地记录了老式风帆战舰在蒸汽动力出现之后迅速没落的瞬间。

在1841年的鸦片战争中，英国出动了14艘蒸汽轮船，跨越大半个地球，奔赴中国。林则徐在写给道光皇帝的奏章中将其称为“火轮船”——“以火焰激动机轴，驾驶较捷”。“复仇女神”号蒸汽战舰是一艘纯粹的铁舰，载重量为700吨，配备了两门发射三十二磅炮弹的大炮；它拥有一台120马力的蒸汽机，吃水却只有1.5米，这意味着它可以进入内河，从而可以轻易地直接攻击广州、上海和南京。面对这个工业革命的奇迹，天朝不得不屈服。据说战争结束之后，清廷高官耆英、伊里布和牛鉴等，受邀亲自登上英国蒸汽战舰参观，都对英舰不用划桨就能在海中驰骋感到不可思议。闽浙总督怡良承认自己“无从测其端倪”。两江总督牛鉴对于战舰用什么作为动力大胆揣测——“疑机器发动系借牛力”。

1842年（道光二十二年）8月29日，中英两国在南京城下的英国蒸汽战舰“康

① 特拉法尔加海战是最后一场木质帆船间的海战，也是19世纪规模最大的一次海战。1805年10月21日，英法双方舰队在西班牙特拉法尔加角外海面发生决战。法国和西班牙联合舰队有战列舰33艘，还有7艘巡洋舰，舷炮2626门，官兵21580人；英国有27艘战列舰和4艘巡洋舰及2艘辅助船，舷炮2148门，官兵16820人。战斗持续5小时，英军战术得当，以少胜多，法西联合舰队主帅维尔纳夫和21艘战舰一起被俘。富勒在《西洋世界军事史》中评价说：“它把拿破仑征服英国的梦想完全击碎了。一百年来的英法海上争霸战从此告一结束。它使英国获得了一个海洋帝国，这个帝国维持达一个世纪以上。”

华丽”上签订《南京条约》。11年后，即1853年（清咸丰三年），洪秀全在南京建立太平天国；这一年也是日本嘉永六年，佩里率领的美国东印度舰队来到日本，史称“黑船来航”。

法国历史学家布罗代尔说：“日本位于人类世界的末端。”[①]美国的诞生意味着日本不再孤单，隔着太平洋，它有了一个新邻居；就如同隔着东海，有一个中国。然而日本并不认识这个新来的邻居。16年前，美国捕鲸船“莫里森”号试图在横滨靠港补给，结果遭到日本的火力攻击。当时佩里还是布鲁克林造船厂厂长，正在监造富尔顿蒸汽战舰。这位出身名门并参加过英美战争和墨西哥战争的美国“蒸汽战舰之父”曾说：“我们已强大到足以征服任何国家。我不是指以武力胁迫、攻击或占领的方式，而是用我们的力量帮助或保护他们，严谨公正地，绅士般友善地对待他们，用事实和诚意令他们心服口服。如此，我们便能无往不利。”

1852年，佩里就任东印度舰队司令。鉴于6年前美国海军少将比德勒前往日本谈判失败，佩里受命再次进行“日本开国”谈判。“此次美国远征日本，并不仅仅是为了美国自身取得商业上的利益，最重要的目的是让日本开放。”当年11月，他以“密西西比”号巡洋舰为旗舰，带领舰队从美国诺福克港出发。[②]虽然这些蒸汽铁甲战舰拥有当时世界最强大的毁灭力，但他被禁止开炮。佩里舰队经由加那利群岛、开普敦和新加坡，于1853年4月6日到达香港，在这里，他邀请“汉学家”卫三畏[③]担任他的日文翻译。

1853年7月8日，佩里舰队经过琉球和上海，终于到达此行的目的地，即德川幕府咽喉要地江户湾相州浦贺海面（今东京湾神奈川县南部）。日本人从未见过这种

---

① （法）费尔南·布罗代尔：《文明史：人类五千年文明的传承与交流》，常绍民等译，中信出版社，2014。

② 为了完成这次重大的使命，佩里进行了长达半年的准备工作，走访学者、查阅资料。除了菲尔莫尔总统的亲笔信，佩里还带着大量的美国工业产品，包括葡萄酒、香槟、香水、工艺品、电报机、银板式照相机、望远镜、西式军刀、半自动步枪和新式火器等。

③ 卫三畏（1812—1884）是最早来到中国的美国传教士，是美国第一位重要的研究中国问题的专家，被称为美国“汉学之父”，著有《中国总论》。

冒着浓浓黑烟的蒸汽船，因而惊恐地称之为“黑船”。

当天夜里，信鸽就将“黑船”到来的消息送到京都。孝明天皇唯一可做的，就是亲自前往神社连续祈祷了17天，乞求神灵攘斥夷类，保佑皇祚久长。浦贺地区总督户田氏荣令手下中岛三郎传话，请这些不速之客前往长崎，这是日本唯一接待外夷的窗口。300多年来，荷兰人在长崎默默忍受着屈辱的贸易管制。但美国不是荷兰，佩里以强硬态度，要求由一名日方高级官员接受美国总统的亲笔信。在气氛越来越紧张的僵持之后，日本做出妥协。德川幕府的首席老中阿部正弘同意先接受美国总统的国书，待美舰队撤离后，再研究对策。

7月14日上午8时，在浦贺南面约3海里的久里浜的接待馆里，盛大的美国总统信函交接仪式开始，这是日本开国的历史性一刻。美方400人，其中50名官员，50名乐手；日方1500名士兵，50名官员。井户弘道代表日方接受了美国总统的正副两份亲笔国书，以及佩里本人写给德川将军的信。佩里也接受了日方的接受书：“日方不得不违背国法，在当地接受美国总统的国书。”佩里最后告诉日方：“我们打算明年春天四五月份来日本，希望到那时能得到你们的正式答复。”卫三畏评价道：“这是一次东方与西方的会晤，是国际交往史上的一大盛事，也意味着美国参与亚洲事务的开始。”[①]

① 贺卫方：《逍遥法外》，中信出版社，2013。

明治维新

在前往日本之前，卫三畏已经在广州生活了20多年。1860年（清咸丰十年），卫三畏成为美国驻华公使馆（北京）临时代办；1876年退休后回到美国，受聘担任耶鲁大学汉学教授。卫三畏成为美国第一个汉学教授，西方汉学由此滥觞。有些时候，我们不得不承认，最了解中国的竟是外国人。随同佩里舰队，卫三畏得以近距离地观察日本，他发现了中日之间微妙的气质殊异：

> 和中国人比起来，日本人给人的感觉是更加理性，精力也更加充沛。但是我觉得他们的生活并没有中国人那样舒适。他们的行动很不自由，也没有中国人那样有灵性。不过，与中国人相比，他们有着更强的进取心和好胜心。当这两个民族都认识到与别国进行交流的重要性以后，很可能日本人会在世界上为自己谋取到更高一些的地位。[①]

① 贺卫方：《逍遥法外》，中信出版社，2013。

成功送达菲尔莫尔总统的信后，佩里舰队离开日本。7月17日，佩里舰队经琉球返回上海。上海和香港，原本不过是中国两个名不见经传的小渔村，海洋时代到来之后，成为东方最早的现代城市。

因为没有平等的观念，东方世界的难题在于，战争或者贸易，二者必居其一，再也无法一概拒绝。在佩里离开10天后，征夷大将军德川家庆便极其“识时务”地驾鹤西游，群龙无首的德川幕府暂由阿部正弘主持局面。他向各藩征求是开战还是开放——若选择开战，大清天朝就是前车之鉴，战则必败，割地赔款，自取其辱，日本无论如何不想重蹈覆辙。根据大多数地方势力的意见，日本做出了伟大的历史选择，维持了“两百年太平之梦”的锁国政策就此寿终正寝，日本的大门不失体面地徐徐打开。这个孤绝于欧亚大陆的岛国，终于融入世界主流，成为东方世界第一个走向现代的国家。

翌年2月21日，佩里如约再度率领由9艘战舰组成的庞大舰队（旗舰为“波瓦坦”号），通过浦贺海面，驶入可以望见江户市的羽田海域。谈判从3月10日开始，历时3个星期。3月31日，双方缔结了《日美神奈川条约》，给予美国以最惠国待遇。据卫三畏的记载：“在举行签字仪式时，日方特使带来了三份日文本的条约，一份荷兰文译本，还有一份中文译本。我们则带来了荷兰文和中文译本各一份，英文译本三份。”

“黑船来航”成为日本历史的分水岭。40年后，在当年佩里的黑船登陆处竖起一座“北米合众国水师提督佩里上陆纪念碑”，碑文由当时日本首相伊藤博文亲笔手书。纪念碑旁边是佩里公园，这里每年都要举行纪念日本开国的“黑船祭”。

“黑船来航”也成为日本彻底走向工业化和现代化的一个伟大机遇。1860年，为了批准“日美通商条约”，胜海舟等乘250吨的“咸临丸”号横渡太平洋，这是日本人第一次驾驶轮船，这距离他们第一次看见轮船仅仅7年，“这件事象征着现代日本的序幕”[①]。1861年，幕府即派人远赴荷兰学习海军，这比清国官派留学早了整整10年。

① （日）吉田茂：《激荡的百年史》，李杜译，陕西师范大学出版社，2005。

前所未有的开放，立即引发了地方保守势力的愤怒，萨摩、长州、服前和土佐四藩即“萨长集团”，发起“尊王攘夷”的倒幕运动和排外运动。1867 年（日本庆应三年），第十五代将军德川庆喜奉还大政，16 岁的明治天皇即位，内乱终于被平息，同时也终结了数百年的幕府体制。“攘夷”最终变成了拥抱西方的“夷狄”。重归权力中心的明治颁布了《五条誓文》，进一步明确了西方化和现代化的新日本道路。这就是著名的“明治维新”①。

明治天皇在一群改革派大臣的鼓动下，改头换面，发式和服饰一律改成西式，以表示其全盘西化的决心。“国内无论朝野，一切都采用西洋近代文明，不仅要脱去日本的陈规旧习，而且还要在整个亚洲开创出一个新的格局。其关键所在，唯‘脱亚’二字。”在维新三杰之一大久保利通的带动下，大臣们也通通剪去了长发。上行下效，日本朝野很快风靡起了西化风潮。

伟大的日本武士西乡隆盛有一句遗训：“有两种机会，一种是偶遇，一种是创造。在非常艰难的时候，我们一定要自己创造机会。”明治四年，即 1871 年，明治天皇派遣以大臣岩仓具视为首的日本使团出访欧美，“求知识于世界”。由伊藤博文起草的《大日本帝国宪法》是亚洲第一部宪法，它以具有浓厚军国主义色彩的普鲁士宪法为蓝本，这为后来的悲剧埋下伏笔。1889 年，日本成为亚洲第一个现代立宪国家。

对近代中国人来说，日本最大的变化或许是结束传统的封建武士体制，建立起亚洲第一支现代化军队，特别是海军。“耀皇威于海外，非海军而莫属，当今应大兴海军”，魏源的《海国图志》在天朝早已被人遗忘，在日本却成为上至天皇、下至士兵的必读书。明治政权以惊人的速度和决心，使幕府的海军全部转到了新政府体制下；各藩所辖的军舰全部“献”给了天皇新政府。在日本兵部省炮制的雄心勃勃的计划中，日本未来的海军将要超过英国；在 20 年内拥有大小军舰 200 艘，仅蒸汽铁甲舰就要装备 50 艘；海军经费被提升到与陆军等同的高度，达 15 万石。

1878 年，日本自己生产的军舰“清辉”号完成了首次欧洲远航，博得世界好评。

① “明治”取自《易经》中的“圣人南面而听天下，向明而治”；“维新”取自《诗经》中的“周虽旧邦，其命维新”。

当时的英国《先驱论坛报》赞扬道：

> 只要看一看“清辉”号军舰，就足以推测日本国文明开化的程度。日本人用自己建造的军舰，在没有一个欧洲人帮助的情况下进行远洋航海，实在令人赞叹。尤其是舰长精通自己的业务……与英国舰相比，“清辉”号毫不逊色。

“当西学在日本迅速成为全民族注意的中心之际，它在中国却于数十年中被限制在通商口岸范围之内,和数量有限的办理所谓洋务的官员之中。”[①]与中国的严复不同，日本民权运动先驱福泽谕吉扬起社会达尔文主义大旗，针对弱肉强食的海洋世纪提出“脱业入欧论”——

> 我日本国土地处亚洲之东陲……然不幸之有邻国，一曰支那，一曰朝鲜……以吾辈视此二国，在今文明东渐之风潮中，此非维护独立之道。若不思改革，于今不出数年，必亡其国，其国土必为世界文明诸国分割无疑。[②]

日本另一个著名的政治学家加藤弘之发表了《人权新说》和《强者的权利竞争》，鼓吹国家主义和军国主义，从此日本走上了“失之于欧美，取之于近邻”的扩张主义道路。在丰臣秀吉的壬辰战争整整300年之后，吊诡的历史又一次重新上演，大明换成了大清，幕府换成了天皇，失去朝鲜和制海权的不再是日本，而是清国。丰臣秀吉的梦想终于在300年后实现。从唐朝白江口海战、忽必烈两伐日本，再到壬辰战争，谁能控制海权，谁就握有战争的主动权。拥有制海权，进可攻退可守；失去制海权，只能被动挨打。

---

① （美）费正清、刘元京：《剑桥中国晚清史》，中国社会科学院历史研究所编译室译，中国社会科学出版社，2006。

② （日）福泽谕吉：《文明论概略》，北京编译社译，商务印书馆，1998。

甲午海战

同治十三年（1874 年），19 岁的天朝皇帝在梅毒溃烂中奄奄一息，22 岁的日本明治天皇以草创的海军大举攻击台湾。天朝以 50 万两白银赎回了台湾，但天朝藩属琉球却被日本更名为冲绳。此次惨败直接刺激天朝开始建设海军，或者说，古老天朝与现代日本展开一场军备竞赛。

1875 年，日本海军兵临汉城，逼迫朝鲜签订《江华条约》。围绕朝鲜问题，日本与清国的对立进一步激化。此前一年，身为直隶总督兼北洋大臣的李鸿章，在给皇帝的奏章中对海洋时代的到来倍感忧虑——

> ……江海各口，门户洞开，已为我与敌人公共之地……防无可防矣……东南海疆万余里，各国通商传教，来往自如……一国生事，诸国构煽，实为数千年来未有之变局。轮船电报之速，瞬息千里；军器机事之精，工力百倍，炮弹所到，无坚不摧。水陆关隘，不足限制，又为数千年来未有之强敌。

光绪三年（1877 年），美国内战英雄格兰特卸任总统后周游世界来到中国，李鸿章请他斡旋中日冲突。格兰特后来从日本写信给李鸿章说："中国大害在一弱字，国家譬如人身，人身一弱则百病来侵，一强则外邪不入。"他建议李鸿章和清政府"仿日本之例而效法西法"，"广行通商"，"国势必日强盛，各国自不敢侵侮"，否则，"日本以一万劲旅"，可"长驱直捣中国三千洋里"。17 年后，格兰特的预言成为现实。

1886 年发生长崎事件，北洋官兵在日本醉酒闹事，结果被日本当局扣留，北洋水师要人不果，直接一级大炮准备，逼迫日方放人。日本人看到实力差距，忍气吞声放了肇事者，更加奋发图强，致力于海军建设。

光绪二十年，日本明治二十七年，夏历甲午年，公元 1894 年，已经完全现代化的日本陆军轻而易举就占领清国藩属朝鲜，俘获了朝鲜国王李熙。与此同时，日本海军在丰岛击沉清国运兵船"高升"号，"济远"号战舰挂起日本旗逃回。

鉴于丰臣秀吉之悲剧，日本将制海权视为征服朝鲜乃至中国的重要前提，一场争夺东亚海上霸权的甲午战争（日清战争）就此开始。

自从遭遇工业时代的西方世界从海上发出的威胁之后，农业时代的天朝就认为，西方世界所倚仗的不过是"船坚炮利"尔，先是以高达 80 万两白银的总预算买下了整整一支阿思本舰队；台湾一役败于日本后，再下血本，花费 2000 多万两白银，用了 20 多年时间打造起一支号称世界第七的"北洋水师"，以为这样就可以制服英法诸夷。驻英公使郭嵩焘警告说："船坚炮利之兵事乃最末微的小事，政治制度才是立国根本。"但郭嵩焘马上被天朝的士大夫们斥为数典忘祖的"汉奸"。

借助西方现代工业体系，天朝水师几乎一夜之间就跨入"蒸汽—钢铁时代"。

仅仅半个世纪前，迎击英国"复仇女神"号战列舰的天朝水师还不过是一些小帆船和木筏，战术还停留在古老的"火攻"阶段。从近身火攻到远程射击，从小木筏到巨型蒸汽铁舰，这一"大跃进"或者说"跨越式发展"，就连明治维新的日本都赞叹不已。因为工业基础薄弱，清日两国海军装备基本都是从欧洲购买的最新式蒸汽铁甲战舰。从双方海军军舰总吨位来看，北洋水师为 35346 吨，日军舰队为 40840

吨，日方占优。从佩里登陆到甲午海战，仅仅40年时间，日本已经不是那个日本；与天朝传统的水师体制相比，日本联合舰队完全是一支现代意义上的海军。①

> 伏查战舰以铁甲为最，快船次之。北洋现有定远、镇远铁甲二艘，济远、致远、靖远、经远、来远快船五艘，均系购自外洋，平远快船一艘，造自闽厂。前奏所云战舰，即指此八艘而言。此外，超勇、扬威二船，均系旧式，四镇蚊炮船，仅备守口，威远、康济、敏捷三船，专备教练学生，利运一船，专备转运粮械……历考西洋海军规制，但以船之新旧、炮之大小迟速分强弱，不以人数多寡为较量。自光绪十四年后，并未添购一船，操演虽勤，战舰过少……北洋海军可用者，只镇远、定远铁甲船二艘，为倭船所不及；然质重行缓，吃水过深，不能入海汊内港；次则济远、经远、来远三船，有水线甲、穹甲，而行驶不速。致远、靖远二船，前定造时，号称一点钟行十八海里。近因行用日久，仅十五六海里。此外各船，愈旧愈缓。海上交战能否趋避，应以船行之迟速为准：速率快者，胜则易于追

---

① 当初北洋水师初成军时，号称亚洲第一世界第七，其实力远超日本海军；随着颐和园的修建，便未再添置一舰一炮。相反，日本每年都添置最新式的战舰，天皇不惜节省宫中费用，“从内库中提取三十万元，聊以资助”，甚至一天宁可只吃一餐，也要建立强大海军。此举带动了日本政府议员主动献出1/4薪俸用作造舰。此消彼长，到甲午海战时，日本舰队的吨位与数量、航速与火力都大大超过北洋舰队。中日海战早已判定。从1891年到1894年，正是世界海军装备更新换代的一个关键时期，从军舰的主机、锅炉、装甲到火炮，各种技术都出现了重大进步。日本人紧跟时代步伐，几乎每年都购进新舰，同时他们制造出“高千穗”“千代田”等巡洋舰；在战争爆发前，又从英国购买了当时世界上航速最快的巡洋舰“吉野”号。在战争之前，俾斯麦就断言：“中国和日本的竞争，日本必胜，中国必败。因为日本到欧洲来的人，讨论各种学术，讲究政治原理，谋回国做根本的改造；而中国人到欧洲来的，只问某厂的船炮造得如何，价值如何，买了回去就算了。”费正清在《剑桥中国晚清史》中认为，这是一场中国必然失败的战争。因为“战争的一方日本这时已成为一个现代国家，民族主义使它的政府和人民在共同的目标下团结起来对付中国；而作为另一方的中国，它的政府和人民基本上是各行其是的实体。日本的战争努力动员了举国一致的力量，而中国人民几乎没有受到冲突的影响，政府几乎全部凭借北洋水师和李鸿章的淮军”。

逐，败亦便于引避；若迟速悬殊，则利钝立判。[①]

从这些写给清廷的奏章中可以看出，一手建立起北洋水师的李鸿章对战胜日本并无信心，“今日海军力量，以之攻人则不足，以之自守尚有余”。如果说硬件方面差之毫厘的话，在战术训练、战士素质、国家精神和协调指挥等软件方面，清军与日军则是差之千里。对天朝上下来说，没有人真正地关心国家兴亡，人们只想捂紧自己的钱袋，或者去中饱私囊。[②]帝国已经庞大到使每个人都无足轻重，因此每个人都与帝国失去关联。与清国被动应付相反，日本完全是咄咄逼人的主动进攻，日军大本营明确指示海军“搜索清军北洋舰队而击破之，以达到控制海权的目的”。

从某种意义上说，这场中日海上对决以极其荒诞的方式开始。李鸿章本是派北洋海军去为前往朝鲜的步兵护航，结果遭遇等候多时的日本海军。日本人并不是要阻止清军登陆朝鲜，而是要消灭北洋水师。就这样，黄海海战以遭遇战的形式，成就了一次改变东亚势力格局的大海战。

1894 年 9 月 17 日，日军舰队提前 1 小时 40 分钟发现清国舰队。世界第一场蒸汽铁甲时代的大海战开始，北洋水师在转眼间就落花流水，经远、致远、超勇被击沉，扬威、广甲自毁；其余定远、镇远、来远、济远和靖远等舰中弹后逃回中国。北洋舰队 10 艘主力战舰全部参战，日军只动用了海军联合舰队的一半战力。日本海军以 5：0 获得全胜，日军大本营“决定立即占领中国辽宁省金州半岛”。不久，日军不费一枪一弹占领大连，接着攻占旅顺和威海。大连沦陷的这一天，正好是慈禧

① 《中国近代史资料丛刊》编委会、中国史学会：《中日战争·中国近代史资料丛刊》，上海人民出版社，2000。

② 按照天朝传统，“采买西洋军火器械，有浮报价银两三倍者，并有浮报至四五倍者”，李鸿章被称为“李合肥”，可谓名至实归。为了表示对“头号大主顾”的敬意，德国克虏伯兵工厂特意为李鸿章塑铸了一座巨大的全身铜像，不远万里运到中国，树立在上海徐家汇。曾经采访过李鸿章的英国作家布兰德在《李鸿章传》中认为，黄海海战几乎是败于张佩纶的贪腐。张佩纶是李鸿章幕府里的“捞钱冠军”，由于他的“节约”思想，定远和致远两艘战舰上的 10 英寸大炮，只有三颗重型炮弹；鱼雷里装的是铁屑，而不是火药；威海卫炮台甚至以沙子来代替炸药……

老佛爷六十大寿日，有人讽刺道：“一人庆有，万寿疆无。”

1895年2月4日，中国人正在过年，日本海军以鱼雷艇突袭北洋水师的威海卫，北洋水师的旗舰“定远舰”[①]遭到重创。“苟丧舰，必自裁”，定远舰管带刘步蟾炸毁定远后自尽，北洋水师的提督（总司令）丁汝昌亲自签字首肯，向日本海军举起降旗。北洋水师的11艘军舰悉数被日军掳去，摇身一变而成为日本联合舰队的有生力量。北洋水师从此成为一个远去的天朝传说。

在1820年，清国GDP约是英国的7倍，清国在鸦片战争中失败；在1890年，清国GDP约是日本的5倍，清国同样在甲午战争中失败。战争揭开了“复兴”的假相和“盛世”的谎言。所谓“中体西用”“洋务运动”“自强运动”“同光中兴”等，说白了就是只接受经济改革而拒绝政治改革。一场遥远的海上战争，让这些冠冕堂皇的皇帝新装彻底破产。对于甲午海战的失败，长期担任中国海关总税务司的英国人罗伯特·赫德（官正一品）指出，海军对于一个国家来说，就像是树上的花朵，倘若树木有问题，你又怎么能苛责花不够鲜艳。

天朝本身就是一个黑色幽默，比甲午战争更黑色幽默的是，水师学堂竟然设在皇家花园，就如同火器工场设在太和殿。不知是以水师学堂的名义建设颐和园，还是以颐和园的名义修建了水师学堂；无论怎样，这笔巨大的建设费用来自海军军费。[②]直到甲午战争，这个水师学堂——颐和园的扩建工程一直未停。还有一个历史细节，战争前夕，广东水师的“广甲”舰奉命北上，[③]其特殊使命竟然是“遵例解

① 被称为当时“亚洲第一巨舰”定远舰是中国海军史上第一艘现代意义的主力舰，由德国伏尔铿厂建造，1880年下水，舰长94.5米，排水量7400吨，航速14.5节。定远舰作为当时东亚地区最强大的战舰，其305毫米主炮空前绝后。甲午战争前，日本最流行的儿童游戏就是“打沉定远”；甲午战争后的百年间，中国海军再也没有过如此吨位的主力战舰。半个世纪后，中国海军钟汉波少校从日本索回定远和靖远两舰的铁锚，不久即被官吏们当作废铁卖给铁匠铺。

② 中国历来的皇朝都有皇室和政府财库分开的习惯，只有在满清时代，皇室可以任意支用政府库存。

③ “广甲”舰的舰长是曾就读瑞萨莱尔理工学院的第三批“留美幼童”吴敬荣，帮带大副是曾就读于麻省理工学院的宋文翙。这是清朝海军中唯一一艘舰长和大副都是“留美幼童”的舰只。可参阅：钱钢、胡劲草：《大清留美幼童记》，当代中国出版社，2010。

运岁贡荔枝进御”。这让人想起1000多年前的名句：“一骑红尘妃子笑，无人知是荔枝来。”

北洋水师缔造者李鸿章曾说：“我办了一辈子的事，练兵也，海军也，都是纸糊的老虎，何尝能实在放手办理？不过勉强涂饰，虚有其表，不揭破犹可敷衍一时。如一间破屋子……但裱糊匠有何术能负其责？”

> 在李执政以前，中国早已变得像一艘漏水严重的船，罗盘摇摆不定，水手也显得胆怯。李利用他驾驭的技巧，不止一次的，他把这艘大船驶过险海中的暗礁与浅滩而航向安全地停泊；不止一次，鸿章寻找人员与方法去填补漏水的船身，修整被击碎的帆桅。[①]

① 出自美国学者J.O.P.Blamd所著《李鸿章传》，转引自王龙：《天朝向左，世界向右：近代中西交锋的十字路口》，华文出版社，2010。

东方的崛起

甲午战争成为“明治维新”的一次大考，不到30年时间，日本就通过现代化改革，超越了凌驾东亚长达数千年的中央帝国。正如康有为所说，日本在明治以来“二十年间，遂能变法大备，尽撮欧洲之文学艺术而熔之于国民，岁养数十万之兵，与其十数之舰，而胜吾大国，以蕞尔三岛之地，治定功成，豹变龙腾，化为强国”。日本海军总司令官中将伊东佑亨写给北洋海军提督丁汝昌的劝降书中说：

> 清国而有今日之败者……盖其墨守常经，不通变之所由致也。夫取士必以考试，考试必由文艺，于是乎执政之大臣，当道之达宪，必由文艺以相升擢。文艺乃为显荣之梯阶耳，岂足济夫实效？当今之时，犹如古昔，虽亦非不美，然使清国果能独立孤往，无复能行于今日乎？前三十载，我日本之国事，遭若何等之辛酸，厥能免于垂危者，度阁下之所深悉也。当此之时，我国实以急去旧治，因时制宜，更张新政，以为国可存立之一大要图。今贵国亦不可不以去旧谋新为当务之急，亟从更张，苟其遵之，则国可相安；不然，岂能免于败亡之数乎？与我日本相战，其必至于败之局，

殆不待龟卜而已定之久矣。

法国学者瑞恩科特曾形象地把中国传统文明称为“太阳文明”，而把吸收中国传统文化的日本文明称之为“月光文明”。在近代之前，中日两国都经历过漫长的闭关自守时期，最终日本率先以明治维新进入现代，此后，日本迅速成为东方的“太阳”，而中国则沦落为一片黯淡的星光。“我们清国人遵守法度，而日本人崇尚武力。”天朝总理大臣恭亲王奕䜣只能以这句话聊以自慰。

当疯狂的义和团运动成为一场国际人道灾难时，日本作为“八国联军”中的一分子，代表现代世界对天朝展开了一场武器的批判。僵而不死的天朝成为帝国时代的最后一场盛宴，而日本是最后一个跳上甲板的幸运儿。在这场切蛋糕的游戏中，“俄国与日本为争夺属于中国人民的土地而导致了一场战争”[①]，天朝统治者将自己祖先当年的龙兴之地让出来作为战场，然后充当“局外中立”的看客。

发生在1905年（清光绪三十一年）的这场世界大战的双方是新崛起的日本和俄国，奖品是满洲、朝鲜以及远东的霸权。汤因比曾说，彼得大帝的改革是肤浅的，他只引进了西方的技术和军事，而没有引进西方的文化和政治，这使俄国无法从根本上强大。老沙皇亚历山大三世生前曾梦想建立一个庞大的“俄罗斯—中华帝国”，到了新沙皇尼古拉二世时代，这个宏伟的梦想遇到了日本的威胁。

当时俄国海军拥有200余艘战舰，其中太平洋舰队拥有60余艘作战舰艇（总排水量19.2万多吨），日本海军有战舰约80艘（总排水量26万多吨）。作为俄国太平洋舰队的海军基地，旅顺成为双方争夺的焦点。

日俄战争中，双方投入兵力各达百余万人，是世界近代史上规模最大的战争之一。烈性炸药、手榴弹和自动武器第一次被使用，战争的残酷程度前所未有。从某种意义上说，日俄战争已成为第一次世界大战的预演。随着旅顺陷落和俄国太平洋舰队被歼，日本获得了完全的制海权。沙皇政府不得不从波罗的海舰队和黑海舰队

① （美）房龙：《人类的故事》，刘缘子等译，生活·读书·新知三联书店，1997。

抽调，编组成“太平洋第二舰队”和“太平洋第三舰队”，开往远东增援。这50艘战舰组成的增援舰队跨越大半个地球，日夜兼程3万公里，刚刚遭遇以逸待劳的日本海军，就一触即溃。除3艘战舰逃往海参崴之外，俄国太平洋第二舰队和第三舰队全军覆没，损失总计达27万吨，比后世的日德兰海战双方损失总和还大。相反，日方只损失了3艘鱼雷艇。

虽然日本对这场战争的军费开支达17亿日元，而且没拿到一分钱赔偿，但对蒸蒸日上的日本来说，对俄国的胜利远比10年前对中国的胜利更有历史意义。1905年9月，双方签订的《朴茨矛斯条约》使亚洲再次成为亚洲人主导的亚洲，日本代替俄国入主“满洲”和朝鲜。如果说日本在甲午战争中打破了束缚东亚1000多年的传统华夏朝贡体系的桎梏，那么在日俄战争中，则完成了福泽谕吉“脱亚入欧”的历史跨越。正如《朝日新闻》所称，10年内连续两场战争的胜利，使“日本对其军事实力变得极其自信，最终走上了军事帝国的行列，疯狂地对外扩张”。

明治维新后的日本迅速崛起，作为经历工业革命的唯一的非西方国家，它先后击败清朝中国和沙皇俄国，成为远东与太平洋地区的大国。这意味着欧洲统治世界400年的“达·伽马时代”宣告结束。

> 这场战争是远东历史乃至世界历史的一个重要转折点。毫无疑问，它确立了日本的强国地位，改变了远东地区的力量对比。但更有意义的是，历史上第一次一个亚洲国家战胜了一个欧洲国家，而且是一个大帝国。这对整个亚洲产生着令人振奋的影响。它向诸殖民地民族的千百万人表明，欧洲的统治并不是神圣的、命中注定的。自征服者时代以来，白人第一次被打败，全球所有的非白人民族都充满了令人激动的希望。从这种意义上说，日俄战争是近代历史上的里程碑，是非欧洲民族充分觉醒的序幕；这种觉醒今日正震撼着整个世界。①

---

① （美）斯塔夫里阿诺斯：《全球通史：从史前史到21世纪》，董书慧等译，北京大学出版社，2005。

“红日初升，其道大光；河出伏流，一泻汪洋；潜龙腾渊，鳞爪飞扬；乳虎啸谷，百兽震惶……”从某种意义上，梁启超在日本期间写的这篇《少年中国说》，其实是对崛起中的新日本的描摹。半个多世纪以来，西方世界依靠“船坚炮利”，一直保持着对东方世界的暴力优势；这对华夷观念根深蒂固的中国人来说，形成挥之不去的精神阴影。这场不幸的战争使抑郁的中国人得以借日本的杯酒，以浇自己心中的块垒；流亡于日本的孙中山宣称：“我们认为，日本对俄国的胜利是东方对西方的胜利；我们认为，日本的胜利就是我们自己的胜利。”

当时中国正流行“出洋一年，胜于读西书五年”[①]。一时之间，日本成为中国眼中的“理想国”和圣地，莘莘学子们向往“东洋”更甚“西洋”。日俄战争那一年，中国留日学生不足8000人，次年就翻了一番，达17860人。

在日本仙台东北大学，有一个学医的中国留学生，他在上课时看了一个关于这场战争的新闻电影：日本人把一个中国人当作俄国间谍进行处决，引来一群中国人围观。“我的梦很美满，预备卒业回来，救治像我父亲似的被误的病人的疾苦，战争时候便去当军医，一面又促进了国人对于维新的信仰。”这场战争和这场电影使他放弃了学医和留学，他把自己的“名字”从周树人改为鲁迅。“学医并非一件紧要事，凡是愚弱的国民，即使体格如何强健，如何茁壮，也只能做毫无意义的示众的材料和看客。”[②]

当现代世界的浪潮从西方波及东方时，俄国、中国与日本虽然都选择了开放，但却因为程度不同而结局殊异。相对而言，日本的改革更加彻底，从上到下都积极地参与其中；而俄国和中国则只是依靠上层精英的勉强推动，作为民族主体的广大底层民众仍然只是一群奴才或者暴民。俄国太平洋舰队的覆没使罗曼诺夫王朝面临四面楚歌，日本支持的列宁和孙中山酝酿着一场前所未有的革命浪潮。对沙皇俄国和满清中国来说，朝三暮四的所谓改革维新已经为时太晚，一场颠覆一切的共和革

① （清）张之洞：《劝学篇》。

② 鲁迅：《呐喊·自序》，人民文学出版社，1973。

命在所难免。

“日俄之役，非军队之竞争，乃政治之竞争。卒之日胜而俄败，专制立宪，得失皎然。”在日本人出洋考察35年之后，天朝的精英们第一次踏上“西天取经”之路，他们的第一站就是日本，君主立宪成为天朝的一个新枕头，以继续一个黄粱美梦。立宪改良与共和革命展开一场限时赛跑。“我中国以四五千年破坏旧船，当此过渡时代，列强之岛石纵横，外交之风波险恶，天昏地暗，民智未开，莫辨东西，不见口岸。何幸一道光明从海而生，立宪上谕从天而降，试问凡我同舟，何等庆幸！”[①]

郑观应在《盛世危言》中说：“天生民而立之君，君犹舟也，民能载舟，亦能覆舟。”在当年的甲午海战中，北洋水师中有一个“二管轮”死里逃生；到日俄战争时，他已经是武汉新军的统领；1911年10月10日，他被革命军人黄袍加身而成为湖北都督，他就是“床下都督”黎元洪。10月17日，水师提督萨镇冰奉命率长江舰队到达汉口镇压。黎元洪以师生礼致信萨镇冰：“华盛顿兴美，八年血战，吾师若出，将见不八月而亚洲地图之上必有中华民国国旗飘扬也……师一出，不但名正言顺，而实较胜于汤武……满汉存亡，系于师台一身。”萨镇冰邀请各舰舰长到“海容”号旗舰：“今老矣，不忍见无辜人民肝脑涂地，若长此迁延又无以对朝廷。君等皆青年，对于国家抱急进热诚，我受清廷厚恩，不能附和。今以舰队付君等，附南附北皆非所问，但求还我残躯以了余生。”然后以灯语通知各舰艇：“我去矣，以后军事，尔等各船艇好自为之。”

萨镇冰的出走和海军的起义钉上了天朝棺材的最后一颗钉子。袁世凯正式向隆裕太后摊牌：“海军尽叛，天险已无，何能悉以六镇诸军，防卫京津？”清廷遂于1912年1月16日逊位。

在当年甲午海战中，水师管带程璧光受命向日本联合舰队递交降书。1911年4月11日，程璧光代表天朝率巡洋舰“海圻”号，远赴英国参加英王乔治五世的加冕典礼。8月10日，在自由女神的注视下，“海圻”号抵达美国纽约港，成为第一艘

① 出自著名教育家、复旦大学创始人马相伯先生演讲（1906年），转引自刘建强：《谭延闿大传》，九州出版社，2011。

完成横跨太平洋和大西洋航行的中国军舰。在美期间，程璧光拜会了美国总统。“海圻”号的到来，也使席卷美洲的“排华”浪潮逐渐平息。整整一年后，历经 30850 海里航程的“海圻”号终于回到熟悉的上海，但那个神圣的天朝已经不在了。去的时候还是大清，回来时却已经是中华民国。这就是历史的幽默。

历史的旗帜

正像霍布斯鲍姆所言，19 世纪是一个帝国主义狂飙的时代。在社会达尔文主义的旗帜下，人类重归野蛮的丛林世界。刚刚睁眼看世界的中国人不得不接受弱肉强食、优胜劣汰的暴力法则，以为强权就是公理，国家暴力就是一切。日益弥漫的暴力主义和实用主义摧毁了中国数千年的传统秩序和道德谱系，最终酿成民国初期的政治乱局与精神危机。在战争的废墟中，一批学贯中西的现代知识分子担负起中国良心的重担，发起了一场引领中国走向现代文明和思想启蒙的五四运动。科学与民主第一次在中国这块古老的土地上播下龙种；很多年以后，人们收获的却是一群跳蚤。

历史的进程有时让人觉得颇不可思议。大船未沉没之前，人们仿佛觉得它永远不会沉没。当“海圻”号回到传统帝制彻底覆灭的中国时，世界最大最豪华的钢铁邮轮在 2 小时 40 分钟内沉入海底——“泰坦尼克号”和神圣天朝一样，都号称“绝不会沉没”。到那天为止，西方世界的人们已经享受了 100 年的安稳和太平。梦醒时分，世界开始了又一次战争的轮回，海洋成为人类的战场和坟场，第一次世界大战爆发了……

自哥伦布以来，人类的空间观念一直在扩展。人类进行的第一次空间革命是由陆地到海洋，葡萄牙、西班牙、荷兰和英国在这场革命中先后登场，争相建立世界霸权；科学革命和工业革命催生了第二次空间革命，人类从征服海洋转向征服天空。在这次空间革命中，美国崛起成为现代世界的领导者。当海洋成为人类的内湖时，天空成为新的蓝海，而飞机成为工业时代的舰船。美国联合飞机公司因为生产最早横渡大西洋的飞机而著名，这种大型客机的名字就叫“快速帆船”（Clipper）。

飞机与舰船相融合，创造出了一个前所未有的战争机器——航空母舰。航空母舰的出现改写了传统的海军理论，它宣告了“大舰巨炮”主义的破灭；海战成为一场视野以外的远距离战斗，这彻底终结了战列舰时代的鱼雷炮击模式。作为巨大的人造战争系统，航空母舰不仅主宰了海洋，同时也成为陆地和国土的延伸。

作为工业时代的后起之秀，新兴的日本迅速成为航母时代的世界领袖。日本浅野造船厂建造了世界第一艘航空母舰“凤翔”号，全长168米，排水量7470吨，搭载21架战机，最大航速25节，1922年服役于日本海军。

从黑船来航到造出“凤翔”号航母，日本仅仅用了不到70年时光。从“凤翔”号开始，短短20年时间，日本的航空母舰数量就发展到可怕的25艘。曾经“脱亚入欧”的日本重新祭起“武士道”精神，义无反顾地向军国主义的“大东亚协同体”迈进，太阳旗成为东亚最灿烂的图腾。航母上，日本帝国举起“团结东亚、南亚，驱逐英美东亚侵略”的大旗，以东亚领袖的气势，展开了一场“重组亚洲新秩序”的“圣战”。

1932年12月6日，胡适在接受北平《晨报》采访时说：

> 大凡一个国家的兴亡强弱，都不是偶然的，就是日本蕞尔三岛，一跃而为世界强国，再一跃而为世界五强之一，更进而为世界三大海军国之一。所以能够如此，也有他的道理。我们不可认为偶然的。

在争夺太平洋制海权的战争中，珍珠港成为美国的耻辱，也成为日本的遗憾：宣战竟比战争本身晚到了30分钟。日本再一次遭遇“黑船”，美国的航母数量达到

150 艘，太平洋成为日本海军的太平间。

吴思在《血酬定律》中指出，暴力掠夺不创造财富。相信战争掠夺可以让一个国家富裕，就如同相信抢钱可以发财致富一样。战争中得到的又在战争中失去，日本又回到了筚路蓝缕的从前。中国古语云："以乱攻治者亡，以邪攻正者亡，以逆攻顺者亡。"历史总是这样重复上演。

相隔百年之后，美国军舰又一次来到东京湾。在"密苏里"号战列舰上，新一代的"佩里"——麦克阿瑟将军及其他同盟国代表与日方签订投降协议。"密苏里"号上空飘扬着两面美国国旗，一面是日本偷袭珍珠港时白宫前的国旗，另一面正是当年佩里将军的旗舰"波瓦坦"号上悬挂过的国旗，它上面只有 31 颗星星[①]。

"以佩里旧日的旗帜炫耀着对日本的惩戒，这是当年的佩里哪怕是在最疯狂的梦境中也想象不出的。"[②]国旗这个历史细节，让人们看到历史的承接与延续，任何人都无法否定过去，也不应当忘记过去；否则，历史还会再来一遍，以加强人们的记忆。

---

① 美国国旗（星条旗）诞生于 1777 年，1818 年美国国会通过法案，国旗上的红白宽条固定为 13 道，五角星数目应与合众国州数一致。每增加一个州，国旗上就增加一颗星。两个世纪以来，已经从最早的 13 颗星增加到如今的 50 颗星。佩里时期（1853 年）的美国只有 31 个州，因此国旗上只有 31 颗星。

② （美）约翰 · W. 道尔：《拥抱战败：第二次世界大战后的日本》，胡博译，生活 · 读书 · 新知三联书店，2008。

|后记|

历史的轮子

我在四十岁的时候，意外地写了一本书，就是《职业人格》。

从20岁踏入社会，独自谋生，我先后从事过许多职业，如电焊工、机修工、个体户和包工头，也开过广告公司和工程公司，做过外企的白领，也干了几年“农民工”。就这样辗转漂泊了大半个中国，等青春耗尽，人却还是百无聊赖，心无所依。写《职业人格》，其实是对我自己的人生打量。等到书写完，我突然发现自己有写作的倾向和特长，除此之外，好像还没有什么事情可以让我感到持久的满足。

人就怕有梦想。没有梦想，人可以安生地过日子，循规蹈矩，风雨不惊；有了梦想，人就被梦想折磨，感觉其他一切都失去意义。就这样，我拿出所有的积蓄（其实就几万元），然后闭门写作。我知道，再不写，以后大概就不会再有这种梦想和冲动了。一年下来，坐吃山空，等到床头金尽，终于在一台10寸的“神舟”上网本上写完《历史的细节》。

这就是眼前这本书的由来。

任何写作都离不开阅读。应该承认，在此之前，真正激发我写作的是《枪炮、病菌与钢铁》。作为人类学家，戴蒙德用轮子、文字、弓箭、钢铁、火药、病菌、气候、家畜等细节因素，解释了世界历史的演化过程——现代世界为什么是这样，而不是那样。这本书中并没有什么趣味的故事，但诸多见解令人耳目一新。这完全不同于以往我所以为的那种“历史”——要不就是人物+年代+事件，要不就是帝王将相各种没有底线的宫廷权谋。

一朝尝鲜，胃口大开。《枪炮、病菌与钢铁》让我意犹未尽，可当我去寻找类似的历史书时，却大失所望。原来这样的书并不多，我找到了斯塔夫里阿诺斯的《全球通史》、芒福德的《技术与文明》、亚当·斯密的《国富论》等等，这些书都不错，但只是这些西方历史学家似乎很少关注到中国——在世界历史中，中国几乎是缺席的，正如在中国历史中，世界不存在一样。

其实，轮子、文字、印刷、指南针、火药、钢铁、家畜等技术，对中国历史的影响同样巨大，甚至很多发明就出自中国。

既然找不到这样的历史专著，我就只好从一些历史的缝隙和边缘中寻找这类信息，慢慢搜集得多了，就有将这些杂乱信息加以整理的想法，以至于不这样做都不行。写作大概都源自于强迫症。据说英语中“history（历史）”一词，源自希腊语“historia”，其意是指“一个人的调查记录”。《历史的细节》就是我一个人的调查记录——我自不量力，以无知者无畏的精神，斗胆对中国和世界的历史做了极其业余的调查和记录。

孔子说：“知之者不如好之者，好之者不如乐之者。”这一年，买书、读书、写书，这种纯粹的“自得其乐”完美得近乎一种梦想。我对历史纯属外行，但阅读完全打破了这种界限。值得庆幸的是，我生活在一个图书既丰富又廉价、信息极度发达的互联网时代，而用电脑处理大量碎片化的文字信息要远比手写便捷得多。

对我来说，正式写作虽然很晚，但阅读和写作真的带来一种“甜蜜的报偿”。这其实不是我一个人的感受，茨威格就承认：“我认为好的书籍胜过最好的大学，这个爱默生的公理是放之四海而皆准的。所以我至今仍然坚信：尽管一个人没有上过大学，甚至没有读过中学，但他仍然可以成为一名杰出的哲学家、历史学家、语言学家、法学家或其他什么家。我在实际生活中曾发现过无数这样的事实：一个旧书店的店员对于书的了解常常胜过有关的教授；一些经营艺术品的商人总是比研究艺术的学者更懂艺术；各种领域里的大部分重要建议和发现通常是由外行人提出来的。”[①]

写作《历史的细节》，我并没有想成为什么家（包括作家），甚至没有想写给谁看，只是想写出来，哪怕给自己看，看自己学到了什么新知识，有了什么新思想。我从十几岁就写日记，写了十几年。实际上，这是我之前唯一实施过的写作和写作训练，而这些发黄的日记就是完全写给自己的。

《历史的细节》完成后，最早发在网上，后来才出版。谁都没想到，竟然会有那么多读者喜欢，这让我倍感欣慰。但作为一次尝试之作，书中仍遗留了许多错误和硬伤，书越是传播得广，越是带给我不安。因此，在过去的三年中，我几乎没有写什么新作品，一直在对原书进行修订。目前出版的《历史的细节》和《现代的历程》就是这次修订的初步结果。

修订后的《历史的细节》保留了原稿中的轮子、马镫、弓箭、火药和船等五个章节，将较长的“机器”一章单独作为《现代的历程》出版。准确地说，《现代的历程》其实是一本新书，从内容和主题上，已经完全不同于原稿。在这本新书中，我详细剖析了现代文明发展过程中，一些关键的技术和文化现象，如时间与钟表、文字与印刷、纺织与钢铁、蒸汽与电力、电脑与互联网等。现在回头去看，这次修订性写作，其实是一次倾尽想象力且充满野心的“探险”，好在时间比较充裕，写作难得这么从容。我伏案整整两年后，总算可以轻松地设计封面了。我相信，新版的《历史的细节》和《现代的历程》一定能带给旧雨新知们许多惊喜。

对于历史，人们一直习惯于宏大叙事，但对读者来说，这样的历史却让人产生距离感，甚至使人无所适从。因此，我认为历史应该回到普通人的层面，从细节中寻找真相和启示。没有细节，任何历史都是可疑的。福柯曾经引用过一段话：“虽然那些关注细节的人被视为凡夫俗子，但在我看来，这种成分是必不可少的，因为这是基础。不懂得它的原理，就不可能建起一座大厦或建立一种方法。仅仅喜爱建筑

① 斯蒂芬·茨威格《昨日的世界》，吴桐译，华中科技大学出版社，2014。

学是不够的，人们还应该懂得土木技术。”福柯接着说，“任何细节都是重要的，因为在上帝眼中，再大的东西也大不过一个细节，再小的东西也要受到他的某种意愿的支配。”①

这次新版《历史的细节》采用合集形式，将轮子作为全书的起点。在写作轮子这一章时，我几乎没有找到多少可用的资料，更没有发现什么关于轮子历史的专著，但谁都不能否认，轮子几乎是人类历史上少数几个最重要的发明之一。轮子是如此重要，但我们却对它知之甚少。

事实就是如此，越深入历史本身，就越发现，历史就是一只轮子，拨动它转动的是上帝之手，那些独夫民贼的所谓大人物，其实也不只过是爬在轮子上的蚂蚁，或者挡在轮子前的螳螂。他们常常宣称自己推动了历史、改变了历史。当人们将那些蚂蚁和螳螂们当成历史，而忘却轮子的存在，这无异是对历史最大的误读。

① 米歇尔·福柯《规训与惩罚》，刘北成、杨远婴译，三联书店，2012。

|附录|

大事年表

洪荒时代

200 亿年前，宇宙诞生。

46 亿年前，地球诞生。

4 亿年前，生命诞生。

1.7 亿年前，哺乳动物诞生。

6500 万年前，恐龙灭绝。

600 万年前，人类诞生，世界人口约为 1 万。

300 万年前，“露西”诞生。

240 万年前，人类学会使用石头工具。

160 万年前，人类学会用火，元谋猿人。

100 万年前，蓝田猿人。

50 万年前，人类出现在欧洲，北京猿人。

15 万年前，现代智人诞生，世界人口约为 10 万。

10 万年前，许昌人。

6 万年前，现代智人出现在北非。

5 万年前，现代智人到达欧亚大陆和澳洲。

3 万年前，欧洲尼安德特人灭绝。

2 万年前，弓箭诞生，现代智人通过西伯利亚东部的白令大陆桥到达美洲。

1.8 万年前，北京山顶洞人。

1 万年前，冰河纪结束，大洪水时代。

褴褛时代

公元前 6000 年，狩猎采集。

公元前 4754 年，伏羲时代，动物驯化，文字、日历、轮子诞生。

公元前 3204 年，神农时代，植物驯化，耒耕农业诞生。

公元前 3114 年，玛雅纪年的元年。上埃及王美尼斯统一上下埃及。

公元前 2674 年，黄帝时代，埃及第四王朝，金字塔修建。

公元前 2070 年，大禹时代，分九州，开创华夏“家天下”。

公元前 1750 年，巴比伦国王统一两河流域，颁布《汉谟拉比法典》。

公元前 1600 年，鸣条之战，商汤灭夏。

公元前 1200 年，荷马时代，特洛伊战争。

公元前 1046 年，牧野之战，周灭商。

公元前 1000 年，世界人口超过 4000 万。

智慧时代

公元前 841 年，共和元年。国人暴动，流放周厉王。

公元前 800 年，印度进入后吠陀时期，开始种姓制度。

公元前 776 年，第一届奥林匹克，希腊历史元年。

公元前 771 年，周幽王被杀于骊山，西周亡，中国进入春秋时代。

公元前 638 年，泓水之战。

公元前 605 年，亚述帝国灭亡。

公元前 594 年，雅典执政官梭伦建立公民会议和司法陪审制度。

公元前 586 年，耶路撒冷沦陷，犹太国火亡。

公元前 529 年，佛教创立者释迦牟尼辞世。

公元前 512 年，孙子向吴王献“兵法十三篇”。

公元前 509 年，雅典执政官克里斯提尼改革，民主政治建立；罗马共和国建立。

公元前 480 年，萨拉米海战。

公元前 479 年，孔子辞世。

公元前 473 年，越王勾践卧薪尝胆，灭吴国。

公元前 471 年，老子辞世。

公元前 404 年，伯罗奔尼撒战争结束，世界人口 1.5 亿。

公元前 399 年，苏格拉底受审并被处死，28 岁的柏拉图在场。

公元前 375 年，秦献公十年。秦国为“告奸”而创立户籍制度，墨子辞世。

公元前 372 年，周烈王四年。孟子出生。

公元前 356 年，周显王十三年。商鞅变法。

公元前 344 年，亚里士多德任亚历山大老师。

公元前 341 年，屈原出生；孙膑围魏救赵，在马陵道伏击庞涓。

征服时代

公元前 323 年，亚历山大病死，帝国瓦解。

公元前 316 年，秦国灭蜀。

公元前 260 年，长平之战，秦始皇出生；孔雀王朝阿育王统一印度；布匿战争。

公元前 234 年，秦国出兵攻韩，迫使韩非投秦。

公元前 221 年，秦王嬴政灭六国，称始皇帝。

公元前 216 年，第二次布匿战争中的坎尼战役。

公元前 202 年，项羽自刎，汉尼拔战败。

公元前 200 年，匈奴单于冒顿“纵精兵四十万骑围高帝于白登七日”。

公元前 149 年，罗马征服希腊，第三次布匿战争。

公元前 140 年，建元元年。董仲舒对策，罢黜百家，独尊儒术。

公元前 119 年，元狩四年。李广自刎，张骞第二次出使西域。

公元前 99 年，天汉二年。骑都尉李陵投降，司马迁为其辩护，遭宫刑。

公元前 81 年，始元六年。盐铁会议。

公元前 55 年，五凤三年。罗马攻入英格兰。

公元前 53 年，甘露元年。帕提亚（安息）与罗马发生卡尔莱之战。

公元前 44 年，初元五年。终生独裁官恺撒遭元老院成员刺杀，身中 23 刀而亡。

公元前 27 年，河平二年。罗马共和国终结，进入罗马帝国。

公元前 4 年，建平三年。耶稣诞生。

公元 2 年，西汉元始二年。中国人口近 6000 万，全世界人口约为 3 亿。

公元 30 年，东汉建武六年。耶稣被古罗马犹太行省执政官彼拉多判处在十字架上钉死。

公元 57 年，建武中元二年。日本遣使到中国，受封“汉倭奴国王”金印。

公元 67 年，永平十年。佛教传入中国。

公元 89 年，永元元年。车骑将军窦宪大破北匈奴，“北单于逃走，不知所在”。

公元 105 年，元兴元年。蔡伦发明“蔡侯纸”。

公元 130 年，永建五年。托勒密提出“地心说”，张衡提出“浑天说”。

公元 219 年，建安二十四年。关羽被吕蒙设计诛杀。中国人口仅为 90 万。

公元 311 年，西晋永嘉五年。匈奴攻陷洛阳，掳走晋怀帝，史称“永嘉之乱”。

公元 330 年，东晋咸和五年。罗马皇帝君士坦丁迁都拜占庭，承认基督教。

公元 350 年，东晋永和六年。冉闵发布“杀胡令”。

公元 353 年，东晋永和九年。王羲之书《兰亭序》。

公元 378 年，东晋太元三年。匈奴西迁，阿德里安堡战役。

公元 405 年，东晋义熙元年。陶渊明辞官隐居，西哥特洗劫罗马，罗马撤出不列颠。

公元 414 年，东晋义熙三年。法显从印度回到中国，著《佛国记》；圣奥古斯丁著《上帝之城》。

公元 451 年，北魏正平元年。匈奴人侵入西罗马帝国。

公元 462 年，宋孝武帝大明六年，祖冲之编制《大明历》。

公元 476 年，北魏承明元年。西罗马帝国灭亡。

公元 622 年，唐武德五年，回历元年。伊斯兰教创立者穆罕默德出走麦地那。

公元 630 年，唐贞观四年。李世民称天可汗，穆罕默德在麦加建阿拉伯帝国，世界人口超过 2 亿。

公元 663 年，唐龙朔三年。中日白江战役。

公元 714 年，开元二年。阿拉伯征服西班牙。

公元 733 年，开元二十一年。查理·马特打败阿拉伯骑兵。

公元 744 年，天宝三年。李白初会杜甫。

公元 751 年，天宝十年，回历 133 年。怛罗斯战役，矮子丕平建立加洛林王朝。

公元 753 年，唐天宝十二年，日天平胜宝五年。鉴真和尚到达日本。

公元 755 年，天宝十四年。安史之乱。

公元 800 年，贞元十六年。查理曼帝国诞生。

公元 843 年，会昌三年。《凡尔登和约》。

公元 880 年，广明元年。黄巢攻入长安，唐帝国覆灭。

公元 904 年，天祐元年。火药首次用于战争。

公元 909 年，开平四年。美洲大旱，玛雅帝国崩溃。

公元 960 年，宋建隆元年。赵匡胤建立大宋。

公元 968 年，宋开宝元年。越南从中国独立。

1004 年，宋景德元年，辽统和二十二年。宋辽缔结澶渊之盟，世界人口 2.5 亿。

1066 年，治平三年。黑斯廷斯之战，诺曼底公爵威廉征服英国。

1099 年，元符二年。十字军血洗耶路撒冷。

1127 年，宋靖康二年，金天会五年。金军攻破东京，徽、钦二帝被俘，北宋覆灭。

1142 年，宋绍兴十二年。岳飞被诛杀。

1164 年，隆兴二年。宋孝宗改交趾郡为安南国。

1166 年，乾道二年。英王亨利二世颁布《克拉林敦条例》，设司法陪审员制度。

1168 年，乾道四年。牛津大学成立。

1192 年，绍熙三年。源赖朝开创镰仓幕府。

1203 年，嘉泰三年。十字军攻陷君士坦丁堡。

1206 年，宋开禧二年。成吉思汗建立蒙古汗国。

1215 年，宋嘉定八年。成吉思汗入侵西夏和金国，英国国王约翰签署《大宪章》。

1227 年，宋宝庆三年。成吉思汗去世。

1232 年，宋绍定五年，金天兴二年。蒙古攻破东京，金国灭亡。

1240 年，宋嘉熙四年。蒙古人征服俄罗斯。

1241 年，宋淳祐元年。蒙古人在李格尼兹战役中击败条顿骑士团。

1258 年，宋宝祐六年。蒙古攻陷巴格达，灭阿巴斯帝国，蒙哥战死钓鱼城。

1265 年，元至元二年。英国历史上第一次召开国会。

1271 年，元至元八年。忽必烈在汗八里（今北京）建立大元帝国。

1279 年，宋祥兴二年，元至元十六年。崖山海战，宋帝国覆灭，元军侵日失败。

1283 年，至元二十年。机械钟表出现在英国。

1291 年，至元二十八年。瑞士联邦成立，眼镜出现在比萨。

1331 年，至顺二年。火器出现在西班牙。

1348 年，至正八年。欧洲黑死病。

1368 年，元至正二十八年，明洪武元年。朱元璋军攻占大都，元帝国覆灭。

1392 年，明洪武二十五年。李成桂自立为王，朝鲜王朝建国；足利义满统一日本南北朝。

1402 年，建文三年。蒙古改元国号为“鞑靼”，方孝孺被燕王朱棣诛灭十族。

1430 年，宣德五年。郑和第七次下西洋，贞德焚死。

1436 年，正统元年。古登堡发明活字印刷机。

1443 年，正统九年。朝鲜世宗大王李祹颁定“训民正音”（谚文）。

1453 年，景泰四年。英法百年战争结束，土耳其苏丹穆罕默德二世攻陷君士坦丁堡，拜占庭帝国灭亡。

1455 年，景泰六年。玫瑰战争。

1492 年，弘治五年。西班牙收复格林纳达，宗教裁判所成立，哥伦布抵达美洲。

1498 年，弘治十一年。达·伽马绕过好望角到达印度。

1500 年，弘治十三年。达·芬奇创作油画《蒙娜丽莎》，世界人口增长至 5 亿。

1513 年，正德八年。马基雅维利著《君主论》。

1514 年，正德九年。葡萄牙商船来到中国。

1517 年，正德十二年。马丁·路德公布《九十五条论纲》，新教运动。

1521 年，正德十六年。科尔特斯灭亡阿兹特克帝国。

1522 年，嘉靖元年。麦哲伦环球航行。

1526 年，嘉靖五年。印度莫卧儿帝国成立。

1534 年，嘉靖十三年。耶稣会成立。

1536 年，嘉靖十五年。皮萨罗灭亡印加帝国。

1543 年，嘉靖二十二年。哥白尼辞世，《天体运行论》发表；维萨利的著作《人体的构造》出版。

1557，嘉靖三十六年。葡萄牙入居澳门，明廷诱杀汪直，日本被逐出中国朝贡体系。

1571 年，隆庆五年。勒颁多战役。

1581 年，万历九年。尼兰德成立共和国。

1582 年，万历十年。张居正辞世，教皇格列高利颁布现代历法。

1588 年，万历十六年。戚继光辞世，无敌舰队覆灭。

1592 年，明万历二十年，日文禄元年。中日壬辰战争，莎士比亚完成《理查三世》。

1600 年，万历二十八年。英国进入印度，东印度公司成立；布鲁诺被教廷处以火刑。

1604 年，万历三十二年。荷兰人来到中国。

1609 年，万历三十七年。伽利略发明望远镜。

1610 年，万历三十八年。耶稣会士利玛窦在北京去世，遗著《基督教远征中国史》。

1619 年，万历四十七年。萨尔浒之战。

1620 年，泰昌元年。“五月花号”到达美洲。

1622 年，天启二年。荷兰占领新阿姆斯特丹（今纽约）。

1624 年，天启四年。荷兰占领台湾。

1626 年，天启六年。努尔哈赤战死。

1630 年，崇祯三年。袁崇焕遭凌迟。

1636 年，崇祯九年。《崇祯历法》修讫，哈佛大学成立，俄国征服西伯利亚。

1637 年，崇祯十年。《天工开物》出版，英国军舰炮击虎门炮台，荷兰郁金香泡沫崩溃。

1639 年，明崇祯十二年，日宽永十六年。日本颁布锁国令。

1642 年，崇祯十五年。伽利略去世，牛顿诞生。

1644 年，明崇祯十七年，清顺治元年。李自成攻入北京，明朝灭亡；清军入关；克伦威尔共和军战胜国王军。

1645 年，顺治二年。清廷颁布剃发令和易服令，扬州十日、嘉定三屠。

1648 年，顺治五年。欧洲三十年战争结束。

革命时代

1649 年，顺治六年。查理一世被判死刑，英国宣布共和。

1651 年，顺治八年。清改“承天门”为“天安门”，霍布斯出版《利维坦》。

1662 年，康熙元年。郑成功打败荷兰，夺取台湾。

1664 年，康熙三年。张苍水遇害；英国打败荷兰，取得新阿姆斯特丹，更名为纽约（New York）。

1666 年，康熙五年。瘟疫席卷英国，伦敦大火，耶稣会士汤若望病逝于北京。

1683 年，康熙二十二年。顾炎武在沃曲辞世，朱舜水在大阪辞世，发现细菌。

1687 年，康熙二十六年。清廷禁“淫词小说”，牛顿出版《自然科学的数学原理》。

1688 年，康熙二十七年。光荣革命，英国议会颁布《权利法案》。

1689 年，康熙二十八年。彼得一世主政，开始西化改革；中俄尼布楚条约；英国国会通过《权利法案》。

1704 年，康熙四十三年。唐甄去世，洛克去世。

1705 年，康熙四十四年。中国禁止广东开矿；纽科门蒸汽机投入使用。

1733 年，雍正十一年。英国发明飞梭。

1740 年，乾隆五年。清政府招商采煤，红溪惨案。

1748 年，乾隆十三年。孟德斯鸠出版《论法的精神》。

1751 年，乾隆十六年。中国人口猛增至 1.6 亿，世界人口 7.7 亿；狄德罗出版《百科全书》。

1755 年，乾隆二十年。清廷禁止满汉民间往来，里斯本大地震。

1757 年，乾隆二十二年。清政府禁止英国赴浙贸易，英国占领孟加拉。

1762 年，乾隆二十七年。清政府设立伊犁将军，卢梭发表《社会契约论》。

1767 年，乾隆三十二年。清军攻缅失败，发明珍妮纺纱机。

1770 年，乾隆三十五年。库克船长发现澳大利亚和新西兰。

1775 年，乾隆四十年。清廷禁止广西商民出口贸易，抽水马桶诞生，镗床诞生。

1776 年，乾隆四十一年。大小金川起义，美国革命，《独立宣言》，亚当·斯密出版《国富论》，瓦特蒸汽机投入商业性制造，来复枪诞生，工业革命。

1777 年，乾隆四十二年。王锡侯编《字贯》被诛，全面禁止火器，禁止棉花进口。

1779 年，乾隆四十四年。英国发明骡机。

1784 年，乾隆四十九年。乾隆第六次南巡，《红楼梦》出版，美国商船“中国皇后号”抵达中国。

1785 年，乾隆五十年。乾隆办“千叟宴”，英国发明蒸汽动力织布机。

1786 年，乾隆五十一年。台湾林爽文起义，莫扎特完成歌剧《费加罗的婚礼》。

1787 年，乾隆五十二年。文字狱达到高潮，《四库全书》编辑完成。

1789 年，乾隆五十四年。马尔萨斯著《人口论》；法国革命，颁布《人权宣言》；华盛顿当选美国第一任总统。

1793 年，乾隆五十八年。英国派使节马戛尔尼访问清国，惠特尼发明轧棉机。

1799 年，嘉庆四年。乾隆（弘历）辞世，和珅被诛，拿破仑雾月政变，华盛顿辞世，伏特制成世界上第一个电池——“伏特电堆”。

1800 年，嘉庆五年。英国拥有蒸汽机 321 台、5210 匹马力，世界人口达到 10 亿。

1807 年，嘉庆十二年。富尔顿发明蒸汽船。

1813 年，嘉庆十八年。天理教徒攻入中南海，“酿成汉唐宋明未有之事”。

1814 年，嘉庆十九年。清政府禁止洋字和洋式建筑，史蒂芬逊发明蒸汽机车。

1815 年，嘉庆二十年。滑铁卢战役。

1821 年，道光元年。拿破仑死于圣赫勒拿岛，法拉第发明电动机。

1836 年，道光十六年。英国工人发动争取普选权的宪章运动。

1840 年，道光二十年。英清发生鸦片战争。

1844 年，道光二十四年。英国铁路长达 2235 英里，摩尔发明电报。

1845 年，道光二十五年。梭罗独自到瓦尔登湖隐居。

1846 年，道光二十六年。英国废除《谷物法》，贸易自由化。

1848年，道光二十八年。《共产党宣言》出版。

1851年，咸丰元年。第一场世界博览会在伦敦海德公园举行。

1853年，清咸丰三年，日嘉永六年。美国黑船来航，太平军占领南京。

1855年，咸丰五年。安全火柴诞生，中国称之为“洋火”。

1859年，咸丰九年。查尔斯·达尔文出版《物种起源》，发现石油。

1860年，咸丰十年。英法联军攻入北京，火烧圆明园，清政府设立总理衙门。

1865年，同治四年。美国内战结束，林肯遇刺身亡。

1866年，同治五年。陀思妥耶夫斯基出版《罪与罚》。

1867年，清同治六年，日庆应三年。关中屠杀，大政奉还，明治维新，格利登获得有刺铁丝网专利。

1869年，同治八年。苏伊士运河开通，门捷列夫发现元素周期表，米舍尔首次分离出DNA。

1871年，同治十年。巴黎公社，尼采出版《悲剧的诞生》。

1876年，光绪二年。奥托造出内燃机。

1882年，光绪八年。宋教仁出生，美国《排华法案》；英国占领埃及。

1883年，光绪九年。马克思辞世，卡夫卡出生，马克沁机枪和避孕套诞生。

1889年，清光绪十五年，日明治二十一年。日本宪法颁布，埃菲尔铁塔落成。

1890年，光绪十六年。张之洞创办湖北枪炮厂，凡·高自杀。

1894年，清光绪二十年，日明治二十七年。甲午战争，日本占领台湾。

1896年，光绪二十二年。严复译成《天演论》，希腊雅典举办第一届现代奥运会。

1898年，光绪二十四年。百日维新，北京大学（京师大学堂）建立。

1899年，光绪二十四年。发现甲骨文。

1900年，光绪二十六年。清朝对列强宣战，义和团运动，八国联军攻入北京，全球人口达到16亿。

1901年，光绪二十七年。首次颁发诺贝尔奖，英国女王维多利亚辞世。

1903年，光绪二十九年。英国入侵西藏，飞机诞生。

1904 年，清光绪三十年，日明治三十七年。中国红十字会成立，日俄战争。

1905 年，光绪三十一年。废除科举制度和凌迟，爱因斯坦提出相对论。

1907 年，光绪三十三年。福特汽车和塑料诞生，“胸罩”出现在美国《时装》杂志上。

1911 年，宣统三年。辛亥革命，中国传统皇权专制体制终结，清华大学建立。

1912 年，民国元年。“泰坦尼克号”沉没，中华民国成立，颁布《中华民国临时约法》。

欲望时代

1914 年，民国三年。第一次世界大战，巴拿马运河开通。

1917 年，民国六年。俄国革命。

1918 年，民国七年。西班牙大流感，英国妇女获得选举权。

1919 年，民国八年。“五四”运动，“一战”结束，《凡尔赛和约》。

1922 年，民国十一年。世界第一艘航空母舰“凤翔”号开始服役于日本海军。

1927 年，民国十六年。发现“北京人”，世界人口增长到 20 亿。

1931 年，民国二十年。102 层的帝国大厦落成。

1935 年，民国二十四年。汪精卫遇刺，越南废除汉字。

1936 年，民国二十五年。水晶宫大火，柏林奥运会，电视诞生。

1939 年，民国二十八年。第二次世界大战爆发，导弹和喷气式飞机诞生。

1941 年，民国三十年。皖南事变，日本偷袭美国，德国偷袭苏联。

1945 年，民国三十四年。原子弹爆炸，第二次世界大战结束，联合国成立。

1946 年，民国三十五年。电子计算机诞生。

1947 年，民国三十六年。AK47 冲锋枪诞生。

1948 年，民国三十七年。甘地遇刺，联合国颁布《世界人权宣言》。

1949 年，民国三十八年。朝鲜废除汉字，奥威尔发表小说《1984》，阿伦特发表《极权主义的起源》。

1952 年，伦敦大雾事件。

1960 年，中国大跃进，世界人口达到 30 亿。

1963 年，美国总统肯尼迪遇刺。

1969 年，人类登上月球。

1973 年，互联网和手机诞生。

1974 年，发现秦始皇陵墓，水门事件。

1975 年，中国人口达到 8 亿，世界人口达到 40 亿。

1976 年，乔布斯创办苹果电脑公司。

1986 年，国际和平年，中国实行夏时制，切尔诺贝利核电站泄漏。

1990 年，苏维埃社会主义共和国联盟（苏联）走向解体。

1996 年，疯牛病，克隆羊“多利”诞生。

2001 年，《计划生育法》颁布，中国加入世界贸易组织（WTO），“911”事件爆发。

2003 年，SARS 瘟疫。

2011 年，中国人口达到 14 亿，世界人口达到 70 亿。

| 附录 |

主要参考书目

《顾准文集》 顾准著　中国市场出版社　2007

《骑马生活的历史图景》 刘文锁著　商务印书馆　2014

《士与中国文化》 余英时著　上海人民出版社　2013

《秦汉史》 吕思勉著　新世界出版社　2009

《中国的兵》 雷海宗著　中华书局　2012

《历史的镜子》 吴晗著　九州出版社　2008

《国史大纲》 钱穆著　商务印书馆　1996

《草原帝国》（法）勒内·格鲁塞著　蓝琪译　商务印书馆　2007

《西方文明的东方起源》（英）约翰·霍布森著　孙建党译　山东画报出版社 2009

《万古江河：中国历史文化的转折与开展》 许倬云著　上海文艺出版社　2006

《文明通鉴》 范勇等编　中国文史出版社　1997

《美国与中国》（美）费正清著　张理京译　世界知识出版社　1999

《历史》（古希腊）希罗多德著　徐松岩译　中信出版社　2014

《全球通史：从史前史到 21 世纪》（美）斯塔夫理阿诺斯著　董书慧等译　北京大学出版社　2005

《中国战争史》 武国卿、慕中岳著　金城出版社　1990
《帝国》（英）尼尔·弗格森著　雨珂译　中信出版社　2012
《为什么是欧洲：世界史视角下的西方崛起（1500—1850）》（美）杰克·戈德斯通著　关永强译　浙江大学出版社　2010
《干戈之影：商代的战争观念、武装者与武器装备研究》 李竞恒著　四川师范大学电子出版社　2011
《中国文化史》 吕思勉著　海潮出版社　2008
《中国通史简编》 范文澜著　人民出版社　1949
《铁血浪漫：中世纪骑士》 倪世光著　北京大学出版社　2010
《世界通史》（美）威廉·麦克尼尔著　北京大学出版社　2009
《人类的故事》（美）亨德里克·房龙著　刘缘子等译　生活·读书·新知三联书店　1988
《罗素自选文集》（英） 伯兰特·罗素著　戴玉庆译　商务印书馆　2006
《世界火器史》 王兆春著　军事科学出版社　2007
《中国军事科技通史》 王兆春著　解放军出版社　2010
《理解媒介：论人的延伸》（加）马歇尔·麦克卢汉著　何道宽译　商务印书馆　2000
《科学进化史》（美）雅布伦诺斯基著　李斯译　海南出版社　2006
《枪炮、病菌与钢铁：人类社会的命运》（美）贾雷德·戴蒙德著　谢延光译　上海译文出版社　2014
《西方的没落》（德）斯宾格勒著　张兰平译　中国社会出版社　2000
《文明史：人类五千年文明的传承与交流》（法）费尔南·布罗代尔著　常绍民等译　中信出版社　2014
《进步简史》（加）隆纳·莱特著　达娃译　海南出版社　2009
《事物的起源》（德）利普斯著　李敏译　陕西师范大学出版社　2008
《实学简史》 吴德新、曾令先著　重庆出版社　2007
《现代世界史》（美）R. R. 帕尔默等著　孙福生、何兆武等译　世界图书出版社　2009
《战争的果实：军事冲突中如何加速科技创新》（美）迈克尔·怀特著　卢欣渝译　生

活·读书·新知三联书店　2009
《50种改变战争的武器》（美）威廉·韦尔著　李伟涛译　中国旅游出版社　2007
《智慧的动力》（美）约翰·H·立恩哈德著　刘晶、肖美玲、燕丽勤译　湖南科技出版社　2004
《兵器史：由兵器科技促成的西方历史》（美）罗伯特·L.奥康奈尔著　卿劼、金马译　海南出版社　2009
《竞逐富强：公元1000年以来的技术、军事与社会》（美）威廉·麦克尼尔著　倪大昕、杨润殷译　上海辞书出版社　2013
《战争史》（英）约翰·基根著　林华译　中信出版社　2015
《战争改变历史：1500年以来的军事技术、战争及历史进程》（美）马克斯·布特著　石祥译　上海科学技术文献出版社　2011
《人性中的善良天使：暴力为什么会减少》（美）斯蒂芬·平克著　安雯译　中信出版社　2015
《战争：从海盗到机器人，文明的冲突和演变》（美）伊恩·莫里斯著　栾力夫译　中信出版社　2015
《武器和战争的演变》（美）T. N. 杜普伊著　军事科学出版社　1985
《万历十五年》（美）黄仁宇著　生活·读书·新知三联书店　1997
《西洋世界军事史》（英）J. F. C. 富勒著　钮先钟译　广西师范大学出版社　2004
《大国的兴衰》（英）肯尼迪著　陈景彪等译　国际文化出版公司　2006
《茶叶、石油、WTO：贸易改变世界》（美）威廉·伯恩斯坦著　李晖译　海南出版社　2010
《中国经济史》 侯家驹著　新星出版社　2008
《发现者：人类探索世界和自我的历史》（美）丹尼尔·J·布尔斯廷著　吕佩英等译　上海译文出版社　1992
《地中海考古：史前史与古代史》（法）费尔南·布罗代尔著　蒋明炜等译　社会科学文献出版社　2005

《战争论》（德）克劳塞维茨著　中国人民解放军军事科学院译　商务印书馆　1991
《国富论》（英）亚当·斯密著　唐日松等译　华夏出版社　2005
《出非洲记——人类祖先的迁徙史诗》（美）斯宾塞·韦尔斯著　杜红译　东方出版社　2004
《西太平洋的航海者》（英）马凌诺斯基著　梁永佳、李绍明译　华夏出版社　2002
《五月花号：一次改变世界的航行》（美）克里斯托弗·希布顿著　王聪译　华夏出版社　2006
《国富国穷》（美）戴维·S. 兰德斯著　门洪华等译　新华出版社　2001
《马克思恩格斯选集》 人民出版社　1995

图书在版编目（CIP）数据

历史的细节．Ⅱ／杜君立著．—修订本．—上海：上海三联书店，2016.8

ISBN 978-7-5426-5586-8

Ⅰ．①历… Ⅱ．①杜… Ⅲ．①世界史－研究 ②中国历史－研究 Ⅳ．① K107 ② K207

中国版本图书馆 CIP 数据核字（2016）第 106363 号

历史的细节 Ⅱ（最新修订纪念版）

著　　者／杜君立
责任编辑／陈启甸
特约编辑／郭挚英
装帧设计／李　刚　杜君立
监　　制／李　敏
出版发行／上海三联书店
（201199）中国上海市都市路 4855 号 2 座 10 楼
http：//www.sjpc1932.com
印　　刷／北京鑫海达印刷有限公司
版　　次／2016 年 8 月第 1 版
印　　次／2016 年 8 月第 1 次印刷
开　　本／710×1000　1/16
字　　数／212 千字
印　　张／21.25

ISBN 978-7-5426-5586-8/K · 377

定　价：48.80元